高等职业教育"十四五"规划旅游大类精品教材
专家指导委员会、编委会

专家指导委员会

总顾问 王昆欣

顾　问 文广轩　李　丽　魏　凯　李　欢

编委会

编委（排名不分先后）

李　俊	陈佳平	李　淼	程杰晟	舒伯阳	王　楠	白　露
杨　琼	许昌斌	陈　怡	朱　晔	李亚男	许　萍	贾玉芳
温　燕	胡扬帆	李玉华	王新平	韩国华	刘正华	赖素贞
曾　咪	焦云宏	庞　馨	聂晓茜	黄　昕	张俊刚	王　虹
刘雁琪	宋斐红	陈　瑶	李智贤	谢　璐	郭　峻	边喜英
丁　洁	李建民	李德美	李海英	张　晶	程　彬	林　东
崔筱力	李晓雯	张清影	黄宇方	李　心	周富广	曾鸿燕
高　媛	李　好	乔海燕	索　虹	安胜强	刘翠萍	

高等职业教育"十四五"规划旅游大类精品教材

总顾问 ◎ 王昆欣

中国旅游地理

China Tourism Geography

主 编◎曾 咪 郭文伟 刘 丹

华中科技大学出版社
http://press.hust.edu.cn
中国·武汉

内 容 提 要

本书分为两个模块,共十一章。模块一对旅游地理学科、中国旅游资源的形成背景与特征、中国现代旅游业的发展、中国现代旅游业的发展,以及主要自然和人文旅游资源类型进行概述。模块二则详细介绍了东北、华北、西北、华中、华东、华南、西南和青藏八大旅游区中各省区(直辖市)独具地方特色的自然风光和文化底蕴,并简述主要旅游地和景点。每章均设置本章概要、学习目标、知识导图、章节要点、教学互动和本章小结等,章首通过旅游实时案例进行导入,内容上着重补充红色旅游资源,充分结合数字化资源,有机融入思政教育,具有较强的指导性和实用性。

通过本书的学习,读者将了解到中国丰富多样的旅游资源分布,从而更好地理解中国悠久的历史和灿烂的文明中蕴含的旅游资源全貌。本书适合高等职业学校旅游管理和研学旅行专业的学生使用,也可作为旅游爱好者和相关岗位培训人员的参考用书。

图书在版编目(CIP)数据

中国旅游地理 / 曾咪,郭文伟,刘丹主编. -- 武汉 : 华中科技大学出版社,2025.2. -- (高等职业教育"十四五"规划旅游大类精品教材). -- ISBN 978-7-5772-1437-5

Ⅰ. F592.99

中国国家版本馆 CIP 数据核字第 2025DB6917 号

中国旅游地理
Zhongguo Lüyou Dili

曾 咪 郭文伟 刘 丹 主编

总 策 划:李 欢

策划编辑:王 乾

责任编辑:洪美员

封面设计:原色设计

责任校对:李 弋

责任监印:周治超

出版发行:华中科技大学出版社(中国·武汉)　　　　电话:(027)81321913

　　　　　武汉市东湖新技术开发区华工科技园　　　　邮编:430223

录　　排:孙雅丽

印　　刷:武汉科源印刷设计有限公司

开　　本:787mm×1092mm　1/16

印　　张:15.75

字　　数:322千字

版　　次:2025年2月第1版第1次印刷

定　　价:49.80元

总序
ZONGXU

习近平总书记在党的二十大报告中深刻指出，要"统筹职业教育、高等教育、继续教育协同创新，推进职普融通、产教融合、科教融汇、优化职业教育类型定位""实施科教兴国战略，强化现代化建设人才支撑""坚持教育优先发展、科技自立自强、人才引领驱动""开辟发展新领域新赛道，不断塑造发展新动能新优势""坚持以文塑旅、以旅彰文，推进文化和旅游深度融合发展"，这为职业教育发展提供了根本指引，也有力地提振了旅游职业教育发展的信念。

2021年，教育部立足增强职业教育适应性，体现职业教育人才培养定位，发布了新版《职业教育专业目录（2021年）》，2022年，又发布了新版《职业教育专业简介》，全面更新了职业面向、拓展了能力要求、优化了课程体系。因此，出版一套以旅游职业教育立德树人为导向、融入党的二十大精神、匹配核心课程和职业能力进阶要求的高水准教材成为我国旅游职业教育和人才培养的迫切需要。

基于此，在全国有关旅游职业院校的大力支持和指导下，教育部直属的全国重点大学出版社——华中科技大学出版社，在党的二十大精神的指引下，主动创新出版理念、改进方式方法，汇聚一大批国内高水平旅游院校的国家教学名师、全国旅游职业教育教学指导委员会委员、全国餐饮职业教育教学指导委员会委员、资深教授及中青年旅游学科带头人，编撰出版"高等职业教育'十四五'规划旅游大类精品教材"。本套教材具有以下特点：

一、全面融入党的二十大精神，落实立德树人根本任务

党的二十大报告中强调："坚持和加强党的全面领导。"党的领导是我国职业教育最鲜明的特征，是新时代中国特色社会主义教育事业高质量发展的根本保证。因此，本套教材在编写过程中注重提高政治站位，全面贯

彻党的教育方针,"润物细无声"地融入中华优秀传统文化和现代化发展新成就,将正确的政治方向和价值导向作为本套教材的顶层设计并贯彻到具体项目任务和教学资源中,不仅仅培养学生的专业素养,更注重引导学生坚定理想信念、厚植爱国情怀、加强品德修养,以期落实"立德树人"这一教育的根本任务。

二、基于新版专业简介和专业标准编写,权威性与时代适应性兼具

教育部2022年发布新版《职业教育专业简介》后,华中科技大学出版社特邀我担任总顾问,同时邀请了全国近百所职业院校知名教授、学科带头人和一线骨干教师,以及旅游行业专家成立编委会,对标新版专业简介,面向专业数字化转型要求,对教材书目进行科学全面的梳理。例如,邀请职业教育国家级专业教学资源库建设单位课程负责人担任主编,编写《景区服务与管理》《中国传统建筑文化》及《旅游商品创意》(活页式);《旅游概论》《旅游规划实务》等教材为教育部授予的职业教育国家在线精品课程的配套教材;《旅游大数据分析与应用》等教材则获批省级规划教材。经过各位编委的努力,最终形成"高等职业教育'十四五'规划旅游大类精品教材"。

三、完整的配套教学资源,打造立体化互动教材

华中科技大学出版社为本套教材建设了内容全面的线上教材课程资源服务平台:在横向资源配套上,提供全系列教学计划书、教学课件、习题库、案例库、参考答案、教学视频等配套教学资源;在纵向资源开发上,构建了覆盖课程开发、习题管理、学生评论、班级管理等集开发、使用、管理、评价于一体的教学生态链,打造了线上线下、课内课外的新形态立体化互动教材。

本套教材既可以作为职业教育旅游大类相关专业教学用书,也可以作为职业本科旅游类专业教育的参考用书,同时,可以作为工具书供从事旅游类相关工作的企事业单位人员借鉴与参考。

在旅游职业教育发展的新时代,主编出版一套高质量的规划教材是一项重要的教学质量工程,更是一份重要的责任。本套教材在组织策划及编写出版过程中,得到了全国广大院校旅游教育教学专家教授、企业精英,以及华中科技大学出版社的大力支持,在此一并致谢!

衷心希望本套教材能够为全国职业院校的旅游学界、业界和对旅游知识充满渴望的社会大众带来真正的精神和知识营养,为我国旅游教育教材建设贡献力量。也希望并诚挚邀请更多旅游院校的学者加入我们的编者和读者队伍,为进一步促进旅游职业教育发展贡献力量。

王昆欣

世界旅游联盟(WTA)研究院首席研究员

教育部全国旅游职业教育教学指导委员会副主任委员

高等职业教育"十四五"规划旅游大类精品教材总顾问

　　"中国旅游地理"是旅游管理专业的基础课程。新时代文旅融合背景下,旅游市场对人才的需求不断发生变化,为了更好地促进高职教育的创新和发展,提高整体教育质量和水平,更好地服务于职业教育专业动态更新要求,我们特地编写了《中国旅游地理》教材。本书具有以下几个特点:

　　一、有机融入思政元素,突出红色旅游资源

　　党的二十大报告指出"坚持以文塑旅、以旅彰文,推进文化和旅游深度融合发展",这为新时代文旅发展提出了新的要求。本书以中国独特的自然风光和深厚的文化底蕴为基础,将地域文化、历史文化、民俗文化等多元文化融入旅游资源中,充分展示中国的历史、文化和现代成就。读者通过对本书的学习,可以了解我国现代旅游资源的特点,感受我国社会主义现代化建设的伟大成就。本书重点介绍各省区(直辖市)的红色旅游资源,通过革命历史的真实场景和丰富的教育资源,激发学生对革命精神的思考和认同,培养学生的民族自豪感和爱国情怀。此外,本书还新增了"慎思笃行"专栏(二维码内容),通过典型案例,介绍旅游地的革命历史和新时期我国取得的辉煌成就,增强读者对伟大祖国的热爱之情和文化自信。

　　二、教材内容翔实,数字资源丰富

　　本书在叙述上采用简洁流畅的语言,图文并茂,提升了教材的可读性;内容上采用"总—分"的形式,首先对中国整体旅游资源的形成背景与特征,以及主要旅游资源类型进行概述,然后再分区展开介绍。每章均设置本章概要、学习目标(知识目标、能力目标和素养目标)、知识导图、章节要点、教学互动、本章小结等,章首通过旅游实时案例进行导入。此外,为了适应新时代数字化发展的要求,本书充分运用数字化技术改进教学内容和方法,适时介绍各省现有的数字旅游资源,同时配套丰富的多媒体资源,确保教材内容的前沿性,突出高职教材的实用性。

本书由漳州职业技术学院曾咪、郭文伟、刘丹担任主编,漳州建发国际旅行社钟海鹰等共同参编完成。具体分工如下:全书由曾咪撰写大纲、统纂定稿,郭文伟编写第一章至第五章及第六章第一节、第二节,刘丹编写第六章第三节、第四节、第五节及第七章至第十一章,钟海鹰提供编写素材,并从行业角度提出编写要求和相关事项。

本书在编写过程中,参考借鉴了旅游界诸多同行和专家的成果,在此一并感谢。受时间和作者水平限制,书中难免有不足之处,敬请专家和广大读者批评指正。

编 者

2024 年 5 月

目录
MULU

模块一　中国旅游资源

第一章　绪论 /003

第一节　旅游地理学科概述 /005

第二节　中国旅游资源的形成背景与特征 /007

第三节　中国现代旅游业的发展 /015

第二章　中国自然旅游资源 /020

第一节　地貌景观旅游资源 /022

第二节　水域风光旅游资源 /026

第三节　生物景观旅游资源 /030

第四节　天象与气象旅游资源 /034

第三章　中国人文旅游资源 /038

第一节　遗址遗迹旅游资源 /040

第二节　古建筑旅游资源 /043

第三节　古陵墓旅游资源 /047

第四节　园林旅游资源 /048

第五节　宗教旅游资源　/050

第六节　旅游商品　/052

模块二　中国八大旅游分区

第四章　东北旅游区　/059

第一节　旅游资源特征概况　/061

第二节　黑龙江省　/064

第三节　吉林省　/067

第四节　辽宁省　/070

第五章　华北旅游区　/074

第一节　旅游资源特征概况　/076

第二节　北京市　/078

第三节　天津市　/081

第四节　河北省　/083

第五节　山东省　/086

第六节　山西省　/092

第七节　河南省　/098

第八节　陕西省　/105

第六章　西北旅游区　/114

第一节　旅游资源特征概况　/116

第二节　新疆维吾尔自治区　/118

第三节　甘肃省　/124

第四节　内蒙古自治区　/131

　　第五节　宁夏回族自治区　　/136

第七章　华中旅游区　　/140

　　第一节　旅游资源特征概况　　/142

　　第二节　湖北省　　/144

　　第三节　湖南省　　/150

　　第四节　江西省　　/156

第八章　华东旅游区　　/162

　　第一节　旅游资源特征概况　　/164

　　第二节　上海市　　/167

　　第三节　浙江省　　/170

　　第四节　江苏省　　/177

　　第五节　安徽省　　/182

第九章　华南旅游区　　/187

　　第一节　旅游资源特征概况　　/189

　　第二节　福建省　　/191

　　第三节　广东省　　/198

　　第四节　海南省　　/202

第十章　西南旅游区　　/205

　　第一节　旅游资源特征概况　　/207

　　第二节　四川省　　/209

　　第三节　重庆市　　/213

Note

第四节　广西壮族自治区　　　　　　　　　　　　　　　　/216

第五节　贵州省　　　　　　　　　　　　　　　　　　　/219

第六节　云南省　　　　　　　　　　　　　　　　　　　/222

第十一章　青藏旅游区　　　　　　　　　　　　　　　　/227

第一节　旅游资源特征概况　　　　　　　　　　　　　　/229

第二节　青海省　　　　　　　　　　　　　　　　　　　/230

第三节　西藏自治区　　　　　　　　　　　　　　　　　/233

参考文献　　　　　　　　　　　　　　　　　　　　　　/237

模块一　中国旅游资源

.

第一章
绪　　论

本章概要

　　本章在中国旅游地理的学习过程中起到概览作用,主要阐述旅游地理学的基本概念和基本问题,同时熟悉中国不同旅游资源的形成背景,掌握当前旅游业的发展现状。

学习目标

知识目标

1. 掌握旅游资源的概念、类型与分布特征。
2. 熟悉中国旅游资源的形成背景。
3. 掌握中国旅游业的发展现状和趋势。

能力目标

1. 能够熟练判断旅游资源的类型。
2. 能够分析我国不同地域旅游资源的典型特征及其形成的地质背景。

素养目标

1. 感受我国丰富、独特的旅游资源,增强学生的文化自信与民族自豪感。
2. 通过学习,了解我国旅游业的蓬勃发展历程,深刻体会我国"以文塑旅、以旅彰文"的发展原则。

知识导图

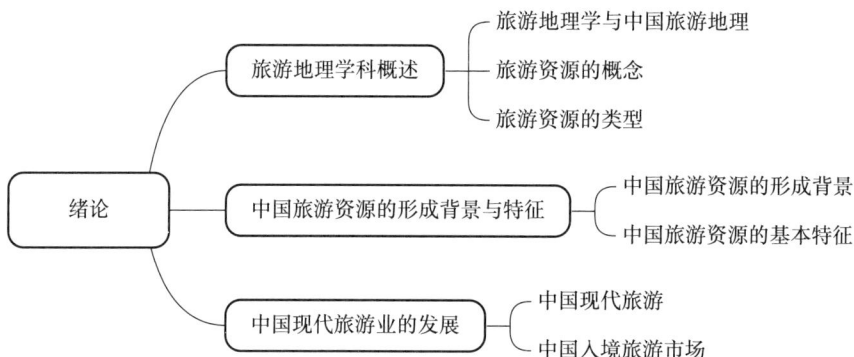

```
                   ┌──────────────┬─ 旅游地理学与中国旅游地理
          ┌─ 旅游地理学科概述 ─┼─ 旅游资源的概念
          │                    └─ 旅游资源的类型
          │
  绪论 ─┼─ 中国旅游资源的形成背景与特征 ─┬─ 中国旅游资源的形成背景
          │                                  └─ 中国旅游资源的基本特征
          │
          └─ 中国现代旅游业的发展 ─┬─ 中国现代旅游
                                    └─ 中国入境旅游市场
```

章节要点

1. 中国旅游资源形成的地质背景。

2. 中国现代旅游业发展的独特性。

3. 新时代文旅融合的意义和挖掘红色旅游资源的重要性。

章首案例

中国旅游业的起源

　　明末徐弘祖（号霞客）经34年旅行，写下天台山、雁荡山、黄山、庐山等名山游记17篇和《浙游日记》《江右游日记》《楚游日记》《粤西游日记》《黔游日记》《滇游日记》等著作，除佚散者外，遗有60余万字游记资料。后人将其整理成书，即传世佳作《徐霞客游记》。游记中记述了作者从公元1613—1639年旅行观察所得，对地理、水文、地质、植物等现象均做了详细记录，是中国地貌地质的开山之作，同时也描绘了中国大好河山的风景资源。

　　作为明代一位杰出的地理学家、旅行家、文学家，徐霞客一生的成就是多方面的，但在旅游角度最为引人注目。他的旅游文学经典巨著，是其所有成就中的高峰。随着徐霞客这种真正意义上的专业旅行家的出现，旅游才正式作为人的生存方式之一，迅速进入中国知识分子的思想意识和文化生活之中，并从士大夫济世人生的附庸生活中独立了出来，步入迅速发展的时代新轨道。因此，《徐霞客游记》堪称中国旅游史及中国文化史上的一座里程碑。

　　《徐霞客游记》开篇《游天台山日记》：“癸丑之三月晦[①]，自宁海出西门。云散日朗，

---

① 公元1613年5月19日。

人意山光,俱有喜态。"开篇短短24个字,为后人留下了文化旅游的瑰宝。因此,2011年起,每年5月19日被定为"中国旅游日"。

讨论:中国旅游发展是社会发展图鉴,也是一部生动展现时代精神的历史长卷。古代旅行、近代旅游和现代旅游的发展,不仅展示了中国旅游业的演变和进步,也反映了中国社会经济、文化和科技的发展。除了徐霞客的旅行,古人还有哪些与旅游相关的活动?

第一节　旅游地理学科概述

一、旅游地理学与中国旅游地理

旅游地理学是一门介于地理学和旅游学之间的边缘学科,主要研究人类旅游活动与地理环境之间的相互关系,实用性强,属于人文地理学范畴。旅游地理学不仅涉及地理学知识,同时与社会学、民俗学、历史学、地质学、经济学、建筑学、考古学、宗教学、美学等学科密切相关,综合性很强。旅游地理学以整个人类旅游活动为研究对象,研究内容包括与旅游发展相关的多种地理问题(见图1-1),进而指导旅游业的发展。

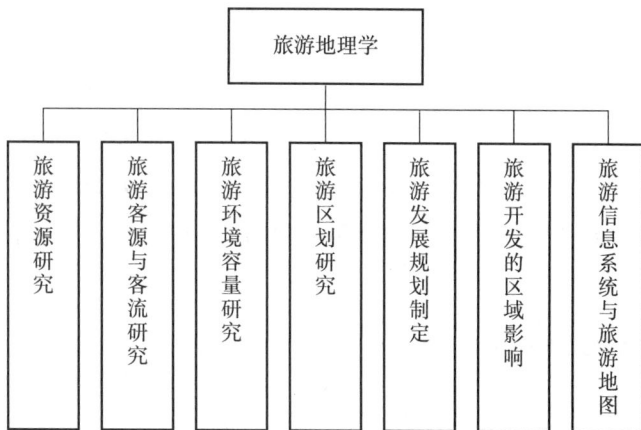

图1-1　旅游地理学的内容

作为一门新兴学科,旅游地理学伴随现代旅游业大规模发展而兴起。国外旅游地理学的研究最早可以追溯到20世纪20年代。20世纪30年代,美国地理学家麦克默里发表的《娱乐活动与土地利用关系》,被认为是现代旅游地理学的第一篇论文。第二次世界大战后,大众旅游业蓬勃发展。20世纪50年代后,国外关于旅游地理的论文显著增加,但部分地理学家把旅游地理学纳入经济地理学中,更注重研究旅游的经济属性。

1964年,地理学家沃尔夫提出旅游地理学应从经济地理学中分离出来,作为一门独立的学科研究。1976年,在莫斯科召开的第23届国际地理学大会第一次把旅游地理列为一个独立的专业组,标志着旅游地理学作为地理学的一个分支被确立。直到20世纪80年代初,旅游地理学基本理论体系和方法构建才初步成型。

我国有关旅游地理的论述最早可以追溯到人类文明早期,《山海经》《水经注》《徐霞客游记》等著作中都有关于旅游地理的记载,但基本上属于对旅游地纪实性或抒情性描写,较少系统整理成科学成果,也未形成一门独立的学科。真正对旅游地理学的研究起步于改革开放后。1979年底,中国科学院地理研究所组建旅游地理学科组,标志着我国系统旅游地理学科学研究的开始。中国旅游地理侧重探究旅游业与中国地理环境和社会经济发展之间的关系,包括研究中国各类旅游资源的形成与分布、旅游资源调查与评价、旅游景区规划等。

就学科性质和研究内容而言,中国旅游地理与旅游地理学并无本质区别,但两者研究的对象和研究内容的侧重点存在差异。中国旅游地理属于区域旅游地理学的范畴,地方特色性强,主要以中国不同等级旅游区域的旅游活动为研究对象,重点研究不同地域内旅游资源及各组成要素的特征及其形成环境,为旅游者旅游目的地的选择和路线规划提供参考,为区域旅游预测发展方向、制定发展战略,进而推动各地旅游业及其社会经济的发展。而旅游地理学则更侧重探讨旅游活动对地理环境的影响,以及地理环境如何影响旅游活动,研究范围更加广泛。

二、旅游资源的概念

旅游资源是实现旅游活动的基本要素之一,也是旅游活动的客体和旅游业发展的基础。根据《中国旅游资源普查规范(试行稿)》的定义,旅游资源是指自然界和人类社会,凡能对旅游者有吸引力、能激发旅游者的旅游动机,具备一定旅游功能和价值,可以为旅游业开发利用,并能产生经济效益、社会效益和环境效益的事物和因素。

旅游资源具有综合性、多样性、地域性、季节性、时代性、阶段性、不可再生性等特点。

三、旅游资源的类型

(一)中华人民共和国国家标准分类

2017年12月29日,国家质量监督检查检疫总局(现国家市场监督管理总局)和国家标准化管理委员会发布《旅游资源分类、调查与评价》(GB/T 18972—2017)国家标准,将旅游资源分为8大主类、23个亚类和110个基本类型。在此基础上,根据资源的成因或属性,旅游资源可以进一步分为自然旅游资源(包括地文景观、水域景观、生物景观、天象与气候景观等)和人文旅游资源(包括建筑与设施、历史遗迹、旅游购品、人文活动等)。

（二）根据旅游资源的功能分类

根据旅游活动的内容，旅游资源可以分为观赏型旅游资源、运动型旅游资源、休（疗）养型旅游资源、娱乐型旅游资源和特殊型旅游资源（如具有科学研究价值的旅游资源）。

（三）红色旅游资源

红色旅游资源是指1921—1949年（包括红军长征时期、抗日战争时期、解放战争时期等）形成的重要革命纪念地、纪念物及其所承载的革命精神。红色旅游将游玩休闲与爱国主义教育和革命传统教育有机融合，具有独特的政治性、时代性、依附性、节庆性和教育性。

现代中国发展历程中承载了数量庞大的历史遗迹。2019年，国务院公布的第八批全国重点文物保护单位，属于近现代重要史迹及代表性建筑就多达234处，如平津战役前线司令部旧址、审判日本战犯特别军事法庭旧址、中国共产党代表团驻沪办事处旧址等。而今，参访革命遗址、重温红色记忆、聆听红色故事，已经成为当下中国旅游的一大亮点。

知识关联
▼
《北京红色旅游地图》发布

第二节　中国旅游资源的形成背景与特征

一、中国旅游资源的形成背景

（一）幅员辽阔，资源得天独厚

中国位于欧亚大陆东缘、太平洋西岸，东邻朝鲜，北邻蒙古国，东北邻俄罗斯，西北邻哈萨克斯坦、吉尔吉斯斯坦、塔吉克斯坦，西和西南与阿富汗、巴基斯坦、印度、尼泊尔、不丹等国家接壤，南与缅甸、老挝、越南相连，东部和东南部同韩国、日本、菲律宾、文莱、马来西亚、印度尼西亚隔海相望，是一个海陆兼备的国家。

中国陆地疆域辽阔，面积约960万平方千米，是仅次于俄罗斯和加拿大的世界第三大国家。陆地边境长约2.2万千米，大陆海岸线全长约1.8万千米，北起中朝交界鸭绿江口，南抵中越交界北仑河口。广袤的疆域形成了复杂多样的自然地理环境，造就了中国丰富多彩的自然旅游资源，为旅游业的发展创造了得天独厚的条件。

Note

（二）地质复杂，地貌类型多样

中国西高东低的三级阶梯地势造就了独特的地域景观。距今几千万年以来，印度板块不断向北推进，与亚欧板块碰撞挤压，导致青藏高原的剧烈抬升和东部边缘海的显著下降，地貌结构由西低东高向西高东低转变，对中国的气候、人口分布、生物面貌和社会经济等产生巨大影响。

以昆仑山脉—阿尔金山脉—祁连山脉—横断山脉和大兴安岭—太行山—巫山—雪峰山脉为界，可以划分出中国的三级地貌。第一级阶梯位于我国西部，以"世界屋脊"青藏高原为主体，由高山、大高原、高原盆地等组成，平均海拔4000米。青藏高原内部由一系列东西走向或西北—东南走向的山脉构成，世界最高峰珠穆朗玛峰就坐落于高原南部的喜马拉雅山脉中。第二级阶梯位于我国中部及北部，包含内蒙古高原、黄土高原、云贵高原、准噶尔盆地、四川盆地、塔里木盆地六大部分，平均海拔1000—2000米。第二级阶梯跨越南北，形成黄土、沙漠、戈壁、草原、森林等多种自然景观。第三级阶梯位于我国东部，以平原和丘陵为主，包含东北平原、华北平原、长江中下游平原、辽东丘陵、山东丘陵、东南丘陵六大部分，平均海拔低于500米。第三级阶梯再向东，便是我国大陆向海洋延伸的浅海大陆架区，这里碧波万顷，岛屿星罗棋布，风景秀丽。

中国地质条件复杂，在漫长的地质历史中，内、外地质营力相互作用，孕育出了丰富的地貌类型。山地、高原、丘陵、平原、盆地五种常见地貌在我国均有分布，其中又以山地、丘陵和高原为主。我国山地面积约占全国总面积的1/3，极高山数量多，世界上海拔超过8000米的高峰共14座，我国占了9座；山地多，分布广，山脉纵横交错，构成了地貌基本格局，高原、盆地和平原坐落其间；众多山脉形成了地理上的重要分界。例如，东西走向的秦岭山脉是亚热带和暖温带的分界线。在特殊的自然环境下，我国还发育了典型的山岳冰川地貌、风城地貌、冻土地貌、岩溶地貌、火山熔岩地貌、丹霞地貌等。这些各具特色的地貌类型及其特有形态构成了我国宝贵的旅游资源。

受地形地貌复杂性影响，中国的气候类型也是复杂多样。从南到北，跨越热带、亚热带、暖温带、中温带和寒温带；各地距离海洋远近相差较大，从西到东又可以划分出干旱、半干旱、半湿润、湿润等气候类型。青藏高原由于其特殊的地理环境，形成了独特的高原气候区。此外，在中国地貌格局下，山区高低落差大，普遍存在气候垂直地带性，许多高山从山麓到山顶也出现了从热带到温带再到寒带的气候变化，植被面貌也出现垂直分带，由雨林向阔叶林及针叶林转变。不同的温度带和不同的干湿地区相互组合，加之垂直地带性与非地带性等地形因素的影响，塑造了我国各地大不相同的自然环境类型。

中国有许多源远流长的大江大河，它们不仅提供了丰富的水资源，还不断侵蚀岩石，雕刻出不同的地貌形态。在地势作用下，中国江河呈现"一江春水向东流"的趋势，并且如长江、黄河、雅鲁藏布江、澜沧江—湄公河等著名大江大河都发源于青藏高原。

在地势阶梯交界地带或高低落差巨大的区域,汹涌的水流携带巨大能量,不断侵蚀岩石,形成了长江三峡、横断山区峡谷、雅鲁藏布江峡谷等雄伟壮阔的峡谷地貌。

(三)历史悠久,优秀中华文明

中国是世界四大文明古国之一,是世界上历史悠久的国家之一,古老的文明创造了博大精深、绚丽多彩的中国文化,留下了世人为之惊叹的众多历史文化古迹。古人非常注重农业,经常依水而居,因此黄河河流和长江流域是世界上重要的文明发源地。

1985年,重庆市巫山县庙宇镇龙坪村龙骨坡发掘出的"巫山人"化石,是中国境内迄今发现最早的人类化石,距今约有200万年。约170万年前的旧石器时代,中国史前文化已经形成了著名的元谋人文化、蓝田人文化、许家窑人文化等优秀文明。距今9000—4000年的新石器时代,中国形成了旱地农业经济文化区(以仰韶文化遗址、半坡文化遗址和大汶口文化遗址等为代表)、稻作农业经济文化区(以河姆渡文化遗址、彭头山文化遗址和良渚文化遗址等为代表)和狩猎采集经济文化区(以红山文化遗址等为代表)三大史前文化区。约3800年前,中原地区出现了更为成熟的文明形态,并向四方辐射文化影响力。

几千年的历史进程中,中华民族的政治、经济、文化活动重心不断迁移并扩散,具有地域色彩的文化争先涌现,呈现出百家争鸣的态势。随着我国考古工作的推进,大量埋藏在时间长河中的文明不断涌现。位于四川省广汉市西北的鸭子河南岸三星堆遗迹,被誉为20世纪人类伟大的考古发现之一,遗址群年代上起新石器时代晚期,下至商末周初。出土的大量陶器、石器、玉器、青铜器、金器,具有鲜明的地方文化特征,自成一个文化体系,已被中国考古学者命名为"三星堆文化"。

文字的出现是人类文明开始的重要标志。早在公元前16世纪,商代就出现了甲骨文,并有进步的文字记载。中华民族5000年的文明进程中,不同朝代的政治、经济、社会制度等不断更迭,文字的出现使得具有时代特色的思想、文学、音乐、戏曲、中医、建筑、工艺技术等丰富的文化遗产得以保存,这些都是我国古代劳动人民智慧的结晶,也是当今中国人文旅游资源的重要组成部分。

(四)民族众多,多姿民俗风情

中国是一个团结统一的多民族国家。在中国广袤的土地上,居住着56个民族,它们共同组成了中华民族大家庭。其中,汉族人口占90%以上,其他的少数民族虽然人口数量较少,但分布却很广,而云南是中国少数民族种类最多的省份。各个民族由于所处的环境差异或经历不同历史发展过程,形成了自己鲜明独特的民族文化和生活习俗,在建筑、饮食、服饰、宗教、节庆、道德、礼仪、禁忌、语言、文学艺术等方面存在显著区别,反映出强烈的地域色彩和民族风情。

慎思笃行
▼
神秘夏朝

慎思笃行
▼
三星堆

（五）近代变革，新旧社会更替

近代中国的革命史在中国发展进程中留下了深刻的痕迹。自1840年鸦片战争以来，中华民族先后经历辛亥革命与清王朝灭亡、"五四运动"和中国共产党的创立、国共十年对峙、抗日战争和解放战争等关键事件，一批批爱国主义人士前赴后继，为中国发展抛头颅、洒热血。这段波澜壮阔的历史形成了众多近代历史纪念地和名人故居等红色资源，如沂蒙山根据地红色旅游区、瑞金革命遗址、古田会议纪念馆、井冈山革命遗址、韶山毛泽东故居纪念馆、延安革命纪念地等。它们是中国共产党艰辛而辉煌奋斗历程的见证，承载了深刻的革命历史、革命事迹和革命精神，是进行爱国主义教育的重要基地，已经成为当代中国独具特色的旅游资源。

中华人民共和国成立以来，尤其是1978年改革开放后，中国城乡面貌发生了巨大改变。基础建设和高科技项目并行，葛洲坝水利枢纽、长江三峡大坝、港珠澳大桥、上海东方明珠塔、西昌卫星发射中心等都是社会发展的见证，也已经成为当代社会旅游资源。近年来，科技馆、古生物博物馆、航空航天馆等集旅游和科普于一体的展馆也受到越来越多人的喜爱。

知识关联

▼

中国红色
旅游网

二、中国旅游资源的基本特征

（一）多样性与综合性

我国特有的地貌格局、悠久历史、文化底蕴、社会制度等，孕育出了丰富多彩的旅游资源，不仅种类齐全，数量也十分丰富。从巍峨山川、峡谷瀑布、冰雪世界、沙滩岛礁、峰林溶洞、沙漠戈壁、珍禽异兽、奇花异草、热带雨林等自然资源，再到历史古迹、文化遗产、风土人情、美味佳肴等人文资源，应有尽有，数不胜数。

截至2024年8月，我国已有59个项目被联合国教科文组织列入《世界遗产名录》，其中包括世界文化遗产40项、世界自然遗产15项、世界自然与文化双遗产4项（见表1-1）。

表1-1　中国的世界遗产列表

序号	遗产名称	列入时间	类型	地址
1	长城	1987年	世界文化遗产	东起山海关，西至嘉峪关
2	莫高窟	1987年	世界文化遗产	甘肃

续表

序号	遗产名称	列入时间	类型	地址
3	北京和沈阳的明清皇宫	1987年和2004年	世界文化遗产	北京、沈阳
4	秦始皇陵及兵马俑坑	1987年	世界文化遗产	陕西
5	周口店北京人遗址	1987年	世界文化遗产	北京
6	武当山古建筑群	1994年	世界文化遗产	湖北
7	拉萨布达拉宫历史建筑群（布达拉宫、大昭寺、罗布林卡）	1994年、2000年和2001年	世界文化遗产	西藏
8	承德避暑山庄及其周围寺庙	1994年	世界文化遗产	河北
9	曲阜孔庙、孔林和孔府	1994年	世界文化遗产	山东
10	庐山国家公园	1996年	世界文化遗产	江西
11	平遥古城	1997年	世界文化遗产	山西
12	苏州古典园林	1997年	世界文化遗产	江苏
13	丽江古城	1997年	世界文化遗产	云南
14	北京皇家园林—颐和园	1998年	世界文化遗产	北京
15	北京皇家祭坛—天坛	1998年	世界文化遗产	北京
16	大足石刻	1999年	世界文化遗产	重庆
17	皖南古村落—西递、宏村	2000年	世界文化遗产	安徽
18	龙门石窟	2000年	世界文化遗产	河南
19	明清皇家陵寝,包括:明显陵（湖北钟祥）、清东陵（河北遵化）、清西陵（河北易县）;明孝陵（江苏南京）、明十三陵（北京昌平）;清福陵和清昭陵（辽宁沈阳）、清永陵（辽宁新宾）	2000年、2003年和2004年	世界文化遗产	湖北、河北、江苏、北京、辽宁
20	青城山—都江堰	2000年	世界文化遗产	四川

续表

序号	遗产名称	列入时间	类型	地址
21	云冈石窟	2001年	世界文化遗产	山西
22	高句丽王城、王陵及贵族墓葬	2004年	世界文化遗产	吉林、辽宁
23	澳门历史城区	2005年	世界文化遗产	澳门
24	殷墟	2006年	世界文化遗产	河南
25	开平碉楼与村落	2007年	世界文化遗产	广东
26	福建土楼	2008年	世界文化遗产	福建
27	五台山	2009年	世界文化遗产	山西
28	登封"天地之中"历史建筑群	2010年	世界文化遗产	河南
29	杭州西湖文化景观	2011年	世界文化遗产	浙江
30	元上都遗址	2012年	世界文化遗产	内蒙古
31	红河哈尼梯田文化景观	2013年	世界文化遗产	云南
32	大运河	2014年	世界文化遗产	北京、天津、河北、山东、河南、安徽、江苏、浙江
33	丝绸之路:长安—天山廊道的路网	2014年	世界文化遗产	中国(河南、陕西、甘肃、新疆),哈萨克斯坦(阿拉木图州、江布尔州),吉尔吉斯斯坦(楚河州)
34	土司遗址	2015年	世界文化遗产	湖南、贵州、湖北
35	左江花山岩画文化景观	2016年	世界文化遗产	广西
36	鼓浪屿历史国际社区	2017年	世界文化遗产	福建
37	良渚古城遗址	2019年	世界文化遗产	浙江
38	泉州:宋元中国的海洋商贸中心	2021年	世界文化遗产	福建

续表

序号	遗产名称	列入时间	类型	地址
39	普洱景迈山古茶林文化景观	2023年	世界文化遗产	云南
40	北京中轴线——中国理想都城秩序的杰作	2024年	世界文化遗产	北京
41	黄龙风景名胜区	1992年	世界自然遗产	四川
42	九寨沟风景名胜区	1992年	世界自然遗产	四川
43	武陵源风景名胜区	1992年	世界自然遗产	湖南
44	云南三江并流保护区	2003年	世界自然遗产	云南
45	四川大熊猫栖息地	2006年	世界自然遗产	四川
46	中国南方喀斯特	2007年	世界自然遗产	云南、贵州、广西、重庆
47	三清山国家公园	2008年	世界自然遗产	江西
48	中国丹霞	2010年	世界自然遗产	贵州、福建、湖南、广东、江西、浙江
49	澄江化石遗址	2012年	世界自然遗产	云南
50	新疆天山	2013年	世界自然遗产	新疆
51	神农架	2016年	世界自然遗产	湖北
52	可可西里	2017年	世界自然遗产	青海
53	梵净山	2018年	世界自然遗产	贵州
54	黄(渤)海候鸟栖息地（第一期）	2019年、2024年	世界自然遗产	江苏
55	巴丹吉林沙漠—沙山湖泊群	2024年	世界自然遗产	内蒙古
56	泰山	1987年	世界自然与文化双重遗产	山东
57	黄山	1990年	世界自然与文化双重遗产	安徽
58	峨眉山—乐山大佛	1996年	世界自然与文化双重遗产	四川

续表

序号	遗产名称	列入时间	类型	地址
59	武夷山	1999年	世界自然与文化双重遗产	福建、江西

（二）地域性与季节性

我国旅游资源不仅数量多，分布还很广泛，国家级旅游资源遍及全国各个省级行政区。但受限于中国地理格局、地质特征和人类地域空间活动，中国旅游资源的分布呈现显著的地域性。

首先，不同地区自然风光的基调完全不同。西北边陲浩瀚苍凉的沙漠戈壁、东北银装素裹的冰雪大地、青藏圣洁威严的雪域高原、西南地域的自然原始风光和民族风情，与东南沿海的碧水蓝天形成鲜明对比；云贵和广西地区的岩溶地貌、甘肃张掖的七彩丹霞、新疆罗布泊的"魔鬼雅丹"与海南的热带滨海沙滩各不相同。

其次，不同民族地区的人文旅游资源也有很大区别。信奉伊斯兰教人民的节日内容、宗教艺术，与信奉佛教的不同；蒙古族的那达慕与蒙古包、傣族的泼水节与竹楼、藏族的沐浴节与碉房等特征明显；北方皇家园林的辉煌雄伟与南方江浙私宅园林的古朴清幽风格迥异。

另外，我国旅游资源存在明显季节性。例如，北京的香山红叶和钱塘江大潮等，只能在特定时间欣赏。

（三）文旅融合性

中华民族悠久的历史涌现出了众多影响深远的人文旅游资源，同时还赋予了不少自然旅游资源以丰富的文化内涵。文旅深度融合，是新时代中国旅游资源的重要特色。在《世界遗产名录》中，中国的泰山、黄山和武夷山属于世界自然与文化双遗产，优美的风景和深厚的文学积淀相互融合，使之成为文化的载体，让游客更加流连忘返。黄鹤楼、岳阳楼等亭台楼阁或书院等古迹的成名也得益于文人墨客留下的诗词与题刻。近代中国革命史许多重要时期遗留的革命纪念地和纪念物承载了历代革命烈士的伟大精神，纵情山水与爱国主义教育相结合的红色旅游资源已经成为中国文化旅游的重要元素。

（四）永续性与不可再生性

永续性表现为大多数旅游资源具有无限重复利用的特点。大多数旅游资源在利用的过程中，本身并不会被消耗，也无法被带走，旅游者只能在旅游活动中欣赏、拍摄、游玩和体验。从理论上讲，只要保护得当，大多数旅游资源是可以永久保存的。

当然，这种永续性并非绝对。过度的开发与利用、旅游者的不文明行为等因素都会造成自然旅游资源和人文旅游资源的破坏。上亿年地质过程形成的地貌旅游资源、数百上千年时间长成的原始森林、历朝历代遗留下来的文物古迹等,一旦被破坏,就难以恢复。另外,一些自然过程,如自然灾害和风化、流水侵蚀等地质过程,也会逐渐破坏旅游资源。因此,任何旅游资源都需要进行相应的保护。

第三节 中国现代旅游业的发展

一、中国现代旅游

中华人民共和国成立以后,尤其是1978年改革开放后,我国的旅游业得到了飞速发展,并成为国民经济的重要产业。我国已经从旅游资源大国发展成为世界旅游大国,并逐步向世界旅游强国迈进。"十四五"时期,我国已经全面进入大众旅游时代。这些成绩得益于以下几个方面。

(一)正确的战略引导

20世纪80年代,我国发展旅游业的主要目标是为国家多创外汇,因此制定了"大力发展入境旅游,积极发展国内旅游,适度发展出境旅游"的政策,勾勒出了我国旅游业发展的基本框架。20世纪90年代末期,我国将旅游业定位为国民经济新的增长点。21世纪初,我国旅游发展政策发生多次重大调整,先后从"大力发展入境旅游,全面提升国内旅游,规范发展出境旅游"到"大力发展国内旅游,积极发展入境旅游,有序发展出境旅游"。

2014年,《国务院关于促进旅游业改革发展的若干意见》发布,指出旅游业是现代服务业的重要组成部分,带动作用大。加快旅游业改革发展,是适应人民群众消费升级和产业结构调整的必然要求,对于扩就业、增收入,推动中西部发展和贫困地区脱贫致富,促进经济平稳增长和生态环境改善意义重大,对于提高人民生活质量、培育和践行社会主义核心价值观也具有重要作用。"十三五"时期,在以习近平同志为核心的党中央坚强领导下,全国文化和旅游行业坚持稳中求进工作总基调,贯彻落实新发展理念,坚持文化和旅游融合发展,加快推进旅游业供给侧结构性改革,着力推动旅游业高质量发展。2021年公布的《中华人民共和国国民经济和社会发展第十四个五年规划和2035年远景目标纲要》和《"十四五"旅游业发展规划》均对新时代旅游产业的发展提出了进一步要求。2022年10月,党的二十大召开,强调"以中国式现代化全面推进中华民族伟大复兴",并就"推进文化自信自强,铸就社会主义文化新辉煌"作出了新部署、新要求,为新时代、新征程文化和旅游工作指明了前进方向、提供了根本遵循。

慎思笃行
▼

一图读懂
"十四五"
旅游业发
展规划

（二）发展旅游业的各项条件逐渐成熟

改革开放40多年以来，我国经济实力不断增强，人民收入持续增长，交通条件显著改善，加之景区建设不断加强，基础设施、服务质量和旅游安全等大为改善与提高，使得人们的旅游愿望日益增强。如今，旅游已经成为我国人民日常生活的重要组成部分。

1. 综合国力增强

1978年以前，我国城乡居民的生活基本上处于温饱不足的状态，农村还有2.5亿贫困人口。改革开放以来，城乡居民收入水平显著提高。党的十八大以来，中国组织实施了人类历史上规模最大、力度最强、惠及人口最多的脱贫攻坚战。2020年11月23日，贵州宣布最后9个深度贫困县退出贫困县序列，标志着国务院扶贫办（2021年2月改为国家乡村振兴局）确定的全国832个贫困县全部脱贫摘帽。2021年2月25日，中共中央总书记、国家主席、中央军委主席习近平在北京举行的全国脱贫攻坚总结表彰大会上宣布，中国脱贫攻坚战取得了全面胜利，完成了消除绝对贫困的艰巨任务，创造了又一个彪炳史册的人间奇迹。2022年，国民总收入为1197250.4亿元，全国居民人均可支配收入为36883元，农村居民人均可支配收入为20133元。[①]

2. 文化和旅游融合发展

我国地大物博、历史悠久、文化灿烂，有丰富的人文旅游资源和优美的自然风光。2023年，中国拥有A级旅游景区的数量已达到15721个，全国A级景区接待游客57.54亿人次，相当于每人每年进入A级旅游景区4.11次。

早在2005年，中共中央、国务院就提出了文化和旅游融合的概念。2018年3月，中共中央印发《深化党和国家机构改革方案》，国家对文化部、国家旅游局的职责进行了整合，组建了中华人民共和国文化和旅游部，不再保留国家旅游局。因此，2018年也被称为"文旅融合元年"。文旅融合作为一个战略概念，已成为我国文化和旅游产业发展的共识，这一战略的核心是"以文塑旅、以旅彰文"，旨在推动文化和旅游的深度融合发展，同时也孕育我国旅游发展新动能。

近年来，全国文化和旅游系统认真贯彻落实党的二十大精神，在习近平文化思想引领下，推出一系列创新性工作举措，如出台文旅融合政策、建设文旅融合项目、推广文旅融合线路等，有效推动了文化和旅游深度融合发展。

3. 红色旅游特征显著

红色旅游是一种具有鲜明特色的主题旅游新形式，于2004年底正式提出，主要是

---

① 数据来源：《中国统计年鉴（2023）》，https://www.stats.gov.cn/sj/ndsj/2023/indexch.htm.

指以中国共产党领导人民在革命和战争时期建树丰功伟绩所形成的纪念地、标志物为载体,以其所承载的革命历史、革命事迹和革命精神为内涵,组织接待旅游者开展缅怀学习、参观游览的主题性旅游活动。党的十八大以来,中央和国家对红色旅游事业更加重视,习近平总书记关于文化和旅游工作的重要论述为红色旅游注入了强大推动力。2022年1月,国务院印发《"十四五"旅游业发展规划》,将"大力发展红色旅游"作为完善旅游产品供给体系的重要内容。

近年来,红色旅游掀起新热潮,参观红色遗址、接受革命传统教育已经成为老百姓常态化的生活方式,红色旅游进入高质量发展新阶段。2021年12月,中国旅游研究院和马蜂窝自由行大数据联合实验室发布的《中国红色旅游消费大数据报告(2021)》显示,1月以来,"红色旅游"搜索热度较上年同期增长176%;参与调查者中41.7%的游客参加红色旅游的次数达到3次以上;而"红色+影视""红色+体育运动项目""红色+动漫／游戏"是深受游客喜爱的"红色+"活动。

二、中国入境旅游市场

在我国,入境游客是指来中国(大陆)观光、度假、探亲访友、就医疗养、购物、参加会议或从事经济、文化、体育、宗教活动的外国人和港澳台同胞游客。

改革开放后,我国旅游业获得新的生机。20世纪80年代,我国制定了"大力发展入境旅游"的政策,入境旅游成为我国创汇的重要渠道之一。在这一方针的指导下,我国入境旅游获得迅速发展,2019年接待入境旅游人数达1.45亿人次,外汇收入也逐年增加。2020—2022年,我国入境旅游遭遇寒冬。2023年新春伊始,我国入境游市场缓慢恢复(见表1-2)。

表1-2　我国历年接待入境游客人数及旅游外汇收入情况对比

年份	接待入境旅游人数/亿人次	旅游外汇收入/亿美元
1988年	0.32	22
1998年	0.63	126
2008年	1.30	408
2010年	1.34	458
2011年	1.35	485
2012年	1.32	500
2013年	1.29	517

年份	接待入境旅游人数/亿人次	旅游外汇收入/亿美元
2014年	1.28	569
2015年	1.34	1137
2016年	1.38	1200
2017年	1.39	1234
2018年	1.41	1271
2019年	1.45	1313
2023年	0.82	530

注：数据来自历年《中华人民共和国国民经济和社会发展统计公报》。

我国的入境客源市场由两部分组成：外国游客市场和港澳台游客市场。其中，港澳台游客市场一直是我国入境游客市场的主要组成部分。这一方面是因为距离近，交通便利（香港、澳门地区与内地相连，而台湾与祖国大陆只隔了一个台湾海峡）；另一方面是血脉相连。同是中华子孙，文化相通，联系紧密。

而在入境外国客源中，以来自亚洲的居多，数量一般占我国入境外国游客数量的60％以上，其次才是来自欧洲和北美洲的游客，故有"一个主体，两翼齐飞"之说。"一个主体"指的是亚洲及太平洋地区，"两翼"是指欧洲和北美洲。欧洲是我国仅次于亚洲的重要客源市场，发展基本稳定。北美洲是我国第三大客源市场，尤其是美国和加拿大，占美洲市场份额的90％左右。

一直以来，亚洲都是中国最大的入境游客源市场，2023年后同样遵循由近及远的规律，东南亚、东亚各地区和国家最先恢复入境中国。一方面，随着泛亚铁路、《区域全面经济伙伴关系协定》(RCEP)、东盟十国商贸往来等政治经济政策和措施的不断完善，东南亚与中国的联系与互动愈加紧密，产生大量入境游需求。同时，东南亚国家的华人侨胞，其"寻根之旅"入境需求也被激发。欧洲受到多种因素的影响，经济严重承压，入境中国旅游的量级和消费能力均受到影响。北美洲长久以来都是长线入境的主要客源地，中国和北美地区之间的贸易往来也十分频繁（见表1-3）。

表1-3　我国历年接待入境游客人数及旅游外汇收入情况对比

年份	入境游客总人数/亿人次	入境外国游客		入境港澳台游客	
		总数/亿人次	比例/(％)	总数/亿人次	比例/(％)
2010年	13376	2613	19.5	10763	80.5
2011年	13542	2711	20.0	10831	80.0
2012年	13241	2719	20.5	10522	79.5

续表

年份	入境游客总人数/亿人次	入境外国游客		入境港澳台游客	
		总数/亿人次	比例/（%）	总数/亿人次	比例/（%）
2013年	12908	2629	20.4	10279	79.6
2014年	12849	2636	20.5	10213	79.5
2015年	13382	2599	19.4	10783	80.6
2016年	13844	2813	20.3	11031	79.7
2017年	13949	2917	20.9	11032	79.1
2018年	14120	3054	21.6	11066	78.4
2019年	14530	3188	21.9	11342	78.1
2023年	8203	1378	16.8	6824	83.2

注：数据来自历年《中华人民共和国国民经济和社会发展统计公报》。

教学互动

　　请学生收集近几年我国主要国际客源市场前20位的国家，并分析变化和原因。

本章小结

在线答题

第一章

　　本章介绍了旅游地理学的基本内涵以及中国旅游资源的形成背景和现代旅游业发展概况，强调了中国旅游发展的独特性和发展趋势，引导学生更好地把握新时代文旅融合发展的时代脉搏。

Note

第二章
中国自然旅游资源

本章概要

　　自然旅游资源是旅游资源的重要组成部分,是由自然地理环境的各要素组成的自然风光。我国拥有丰富的自然旅游资源,本章主要介绍地貌景观、水域风光、生物景观、天象与气象景观旅游资源四种类型。

学习目标

知识目标

1. 掌握我国自然旅游资源的主要类型和代表性景点。
2. 熟悉我国主要自然旅游资源的分布、形成机制和旅游价值。

能力目标

1. 能够准确识别自然旅游资源的类型。
2. 能够准确概述各类自然旅游资源的分布和成因机制,并进行生动讲解。

素养目标

1. 通过了解祖国壮丽山河和秀丽风光,激发学生的爱国情怀。
2. 理解自然旅游资源的形成过程,强调旅游资源保护的重要性,培养学生的生态文明观。

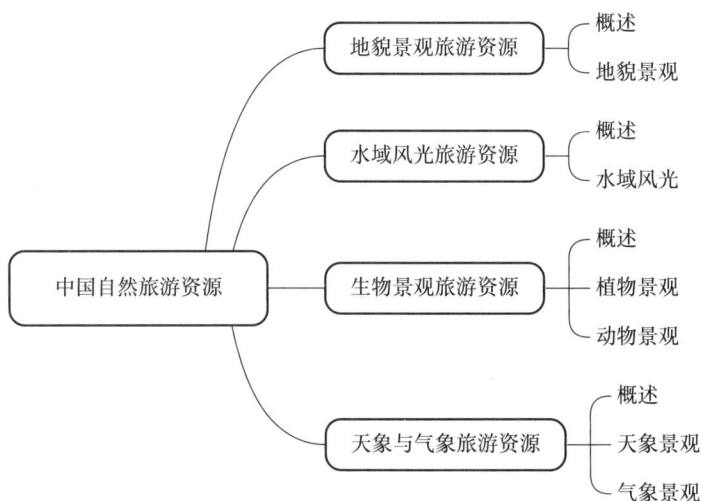

知识导图

章节要点

1. 地貌景观、水域风光、生物景观、天象与气象景观四种自然旅游资源的类型和特征。

2. 我国自然景观,如世界自然遗产的类型和特征。

章首案例

地 质 公 园

地质公园(Geopark)是指以具有一定规模和分布范围的地质遗迹景观为主体,并融合其他自然景观与人文景观构成的一种独特的自然区域。地质公园既是为人们提供具有较高科学品位的观光旅游、度假休闲、保健疗养、文化娱乐的场所,又是地质遗迹景观和生态环境的重点保护区、地质科学研究与普及的基地。对于普通游客,地质公园旅游重点在于:①在游览中,利用地质公园中具有特殊科学价值的地质遗迹获取地球形成演化的科普知识,同时树立生态环境保护观;②利用构成地质公园的奇峰、异洞、高山、深峡、飞瀑、流泉、冰川、火山、沙漠、湖泊等山水景物,以及变化万千、色彩斑斓的造型山石,享受自然造物之美。

截至2024年3月,联合国教科文组织公布世界地质公园总数为213个,分布在全球48个国家。

讨论:目前,中国拥有47个世界地质公园。请查找资料,统计中国不同地质公园的分布和主要自然旅游资源的类型。

Note

第一节 地貌景观旅游资源

一、概述

地貌是地球表面各种形态的总称,也称为地形。在内、外地质营力的作用下,地壳不断被改造,形成多种多样的地表形态。内动力(如构造运动、岩浆作用等)地质作用造成地表起伏,控制了海陆分布的轮廓及山地、高原、盆地和平原的形成,决定了地貌的构造格架;而外动力(如流水、风、冰川等)地质作用,通过风化、剥蚀、搬运和堆积的一系列过程,使地表形态发生变化和地壳表层化学元素发生迁移,最终形成了现代地面的各种形态。景观旅游资源则是在复杂地质作用过程中地表形成的具有旅游价值的典型地貌景观。地球表面约71%的面积被海水覆盖,只有约29%的面积是陆地,目前人类开发利用的地貌景观旅游资源基本是陆地地貌。

我国地质条件复杂,在漫长的地质年代中形成了种类繁多的地貌景观旅游资源,它们不仅发育广泛,而且发育极为典型,为我国旅游业的发展提供了得天独厚的条件。

二、地貌景观

地貌旅游资源有不同的类型。根据地貌资源规模,可以分为大尺度地貌、中尺度地貌、小尺度地貌三个层次;依据地貌的基本形态,大陆地表存在平原、盆地、高原、山地、丘陵五种地貌形态;如果按照成因类型,则可以分为花岗岩地貌、火山熔岩地貌、岩溶地貌、丹霞地貌、风成地貌、冰川地貌、海岸地貌、峡谷地貌等。

(一)花岗岩地貌

花岗岩是地底炽热岩浆冷却后形成的酸性岩浆岩。在板块运动中,深埋地下的岩浆岩被挤压抬升,暴露出地表。花岗岩抗风化能力强,因此通常形成主峰突出、高大挺拔的山体。棱角分明的岩石裸露地表,物理和化学风化作用会沿节理或裂隙不断侵蚀基岩,最终形成深壑、绝壁、一线天或球状岩体。球状风化是花岗岩最具代表性的景观现象,以"风动石"最为典型。

中国花岗岩地貌分布广泛,形成众多名山,如黄山、华山、泰山、庐山,以及安徽天柱山、浙江普陀山、厦门鼓浪屿、泉州清源山、江西三清山等都是著名的花岗岩地貌景区。

(二)火山熔岩地貌

火山熔岩地貌是地下岩浆沿火山口或裂隙涌出地表,沿地面流动快速形成的地貌景观,包括火山锥、火口湖、熔岩台地、熔岩堰塞湖等。熔岩溢流出地表后表面快速冷却,内部却继续向前流动,形成具有明显流动特征的结构。此外,炽热熔岩在急速冷却过程中因体积收缩,还会形成规则的四方、五方或六方棱柱,称为柱状节理。节理柱的直径从几厘米到数米不等,节理面平直而且相互平行,成群出现,景象壮观。

我国火山熔岩地貌主要分布于三个地带。

1. 环蒙古高原带

环蒙古高原带,火山数目较多,包括山西大同、黑龙江五大连池火山群等。其中,五大连池属于国家5A级旅游景区、世界地质公园、著名的"火山之乡",是我国重要的旅游胜地。

2. 青藏高原带

青藏高原带,代表景点为云南腾冲火山群。腾冲火山群火山多、面积广,火山地貌类型齐全,是中国地质年龄较年轻的一个火山区,也是中国著名的地热区,有"地热博物馆"的美称。此外,火山群中可见火山柱状节理奇观,这是中国迄今为止发现的形状最为奇特、保存最为完整、形成年代最近的柱状节理群。

3. 环太平洋带

环太平洋带,包括吉林长白山、台湾大屯火山群等。其中,"大屯春色"是台湾地区著名的八景之一。

(三)岩溶地貌

岩溶地貌又称为"喀斯特地貌",是地下水与地表水对可溶性岩石(主要是石灰岩)溶蚀与沉淀、侵蚀与沉积,以及重力崩塌、坍塌、堆积等作用形成的地貌。岩溶地貌在中国分布最广,约占国土面积的1/3,并且集中分布于贵州、广西、云南等地碳酸盐岩发育的地区。

岩溶地貌可以分为地表岩溶地貌和地下岩溶地貌两种类型,极具观赏价值和科学价值。地表喀斯特包括石芽、溶沟、喀斯特漏斗、落水洞、溶蚀洼地、喀斯特盆地、峰丛、峰林、孤峰等,地下则发育有溶洞、地下河、石钟乳、石笋、石柱等。广西桂林至阳朔的漓江两岸是世界上规模较大、风景非常优美的岩溶景区,素有"甲天下"和"碧莲玉笋世界"的美誉。此外,被誉为"造型地貌博物馆"的云南路南石林、被誉为"中国第一洞"的贵州织金洞以及五彩斑斓的四川九寨沟等,都是著名的岩溶景区。

(四)丹霞地貌

丹霞地貌是以陆相为主的红层(不限制红层年代)发育的具有陡崖坡的地貌类型。1928年,地质学家冯景兰等将构成丹霞山(广东韶关)的红色地层及粤北相应地层命名为"丹霞层"。1939年,丹霞地形被正式使用。丹霞地貌最突出的特点是"赤壁丹崖"广泛发育,形成了顶平、身陡、麓缓的方山、石墙、石峰、石柱等奇险的地貌形态。

中国的丹霞地貌是世界上分布最广的,广泛分布在热带、亚热带湿润区、温带湿润-半湿润区、半干旱-干旱区和青藏高原高寒区。"碧水丹山"福建武夷山、"七彩丹霞"甘肃张掖、"青山赤壁"湖南邵阳崀山、"丹山红崖"江西龙虎山,以及"色如渥丹,灿若明霞"广东韶关丹霞山等,都是著名的丹霞地貌区。

(五)风成地貌

风成地貌是风对地面沉积物进行吹蚀、搬运和堆积作用的过程中所形成的各种风蚀地貌和风积地貌。其中,风力对地面吹蚀和磨蚀作用形成的地貌,称为风蚀地貌;碎屑物质经风力搬运和堆积,则形成风积地貌。常见的有沙漠景观、戈壁景观和雅丹景观,都具有独特的旅游价值。我国的风成地貌主要分布在西北、华北北部和东北西部等气候干旱少雨、风力强大而频繁的干旱区和半干旱区,以及西北内陆的巨大山间盆地或高原盆地内。

1. 风蚀地貌

风蚀地貌包括石窝(风蚀壁龛)、风蚀蘑菇和风蚀柱、雅丹(风蚀垄槽)、风蚀洼地与风蚀谷和风蚀残丘。其中,"雅丹"在维吾尔语中的意思是"具有陡壁的小山包"。雅丹地貌泛指干燥地区河湖相土状沉积物所形成的地面在风化作用、间歇性流水冲刷和风蚀的作用下形成的地貌类型。中国雅丹地貌主要分布在新疆罗布泊、哈密盆地、疏勒河中下游地区、柴达木盆地和内蒙古乌蒙等地,代表性景点包括"世界魔鬼城"新疆克拉玛依乌尔禾雅丹、新疆罗布泊白龙堆雅丹、甘肃敦煌雅丹"魔鬼城"和青海柴达木"水上雅丹"(见图2-1)等。

图2-1 水上雅丹

2. 风积地貌

风积地貌包括信风型、季风-软风型、对流型和干扰型风积地貌。在不同类型、不同方向的风的作用下,形成纵向沙丘、横向沙丘、新月形沙丘等不同沙丘类型。我国是世界上荒漠面积较大的国家,其中,新疆塔克拉玛干沙漠是我国最大、世界第二大沙漠。我国的风积地貌代表性景点还包括巴丹吉林沙漠、宁夏中卫沙坡头等。

(六)冰川地貌

冰川地貌是冰川内部运动和底部滑动,并在寒冻、雪蚀、雪崩、流水等多种营力的共同作用下,逐渐侵蚀、搬运、堆积而塑造成的地貌景观。冰川地貌主要分为冰川侵蚀地貌和冰川堆积地貌。巨厚冰川在缓慢移动过程中,会将下伏基岩压碎,并裹挟起基岩碎块,对沿途床底和两侧基岩继续磨蚀,在雪线之上形成角峰、冰斗、刃脊、U形冰川谷、冰川峡湾、冰川湖盆等地貌。而在雪线之下,主要由冰川消融形成的各种冰碛堆积物景观。

我国现代冰川地貌主要分布在西部高山高原地区,如喜马拉雅山、昆仑山、横断山、天山和阿尔泰山等。四川贡嘎山的海螺沟冰川、新疆阿尔泰山的喀纳斯冰川湖、云南丽江的玉龙雪山冰川等都是典型代表。其中,玉龙雪山冰川是亚欧大陆纬度最低的现代冰川,地貌类型齐全,被称为"天然冰川博物馆"。

(七)海岸地貌

海岸地貌是海岸在构造运动、海水动力、生物作用和气候因素等共同作用下所形成的各种地貌的总称。海岸地貌根据海岸地貌的基本特征,可以分为海岸侵蚀地貌和海岸堆积地貌两大类。中国大陆海岸线绵长,北起鸭绿江口,南抵北仑河口,加上沿海数千岛屿,形成了类型多样、风光各异的海岸美景。

海岸侵蚀地貌是岩石在波浪、潮流等不断侵蚀下所形成的各种地貌,包括海蚀洞、海蚀崖、海蚀平台、海蚀柱等多种形态。代表性景观有广东潮安海蚀地貌省级自然保护区、台湾新北野柳地质公园、河北秦皇岛北戴河景区(见图2-2)等。

图2-2 北戴河海蚀地貌

海岸堆积地貌是近岸物质在波浪、潮流和风的搬运下,沉积形成的各种地貌,又可以分为砂砾质海岸、淤泥质海岸、生物海岸等不同类型。砂砾质海岸适合海浴,如河北昌黎的黄金海岸;淤泥质海岸是优质的海洋渔场,包括渤海西岸的辽东湾、渤海湾、莱州湾,以及黄海西岸的江苏沿海;生物海岸地貌为热带和亚热带地区特有,主要由红树林和珊瑚海岸构成,如海南琼山的东寨港红树林、中国台湾岛的岸礁等。

(八)峡谷地貌

峡谷是深度大于宽度、谷坡陡峻的谷地,一般发育在构造运动抬升和谷坡由坚硬岩石组成的地段,由峭壁所围住的山谷在河流长时间的侵蚀下所形成,多分布于河流上游,景象雄伟壮阔。我国河流众多,地势格局中三级阶梯落差大,峡谷地貌广泛发育,以西南和中南地区较为常见。长江三峡是世界上非常壮丽的大江峡谷:瞿塘峡险峻雄伟,有诗曰"案与天关接,舟从地窟行";巫峡峡长谷深、奇峰突兀、江流曲折、百转千回,船行其间,宛若进入奇丽的画廊,"万峰磅礴一江通,锁钥荆襄气势雄"是对它的真实写照;西陵峡由高山峡谷和险滩礁石组成,是长江三峡中最长且以滩多水急闻名的山峡。研究表明,中国的雅鲁藏布江大峡谷是世界上目前发现的最大、最深的峡谷。

第二节　水域风光旅游资源

一、概述

水体是江、河、湖、海、地下水、冰川等的总称,是被水覆盖地段的自然综合体,是地表水圈的重要组成部分。作为生命必不可少的元素,水是自然界最活跃的物质,也是地表形态的塑造者。许多地貌景观,如岩溶地貌、海岸景观、峡谷与瀑布景观、黄河九曲十八湾等,都是流水侵蚀作用的结果。古人云:"山无云则不秀,无水则不媚。"大多数风景名胜有水为佳,碧水青山相映衬,构成声、形、影、色、光等特点。而名园依绿水,无论是皇家园林还是私家宅院,也都十分重视山水组合。在各种旅游资源中,水体可以开展的旅游项目也是最丰富、最吸引人的,如游泳、滑水、冲浪、潜水、漂流、帆船、垂钓等。

二、水域风光

(一)滨海旅游资源

我国大陆海岸线全长约18000千米,海域辽阔,跨越温带、亚热带、热带等气候带,形态各异的沙滩、奇石、岛屿、礁石、潮水等自然景观,以及灯塔、渔港、码头等人文景观,构成了极为丰富的旅游资源。滨海阳光(Sun)、海水(Sea)、沙滩(Sand)的"3S"组合,使人们既能享受一望无际的碧海蓝天、旖旎壮阔的海上景色,还可以使人们拥有赶海的欢乐与冲浪的刺激。在现代旅游业中,"3S"景观已经成为极受欢迎的旅游资源,是人们理想的旅游场所。

我国有数以百计的滨海旅游度假胜地,较著名的有大连、北戴河、青岛、舟山、厦门、北海、三亚、台北等。国家著名旅游景区中,有许多与滨海娱乐有关,如辽宁大连老虎滩海洋公园·老虎滩极地馆、大连金石滩景区、盘锦红海滩国家风景廊道景区、浙江舟山普陀山风景名胜区、福建厦门鼓浪屿风景名胜区、莆田湄洲岛妈祖文化旅游区、山东烟台蓬莱阁景区、威海刘公岛景区、广东阳江海陵岛大角湾海上丝路旅游区、广西北海涠洲岛南湾鳄鱼山景区、海南分界洲岛旅游区、三亚蜈支洲岛旅游区等,吸引了广大海内外游客。此外,我国滨海旅游还有一些独特的景色,如有"天下奇观"之称的浙江杭州湾钱塘江大潮、山东蓬莱和浙江普陀山的海市蜃楼奇景,以及集现代化技术于一体的世界上里程最长的跨海大桥——港珠澳大桥等,都为我国滨海旅游增添了无限魅力。

(二)河流旅游资源

中国是世界上河流较多的国家,有许多源远流长的大江大河,其中流域面积超过1000平方千米的河流就有1500多条。中国的河湖分布不均,内外流区域兼备,中国外流区域与内流区域的界线大致是:北段大体沿着大兴安岭—阴山—贺兰山—祁连山(东部)一线,南段接近200毫米的年等降水量线(巴颜喀拉山—冈底斯山)。界线的东南部是外流区域,约占全国总面积的2/3,河流水量占全国河流总水量的95%以上。内流区域约占全国总面积的1/3,但是河流总水量还不到全国河流总水量的5%。

古代文明的起源多与河流有关,四大文明古国古埃及、古巴比伦、古印度、中国分别起源于尼罗河流域、两河流域、印度河流域、黄河流域等。因此,沿江两岸遗留很多古人类遗址和文物古迹,为江河美景增添了一份文化底蕴。另外,江河还可以提供漂流、游泳、划船、滑冰、冰橇等水上或冰上活动,让旅游活动更具趣味性。目前,我国江河旅游景观主要沿四大河流(长江、黄河、珠江、黑龙江)以及京杭大运河、漓江等分布。

1.长江

长江是中国第一大河、世界第三长河,为中国独有,全长约6300千米。长江发源于青海省西南部、青藏高原上的唐古拉山脉东段,干流先后流经青海、四川、西藏等11个省、自治区和直辖市,最后在崇明岛注入东海,流域面积达180万平方千米。

长江上游横跨我国第一、第二级阶梯,从巴塘河口到宜宾是第一、第二级阶梯的过渡地段,称为"金沙江"。该段海拔急剧下降,河流在峡谷中穿行,在云南石鼓以下河流流向突变,形成了著名的虎跳峡。出虎跳峡后,江水在宜宾附近汇集岷江,称为"长江"。从宜宾到宜昌,河道蜿蜒于四川盆地,过重庆奉节白帝城后,长江穿过第二、第三级阶梯,切穿巫峡,形成了著名的长江三峡。中游段从宜昌往下涌入第三级阶梯的长江中下游平原。在湖北荆门段的荆江,河道蜿蜒曲折,素有"九曲回肠"之称。长江中游两岸湖泊众多,江湖相通,构成了洞庭湖和鄱阳湖两大水系。湖口之下则进入长江下游,此段江阔水浅,携带泥沙沉淀,多形成大小不一的沙洲。

长江先后流经"天府之国"的四川盆地、"两湖熟,天下足"的两湖平原,"江淮稻粮肥"的苏皖大地和"富饶甲天下"的长江三角洲,是我国重要的农业生产基地和"鱼米之乡"。此外,长江流域历史悠久,有巴、楚、蜀等诸国的古国遗址,还有大禹治水的黄陵庙、屈原故里等,集自然景观和文化资源于一体。

2. 黄河

黄河全长5464千米,是世界长河之一、中国第二大河流。黄河发源于青藏高原巴颜喀拉山北麓,流域面积79.5万平方千米,自西向东分别流经青海、四川、甘肃、宁夏等9个省(自治区、直辖市),最后流入渤海。

黄河从源头至内蒙古河口镇为上游段。上游流经"塞上江南"的宁夏平原和河套平原,地势落差大,形成了众多著名景区,包括龙羊峡、青铜峡、黄河九曲第一湾、黄河石林等。河口镇至河南郑州桃花峪为黄河中游段,河流流经黄土高原,奔腾于晋陕峡谷中,并形成了著名的壶口瀑布和三门峡。黄河下游泥沙大量沉积,入海口黄色河水和青色海水交汇,形成了众多河口生态旅游区,如山东菏泽东明黄河国家湿地公园、聊城东阿黄河国家森林公园等。

除了自然旅游资源,黄河的人文底蕴更是深厚。黄河是中华民族的发祥地、中华文明的摇篮,被称为"母亲河"。自有文字记载以来,中国早期活动中心,尤其是封建社会国家都城,很多都坐落于黄河中下游,包括咸阳、西安、洛阳、开封等都是历史古都。黄河流域已经发现包括半坡文化、仰韶文化、龙山文化、马家窑文化在内的多个文化遗址,以及帝王陵墓、宗教建筑、壁画等古代瑰宝。因此,黄河流域旅游是展示我国灿烂古代绚丽文明的极佳旅游路线之一。

(三)湖泊旅游资源

湖泊是全球水资源的重要组成部分,按成因可以分为构造湖(如青海湖、鄱阳湖、洞庭湖、滇池等)、火山口湖(如长白山天池)、溶蚀湖(如云贵高原区石灰岩溶蚀所形成的草海等)、冰蚀湖(如青藏高原区的巴松错、帕桑错等)、堰塞湖(如镜泊湖)、喀斯特湖(如乌江源百里画廊三大连湖)、河迹湖(如湖北境内长江沿岸的湖泊)、风成湖(如敦煌附近的月牙湖)、海迹湖(包括潟湖、残迹湖等,如西湖)和人工湖(或水库)等;按湖水含盐度可以分为淡水湖(含盐度小于1 g/L)、咸水湖(含盐度为1—35 g/L)和盐湖(含盐度大于35 g/L)。中国湖泊众多,共有湖泊24800多个,2024年统计数据显示,面积在1平方千米以上的天然湖泊就有2800多个,但在地区分布上很不均匀。

中国湖泊往往成群分布,按地域划分,中国湖泊可以分为五大区,即东部湖区、东北湖区、蒙新湖区、青藏高原湖区、云贵湖区。

1. 东部湖区

东部湖区包括长江中下游的沿江地带,全区湖泊总面积约占全国湖泊面积的27.5%,都是淡水湖。代表性湖泊有五大淡水湖群(鄱阳湖、洞庭湖、太湖、洪泽湖和巢湖)和杭州西湖等。

2. 东北湖区

东北湖区的湖泊分布于平原和山地,全区湖泊面积约占全国湖泊面积的4.6%,水浅面积小,并含有盐碱成分,湖水冬季结冰。代表性景点有长白山天池、镜泊湖、五大连池等。

3. 蒙新湖区

蒙新湖区发育了众多的内湖泊,湖泊面积约占全国湖泊面积的27.8%。由于气候干燥,湖小水浅、矿化度高,多为咸水湖和盐湖,且多为季节性湖泊,湖水冬季结冰。代表性景点有赛里木湖、喀纳斯湖、天池、呼伦湖等。

4. 青藏高原湖区

青藏高原湖区湖泊密集,是世界上最大的高原湖泊群分布区,整个高原湖泊面积约占全国湖泊面积的38.4%,绝大多数为内陆湖,而且大多数发育成咸水湖或盐湖,湖水冬季结冰。代表性景区有青海湖、纳木错、塔若错、当惹雍错、羊卓雍错等。

5. 云贵湖区

云贵湖区的湖泊多分布在云贵高原中部,且多为淡水湖,全区湖泊面积约占全国湖泊面积的1.5%,湖水终年不结冰。滇池、泸沽湖、洱海、草海等风光各异,让人流连忘返。

（四）瀑布旅游资源

瀑布是流水在陡坡、悬崖或断层处倾斜下落而形成的地貌类型,在地质学中也称为"跌水"。瀑布是自然山水结合的产物,其恢宏气势由瀑布的宽度、水量、地势落差和环境等因素决定。我国疆域辽阔,地质条件复杂,地势格局落差大,形成了众多举世闻名的瀑布。

1. 黄果树瀑布群

黄果树瀑布群位于贵州省安顺市镇宁布依族苗族自治县,形成于典型的亚热带岩溶地区,属于岩溶瀑布。群中分布18个大小、风光各异的瀑布,形成了一个庞大的瀑布"家族",被上海大世界基尼斯总部评为世界上最大的瀑布群,并列入吉尼斯世界纪录。其中,黄果树大瀑布是黄果树瀑布群中最为壮观的瀑布。黄果树瀑布落差大,瀑布形态随季节变化,冬季轻柔秀丽,夏季气势磅礴。"白水如棉,不用弓弹花自散;红霞似锦,何须梭织天生成"是黄果树瀑布的真实写照。

2. 壶口瀑布

壶口瀑布地处晋陕大峡谷中段,是中国第二大瀑布、世界上最大的黄色瀑布。黄河奔流至此处时,河口收缩成壶口,300米宽的河道在不到500米的范围内被压缩到20—30米,巨量河水从20多米高的陡崖上倾注而泻,形成"千里黄河一壶收"的气概。伴随瀑布出现的还有"水底冒烟、旱地行船、霓虹戏水、山飞海立、晴空洒雨、旱天惊雷、冰峰倒挂、十里龙槽"八大奇观等。

(五)泉水旅游资源

泉是地下水天然出露至地表,或者地下含水层露出地表的地点。泉根据水流状况的不同,可以分为间歇泉和常流泉;根据水流温度,则可以分为温泉和冷泉。泉水清澈纯净,不仅具有旅游价值,还有保健功效,受人喜爱。我国是世界上泉水资源较丰富的国家,全国有数万处涌泉,其中不乏天下名泉。

在地壳活动地区,火山活动强烈,是温泉发育的主要场所。我国东部的环太平洋火山地震带和西部的喜马拉雅火山地震带是世界上地壳较为活跃的地区,地热资源非常丰富,形成了数量巨大的温泉资源,其中又以闽、粤、台、滇、藏五省(自治区)最多,而台湾则是我国温泉平均密度最大的省份。云南安宁"天下第一汤"碧玉泉、山东济南趵突泉、陕西骊山华清池、台湾关子岭水火温泉等,都是我国著名的涌泉资源。

第三节　生物景观旅游资源

一、概述

生物是生物圈中一切动物、植物和微生物组成的生物群落的总和,因此生物资源也包括动物资源、植物资源和微生物资源三大类,但生物景观旅游资源一般只包括动物旅游资源和植物旅游资源。据统计,地球上已知的现生植物有30万—35万种,包括苔藓1.6万种、蕨类1.3万种、裸子植物1000种、有花植物26万种。[1]自2008年起,中国科学院生物多样性委员会组织编制《中国生物物种名录》,并每年以年度名录的形式发布,旨在摸清中国生物多样性的"家底",促进生物多样性的研究与保护。2024年5月22日,即国际生物多样性日,中国科学院生物多样性委员会联合中国科学院动物研究

---

[1] 蒋志刚,2016年,https://www.sciengine.com/CSB/doi/10.1360/N972015-01320.

所、中国科学院植物研究所和中国科学院微生物研究所发布《中国生物物种名录2024版》(http://www.sp2000.org.cn),并向全球用户开放下载。[①]

生物景观旅游资源具有以下几个特点。

1. 地域性

地表系统是岩石圈、大气圈、水圈、生物圈所构成的地表自然社会综合体,各种自然地理环境既构成完整的统一整体,又存在显著的地域差异。例如,北极熊主要生活在北极圈冰层覆盖的水域,天山雪莲花主要产于中国西北的新疆、青海等地。

2. 季节性

生物会随着季节的变化发生形态变化和空间位置的转移,从而表现出不同的特点。如花朵的绽放有其特有周期性、北京香山红叶仅能在10—11月份欣赏到等;而动物的季节性则表现在候鸟迁徙和鱼类洄游等。

3. 寓意性

我国古代文人墨客常用某些植物来抒发高洁品格,如牡丹寓意吉祥富贵、莲花指代"出淤泥而不染"等。同样,雄鹰、雄狮等动物形象也常被用于象征民族的威武和坚韧,而乌龟则是长寿的代表。

4. 持续性

有些动物或植物形成于漫长的地质历史时期,并不断繁衍延续至今。我国银杏科中的银杏是古代遗留下来的珍贵、稀有的孑遗植物树种,早在3.4亿年前就已经出现,是植物界的"活化石";中国台湾沿海水域分布的鲨类则早在4亿年前就存在,也被称为"活化石"。

5. 脆弱性

地球46亿年的历史中出现了上千万种生物种类,远比当前发现的多得多。科学研究表明,自生物出现至今已经发生了五次生物大灭绝,绝大部分生物永远消失。此外,随着人类活动的加剧,生态环境破坏严重,也加速了生物的灭亡。2019年发布的《生物多样性和生态系统服务全球评估报告》显示,全球有100万种植物和动物物种面临灭绝的危险。2022年7月,世界自然保护联盟(IUCN)发布全球濒危物种红色目录更新报告,宣布长江白鲟灭绝。党的十九届五中全会第一次正式将"人与自然和谐共生"作为我国下一阶段现代化建设的战略任务。只有坚定不移走可持续发展路线,才能保护现有生物旅游资源的多样性。

---

① https://mp. weixin. qq. com/s? __biz=MzI2NTgwNDUzNA== &mid=2247487193&idx=1&sn=be19df1e2291defb9852b103efaa876d&chksm=ea968140dde10856e0c662647a28a4d6d7ade79c85e83ea8f0ece8815b9e7a2402565f102f68&scene=27.

二、植物景观

我国是世界上植物资源较丰富的国家,植物种类数目仅次于马来西亚和巴西,居世界第三位,有"世界植物王国"之称。

(一)森林景观

中国森林面积小,资源数量少,地区分布不均。2014年2月,第八次全国森林资源清查成果显示,全国森林面积2.08亿公顷,森林覆盖率21.63%,分别位居世界第五位和第六位,人工林面积仍居世界首位。[①] 由于中国不同地区自然条件差异显著,加之植物种类繁多,森林植物和森林类型极为丰富多样,如东北针叶林及针阔叶混交林、西南亚高山针叶林和针阔叶混交林、南方热带雨林等不同类型均有分布。

我国仍然是一个缺林少绿、生态脆弱的国家。近年来,中国政府紧紧围绕建设生态文明,着力增加森林数量、提高森林质量,努力推动我国走可持续发展道路。目前,我国已经建成国家森林公园多处,包括张家界国家森林公园、神农架国家森林公园、五台山国家森林公园、海螺沟冰川森林公园、阿尔山国家森林公园等。

1. 张家界国家森林公园

张家界国家森林公园位于湖南省张家界市武陵源区,是国家5A级旅游景区、国家级森林公园,属中亚热带山原型季风性湿润气候。2024年8月统计数据显示,张家界国家森林公园森林覆盖率高达98%,动植物品种多达2266种。公园植物资源极其丰富,以常绿落叶阔叶混交林为主,世界上的五大名科植物(菊科、兰科、豆科、蔷薇科、禾本科)都有分布。张家界国家森林公园的主要景点有袁家界、金鞭溪、杨家界、乌龙寨等。

2. 海螺沟冰川森林公园

海螺沟冰川森林公园位于四川省甘孜藏族自治州泸定县,是国家5A级旅游景区、国家级冰川森林公园。海螺沟落差6000米以上,形成了自然界独特的多个植被带,荟萃了中国大多数的植物种类,公园内生长着2500余种从亚热带到寒带的高山植物,植物垂直分带显著。根据2022年5月出版的《贡嘎山维管植物本底调查报告》,贡嘎山地区(包括九龙、康定、泸定和石棉四县市)含野生维管植物(包括少数归化植物)180科、979属、4328种,其中有18个中国特有属及2280个中国特有种。海螺沟冰川森林公园的主要景点包括红石公园、冰川森林、草海子等。

(二)草原景观

草原是地球生态系统的一种,是地球上分布最广的植被类型。中国是世界上草原

---

① 截至2020年,中国已开展九次全国森林资源清查,第九次(2014—2019年)森林资源清查尚未完成数据汇总工作。

资源较丰富的国家,根据2021年国家林业和草原局数据,我国草原总面积3.928亿公顷,占全国土地总面积的40.9%,主要分布于完达山到青藏高原东麓的西北地区。广义的草原包括在较干旱环境下形成的以草本植物为主的植被,又分为热带草原和温带草原;狭义的草原定义则只包括温带草原。内蒙古呼伦贝尔大草原、内蒙古锡林郭勒大草原、新疆伊犁草原、西藏那曲高寒草原是我国著名的四大草原。

1. 呼伦贝尔草原

呼伦贝尔草原位于内蒙古自治区东北部,由东向西跨森林草原、草甸草原和干旱草原三个地带,是世界著名的天然牧场、世界四大草原之一,被称为"世界上最好的草原"。呼伦贝尔草原还是众多古代文明、游牧部族的发祥地,匈奴、突厥、契丹、女真、蒙古等游牧部族曾繁衍生息于此,被史学界誉为"中国北方游牧民族成长的历史摇篮"。

2. 伊犁草原

伊犁草原位于新疆维吾尔自治区西部天山以北的伊犁河谷内,由那拉提、唐布拉、巩乃斯等众多草原组成。伊犁草原地势独特,三面环山,从高至低依次形成高寒草甸、山地草甸、山地草原、山地荒漠草原、平原荒漠和河谷草甸的垂直分带特征。其中,那拉提草原是世界四大高山河谷草原之一,是国家5A级旅游景区,含草原土墩墓、伊犁岩画和草原石人等奇观。

(三)珍稀植物

我国是公认的"世界树木宝库",银杏、水杉、银杉、金钱松、台湾松、珙桐、望天树、华盖木等都是我国特有的珍稀树种,水杉、银杏、珙桐还被列为植物界的"活化石"。水杉属高大落叶乔木,1亿多年前的中生代水杉出现并遍布整个北半球,但第四纪冰期之后几乎全部绝灭,目前仅在中国中部地区零星分布。银杏同属高大乔木,最早出现于3.45亿年前的石炭纪,第四纪冰期之后银杏类植物在世界其他地区绝种,只在中国幸存。珙桐为落叶乔木,最早出现于约6000万年前的第三纪,并延续至今。

我国还是著名的"花卉之邦"。花中之魁——梅花、花中之王——牡丹花、凌霜绽妍——菊花、君子之花——兰花、花中皇后——月季花、花中西施——杜鹃花、花中娇客——茶花、水中芙蓉——荷花、十里飘香——桂花、凌波仙子——水仙花,被誉为"中国十大名花"。这些名花异卉不仅风姿各异,还蕴含深刻的传统文化内涵。由此,我国还形成了一些著名的赏花旅游地,如洛阳牡丹文化节、南京国际梅花节、济南大明湖荷花节、杭州西湖桂花节等。

三、动物景观

中国是世界上动物资源较丰富的国家,从寒温带、温带、暖温带、亚热带到热带,植被随气候条件发生变化,动物面貌也随之改变。《中国生物物种名录2024版》中共收录物种141484个,包括哺乳动物694种、鸟类1505种、爬行动物656种、两栖动物656种、鱼类5127种、昆虫及其他无脊椎动物60769种以及超过39000种植物。

(一)珍禽异兽

我国有不少世界稀有和我国特有的珍禽异兽。大熊猫、金丝猴、白鳍豚、扬子鳄、华南虎、朱鹮、藏羚羊、褐马鸡、黑颈鹤、丹顶鹤、白唇鹿、大鲵(娃娃鱼)、金钱豹等动物都是我国特有物种,其中大熊猫、金丝猴、白鳍豚、白唇鹿被称为"我国四大国宝动物"。这些珍禽异兽集中分布于东北地区的小兴安岭和长白山、青藏高原以东的川西地区和云南西双版纳等地。

(二)自然保护区

中国是濒危动物分布大国,2021年2月公布的《国家重点保护野生动物名录》中,共列入野生动物980种和8类。近年来,在推进生态文明、建设美丽中国的指导下,保护生物多样性已经成为重中之重。通过实施国家公园、国家植物园体系建设及野生动植物保护工程等,我国生物多样性保护取得积极成效,珍稀濒危野生动植物种群稳步增长,栖息繁衍环境也稳步改善。截至2021年,中国已经建成国家级自然保护区474个,包括可可西里自然保护区、神农架自然保护区、西双版纳热带雨林自然保护区、上海崇明东滩鸟类国家级自然保护区、湖南张家界大鲵国家级自然保护区等。

第四节   天象与气象旅游资源

一、概述

天象是在特定条件下天空所表现出来的奇异景象,如极光、雾凇、云海、流星雨等。天象景观具有独特性、神秘性和不可预测性,可遇而不可求,因此对游客具有很强的吸引力,已经成为一种特殊的旅游资源。

气象是发生在天空中的风、云、雨、雪、霜、露、虹、晕、闪电、打雷等一切大气要素的物理现象。瞬时内,大气中各种气象要素空间分布的综合表现称为"天气",而气候则是一个地区光照、气温和降水等要素的多年平均情况。气象景观随地理纬度、海拔、距海远近的变化而变化,具有很强的地域性和差异性。此外,形成气象景观的物理变化往往是瞬时变幻的,转瞬即逝,观此美景需要抓住时机。

二、天象景观

（一）日出、日落

日出、日落是太阳光受地球大气层灰尘的影响而产生的瑞利散射现象，此时天空会弥漫霞气，日出之时大气层里的灰尘较少，霞气淡雅，日落时分大气灰尘增多，霞气更加亮丽。日出、日落的壮丽景象只有在天地交界处，云朵较少时才可欣赏到，因此最佳的观景点多在海滨（见图2-3）和山巅。日出代表开始，代表希望，古人云"迟日江山丽，春风花草香"，我国四川雅安牛背山、安徽黄山景区、北戴河鸽子窝公园等都是观看日出的极佳地点；而海南龙沐湾、福建霞浦滩涂、广西北海涠洲岛则可以品味"落霞与孤鹜齐飞，秋水共长天一色"的落日景色。此外，梅里雪山、玉龙雪山、贡嘎雪山等名山还能欣赏到"日照金山"（见图2-4）的奇特景观，吸引众多摄影爱好者前往。

图2-3　海边日出

图2-4　日照金山

（二）彗星、陨石、流星雨

彗星是宇宙中由水、氨、甲烷等冻结的冰块和夹杂许多固体尘埃粒子的"脏雪球"在接近太阳系时，受太阳辐射影响，物质升华，在彗核周围形成朦胧的彗发和由稀薄物质流构成的彗尾的一种天体景观。

陨石是星球以外脱离原有运行轨道的宇宙流星或碎块散落到地球表面的未燃尽物质。陨石冲向地球，进入大气层时会与之摩擦，发光发热，形成流星。我国是世界上较早发现陨石的国家，公元前368年就出现关于铁陨石雨的第一次可靠记载。1976年3月8日降落于吉林的"吉林1号陨石"是全球最重的石陨石，最大的一块重达1770千克。

流星雨则是夜空中许多流星从天空中一个所谓的辐射点发射出来的天文现象。

2023年8月,英仙座流星雨"光临"地球,吸引了众多"追星"者。作为北半球三大流星雨之一,英仙座流星雨以流量稳定和亮流星多著称。

(三)极昼、极夜、极光

极昼是太阳不落,天空长亮;极夜则是太阳不出,天空长黑。极昼和极夜是地球自转与公转共同作用的结果,是极圈内特有的自然现象。每年南、北两极的极昼和极夜交替出现,一年内大致连续6个月是白昼,6个月是黑夜,且纬度越高,极昼和极夜的时间就越长。

在南、北两极,最具特色的天象景观非极光莫属。极光是太阳风暴吹过来的带电粒子与地球高空大气中的原子和分子在地球大气层最上层运作激发的光学现象,它们最常出没在南、北磁纬度67°附近的两个环状带区域内,分别称作南极光区和北极光区。中国最北的黑龙江省大兴安岭地区漠河市,也可以观测到北极光。作为一种大自然天文奇观,极光没有固定形态、颜色多变,以绿、白、黄、蓝色居多,偶尔也会呈现艳丽的红紫色,曼妙多姿又神秘难测,已经成为高纬度地区的一些国家或城市争相开发利用的旅游资源。

三、气象景观

(一)云、雾、雨

云、雾、雨是大气中水蒸气遇冷凝结形成的不同天气现象,主要形成于温暖湿润地区。其中,小水滴混合组成的飘浮在空中的可见聚合物为云;形成的水汽凝结物为雾;水滴重量达到空气托不住时从云中下落则形成雨。薄云、淡雾、细雨形成的朦胧之美,似仙家境界虚无缥缈的景象,给人以玄妙、神秘之感。

古今诗人笔下既有"清明时节雨纷纷"的春雨,也有"巴山夜雨涨秋池"的秋雨;既有"霏霏小雨映烟光"的小雨,又有"奔浑驰暴雨,骤鼓轰雷霆"的暴雨。不管哪一种雨,都有其不同的美感。

我国云雾分布较广,湖南郴州小江东、广西桂林漓江、湖南张家界武陵源、安徽黄山等地都可以欣赏到优美的雾景。陕西省西安市鄠邑区东南方草堂镇的古井内经常出现烟雾升腾的奇景,因此"草堂烟雾"有"关中八景"之一的美称。

我国很多名山中都有云海的壮阔景象。黄山的云海是其"四绝"之一,庐山、峨眉山、阿里山、泰山等地的云海,也都是享誉国内外的奇景。日出和日落时形成的云海,五彩斑斓,也称为"彩色云海",景象更为壮观。

(二)冰雪、雾凇

"北国风光,千里冰封,万里雪飘。"冰雪景观和雾凇美景主要出现于北方的冬季,尤以东北更为常见,但其他海拔较高的区域也可见雪景。除了东北"林海雪原",关中

"太白积雪"、燕京"西山晴雪"等都是著名的雪景。此外,积雪除了展示其冰清玉洁的美景,还可以开展滑雪、冰雕、冰雪节等"白色旅游"活动。

雾凇非冰非雪,是由于雾中无数0℃以下且尚未凝华的水蒸气随风在树枝等物体上不断积聚冻粘形成的,表现为白色不透明,宛如琼树银花。吉林雾凇岛是中国著名的雾凇风景区,被称为"中国四大自然奇观"之一,因冬季雾凇厚重持久、树形奇美而享誉海内外。此外,黑龙江伊春库尔滨雾凇、新疆塔克拉玛干沙漠雾凇等,也都令人陶醉。

(三)佛光、蜃景

佛光、蜃景是一种光学现象,是地球上物体反射的光经不同密度的空气折射后而形成的幻景虚像。佛光、蜃景、雨凇、云海、日出、夕阳合称为"天象六景"。

佛光是一种特殊的物理现象,也称"日晕",是在多云天气、强烈的阳光照射在云层表面时形成的一种衍射现象。佛光的出现需要阳光、地形和云海等众多自然因素,因此比较罕见。中国佛光以峨眉金顶最为著名,在敦煌、黄山、五台山、藏佛坑等地,也有机会看到佛光。

蜃景又称为"海市蜃楼",是一种因为光的折射和全反射而形成的自然现象。其形成与天气形势、气象条件、地理位置、地球物理等有密切联系,气温的反常分布是大多数蜃景形成的气象条件。中国渤海长岛是中国海市蜃楼出现频繁的地域,特别是七八月间的雨后。此外,连云港海州湾、庐山五老峰、新疆塔克拉玛干沙漠、山东蓬莱等地可以观看到蜃景。

教学互动

根据本章内容,请学生介绍欣赏过的或者家乡拥有的自然旅游资源。

本章小结

本章介绍了地貌景观、水域风光、生物景观、天象与气象景观四种类型的自然旅游资源的详细分类和具体内容。

在线答题
▼

第二章

第三章
中国人文旅游资源

本章概要

　　旅游资源是旅游业发展的物质基础,它包括自然旅游资源和人文旅游资源。我国的人文旅游资源非常丰富,具有广阔的开发前景。掌握人文旅游资源对于学好旅游地理具有重要作用。

学习目标

知识目标

1. 了解中国主要人文旅游资源的基本特征、旅游价值与分布情况。
2. 掌握中国人文旅游资源的主要类别及代表景点。

能力目标

1. 能够准确识别出各种人文旅游资源所属的类型。
2. 能够熟练讲解人文旅游资源形成的历史文化。

素养目标

1. 通过学习,使学生感受我国悠久的历史和古代劳动者的聪明才智,激发学生热爱中国传统文化的情感。
2. 通过教育和引导,培养学生的爱国主义情感,使之具备民族自豪感和自信心。

知识导图

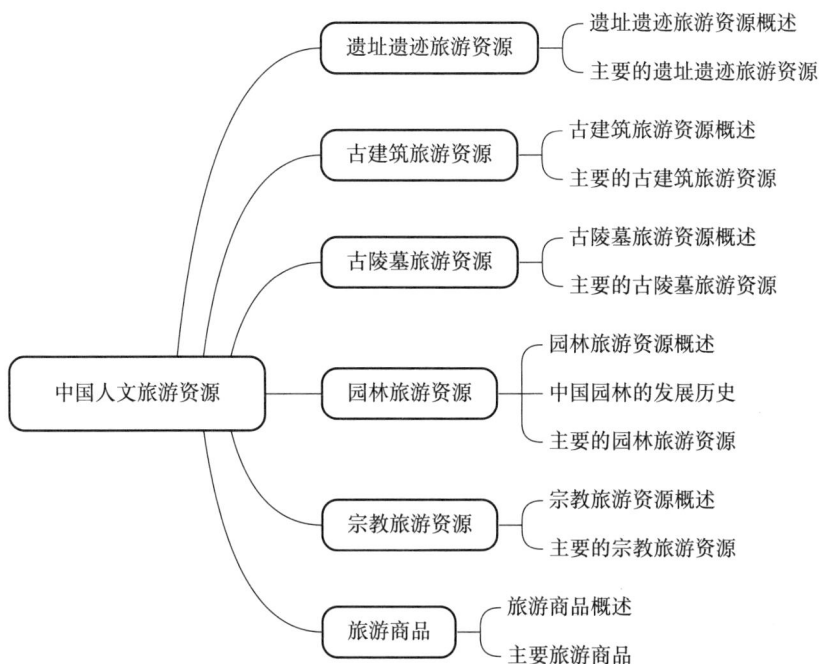

中国人文旅游资源
- 遗址遗迹旅游资源
  - 遗址遗迹旅游资源概述
  - 主要的遗址遗迹旅游资源
- 古建筑旅游资源
  - 古建筑旅游资源概述
  - 主要的古建筑旅游资源
- 古陵墓旅游资源
  - 古陵墓旅游资源概述
  - 主要的古陵墓旅游资源
- 园林旅游资源
  - 园林旅游资源概述
  - 中国园林的发展历史
  - 主要的园林旅游资源
- 宗教旅游资源
  - 宗教旅游资源概述
  - 主要的宗教旅游资源
- 旅游商品
  - 旅游商品概述
  - 主要旅游商品

章节要点

1. 中国人文旅游资源的特点。

2. 中国人文旅游资源的主要类型和代表性景观。

首章案例

属于中国的世界遗产

世界是一个文化和自然的宝库,每个国家都有着属于自己的瑰宝。联合国教科文组织通过世界遗产委员会对这些宝藏进行了认证和保护,以确保它们能够被后代继续珍视和欣赏。截至2023年9月,全球共有1199项世界遗产,其中中国独有57项,包括文化遗产、自然遗产以及自然与文化双遗产。

1.长城

长城是中国著名的文化遗产,也是世界上最长的防御工事,被誉为"人类历史上最伟大的建筑"之一。长城的历史可以追溯到公元前7世纪,它跨越了中国北部的山脉、平原和沙漠,起到了保护中原免受北方游牧部落侵扰的重要作用。如今,长城已成为中国标志性的旅游景点之一,吸引着来自全世界的游客。

2.明清故宫(北京故宫、沈阳故宫)

中国的皇家宫殿群中,明清故宫非常有名。位于北京的故宫,是中国最大的古代宫殿建筑群,曾是明清两代的皇宫。沈阳故宫则是清朝初期的皇宫,是中国现存较完整的古代宫殿建筑群。这两座故宫都展示了中国古代宫廷建筑的壮丽和精湛工艺,吸引了众多的游客前来观赏。

3.敦煌莫高窟

敦煌莫高窟位于中国西北沙漠边缘的敦煌市,是一处拥有数百个石窟和数万平方米壁画的佛教艺术宝库。这些壁画和雕刻艺术的历史可以追溯到公元4世纪,展示了中国古代艺术和文化的瑰宝。敦煌莫高窟也是世界上重要的佛教艺术遗址之一,吸引着艺术和历史爱好者的关注。

4.秦始皇陵及兵马俑坑

秦始皇是中国第一个统一的皇帝,他的陵墓是中国古代皇家陵寝中最庞大、最富丽堂皇的一座。陵墓中出土了8000多个真实大小的兵马俑,这些兵马俑被视为中国古代军事艺术的杰作,对于研究中国古代历史和文化有着重要意义。

讨论:除了以上所列文化遗产,你知道中国的世界遗产中还有哪些文化遗产吗?

第一节　遗址遗迹旅游资源

一、遗址遗迹旅游资源概述

遗址遗迹是指人类活动的遗迹、遗物和发掘的地址。它是民族、国家历史的记录,反映了各个历史时代的政治、经济、文化、科技、建筑、艺术、风俗等特点和水平,具有重大的历史价值。那些能够对旅游者产生吸引力、满足旅游体验要求、能够为旅游业所利用,并产生效益的历史遗迹就是遗址遗迹旅游资源。历史遗迹旅游资源可以分为古人类遗址、古道路遗址、古战场遗址、名人与历史纪念地遗址等类型。

二、主要的遗址遗迹旅游资源

（一）古人类遗址

从人类产生到有文字记载以前的人类历史遗迹称为古人类遗迹。它反映了人类祖先生存的环境以及生活和生产的状况,贯穿了从猿到人的漫长进化过程,是人文旅游资源中年代较远的景观,对现代人们了解人类进化和社会发展具有重大意义,是人类学、考古学、地质学、史学和美学工作者考察的重要项目,也是旅游者抚今追昔、增长知识的场所。我国是古人类发源地之一,也是目前世界上发现古人类遗址较多的国家。据考古发现,地理条件优越的黄河流域和长江流域是我国古人类遗迹的集中分布区域。

古人类遗址是指自人类发展到有文字记载以前的人类历史遗址,包括古人类化石、原始部落遗址、生产和生活器具、原始艺术及劳动产品等。由于这些遗迹和遗物的古老及反映人类起源的独特性质,使得它们成为人文旅游资源中年代较远的景观。人们通过对古人类遗址的游览,可以获得关于人类起源、史前人类建筑、生存环境、生产和活动工具等方面的知识。古人类遗址按生产工具的性质,可以分为旧石器时代人类活动遗址和新石器时代人类活动遗址。

1. 旧石器时代人类活动遗址

旧石器时代人类活动遗址距今250万年至1万年,以打制石器为主要生产工具,从早期的粗糙向后期的精细发展,利用工具进行原始的采集、狩猎、渔猎生活。现已发现的旧石器时代人类化石有云南元谋人、重庆巫山人、陕西蓝田人、周口店北京人、内蒙古河套人等。其中,周口店北京人遗址是我国最早发现的,也是当今世界上发现古人类遗址化石材料最齐全、最丰富的一处,是中外古人类遗址旅游价值较大的游览胜地。

2. 新石器时代人类活动遗址

新石器时代人类活动遗址距今约7000年,磨制精致的石器取代了打制粗糙的石器,农业畜牧业取代了采集狩猎,成为主要的生产部门,这个时期的人类已开始定居生活。在我国,著名的新石器时代古人类遗址有仰韶文化、马家窑文化、大汶口文化、龙山文化、河姆渡文化等遗址。新石器时代活动遗址按照时间和人类活动特征,还可以分为母系氏族社会遗址和父系氏族社会遗址。

1) 母系氏族社会遗址

这一时期以女性为中心,母系血缘纽带是维系氏族统一的主要手段。

(1) 山顶洞人:生活在旧石器时代,距今3万年至1万年,遗址位于北京周口店龙骨山岩洞,是我国发现最早的直立人洞穴,也是当今世界上出土古人类化石、石器和用火遗迹最为丰富、最齐全的古人类遗址,已被联合国教科文组织列入《世界遗产名录》。

(2) 半坡村遗址:位于陕西省西安市半坡村,是黄河流域一个典型的母系氏族公社村落遗址,它生动地展现了6000多年前母系氏族社会繁荣时期的半坡先民们的生产和生活情景。1958年在半坡村原遗址上建成的西安半坡博物馆,是我国建立的第一座原始社会博物馆。

(3) 河姆渡文化:是长江下游地区的新石器时代文化,因在浙江余姚的河姆渡遗址首先发现而得名。河姆渡文化主要以夹炭黑陶和夹砂红陶、红灰陶为主,农业主要是稻作农业,所发现的稻谷遗存是迄今中国最早的稻谷实物,证明中国是最早栽培水稻的国家。这一时期的先民已定居生活,主要建筑形式是一种栽桩架板高于地面的干栏式建筑,并学会了打井和饲养猪、狗等家畜。

(4)仰韶文化:是黄河中游地区一种重要的新石器时代彩陶文化,其持续时间为公元前5000年至前3000年,分布在整个黄河中游,从甘肃到河南。因1921年首次在河南省三门峡市渑池县仰韶镇仰韶村发现,故按照考古惯例,将此文化称为仰韶文化。仰韶文化是中国分布地域最大的史前文化,涉及河南、陕西、山西、河北、甘肃、青海、湖北、宁夏等地。作为具有强大生命力的文化,它向外具有较大的辐射力。尤其是彩陶的大范围传播,被考古学家认为是代表了史前第一次艺术浪潮,波及周边地区,达到史前艺术的高峰。

2)父系氏族社会遗址

大约从公元前3000年前,我国进入父系氏族公社时期,锄耕农业成为氏族的主要生活来源,男子成为社会主要劳动力,生产工具大型化,农业发展水平较高。大汶口文化遗址位于山东省泰安市大汶口村,出土了大量的生活用品和生产用具,遗址内容还反映了父系氏族社会时期男女不平等、私有财产出现、向阶级社会过渡等情况。

(二)古道路遗址

古道路遗址是指已经消失或废置的交通设施。古代人们为了政治、军事以及商贸往来,很早就开始修筑和开凿道路。在中国,周朝已经开始注意道路的修整,春秋战国时期开始修建穿越秦岭大巴山的道路,秦始皇统一中国后大规模修筑道路,形成了以咸阳为中心的四通八达的道路网。汉唐时期,随着疆域的开拓,国际交往的增多和经济贸易往来的发展更是广开道路,开辟了举世闻名的丝绸之路、唐蕃古道等。这些古代道路在历史上都发挥了重要作用,历经修补、改建,在沿途形成了众多的城镇、关隘。但随着时代的变迁、社会的兴衰,古道大多已被废弃,成为历史遗迹。

古道路遗迹中以丝绸之路为典型。丝绸之路是中国汉代开创的将中国的丝织品从长安经康居(中亚地区古国)、安息(今伊朗)、叙利亚运往地中海各国的一条道路。它是一条连通亚、欧、非三大洲的陆上交通线。在这条路上,有风光壮丽的高山、大河、沙漠、戈壁,有引人遐思的长城古道、烽燧,还有艺术荟萃的石窟、佛龛和文物等。

(三)古今战场遗址

古今战场遗址是指具有重大历史意义的发生过战争的场所。我国因军事征战留下了许多战场遗址。古战场一般都有险要的据守地形,并留下战争遗迹。古代的战场遗址、遗迹及有关历史事件无不吸引着游人前往怀古凭吊及观赏。我国著名的古今战场遗址有赤壁之战遗址、垓下之战遗址、五丈原之战遗址、地道战遗址、台儿庄大战遗址、重庆钓鱼城古战场遗址等,它们也都成为旅游开发对象。

(四)名人与历史纪念地遗址

在中国悠久的历史发展过程中,出现了不少对社会有重大影响的著名人物,同时

知识关联
▼
三峡栈道

知识关联
▼
茶马古道

知识关联
▼
钓鱼城古战场遗址

也发生了不少影响重大、意义深远的历史事件(以近现代革命史为主),由此产生了很多供后人参观、瞻仰和凭吊的历史纪念地。

1. 名人纪念地

名人纪念地包括历代名人故居、名人活动遗址等,如山东曲阜的孔子故居、湖南韶山的毛泽东故居等。这些纪念性建筑的纪念价值与旅游开发价值,主要与相关名人的历史作用、影响范围以及这些文物的保护程度、环境状况有关。

2. 历史纪念地

自1840年鸦片战争以来,中国人民为抵御外族侵略、争取民族独立和民族解放进行了不屈不挠的斗争,形成了一大批近现代革命纪念地,包括重要会议会址、烈士陵园、纪念性建筑物等。它们是进行爱国主义教育的重要场所,现均已成为重要的红色旅游资源,如遵义会议会址、古田会议会址、井冈山革命烈士陵园、中国人民抗日战争纪念馆等。

知识关联
▼

2023 年度
全国十大
考古新
发现

第二节　古建筑旅游资源

一、古建筑旅游资源概述

古建筑是指古代人们运用一定的建筑技术和建筑艺术,建成供人类生产、生活和其他活动使用的房屋或场所。中国古建筑以其悠久的历史、独特的结构体系、丰富的建筑造型、优美的艺术装饰闻名于世。凡是能够吸引旅游者前来观赏,并产生社会效益和经济效益的古建筑,都可以称为古建筑旅游资源,如宫殿建筑、祭祀建筑、古代伟大工程等。

二、主要的古建筑旅游资源

（一）宫殿建筑

宫殿建筑又称“宫廷建筑”,为汉族建筑之精华。宫殿是帝王权力的象征,历代帝王修建过许多宫殿,这些建筑大都金玉交辉、巍峨壮观。宫殿建筑采取严格的中轴对称的布局方式,体现了中国建筑的最高成就,突出了皇权至上的思想和严格的等级观念。古代宫殿建筑物自身也被分为两部分,即“前朝后寝”:“前朝”是帝王上朝理政、举行大典之处,“后寝”是皇帝与后妃们居住生活的所在。

中国历史上出现过许多著名的宫殿建筑,如秦朝的阿房宫以及汉朝长安的长乐宫、未央宫和建章宫,还有唐代的大明宫、太极宫、兴庆宫等,不过这些宫殿多数已不存在了。目前,我国保存完好的宫殿有三处,即北京的明清故宫、沈阳的清故宫(又称"盛京皇宫")和拉萨的布达拉宫,其中保存得最完好且规模最宏伟、最有代表性的宫殿是北京故宫,俗称"紫禁城"。

(二)祭祀建筑

奴隶社会和封建社会时期,治理国家的思想主要体现在两个方面:其一,崇尚自然;其二,崇尚祖先。历代帝王都十分重视对天地神灵的祭祀活动。坛庙、祠堂是用来祭祀天地神灵、山川河岳、祖宗英烈和圣哲先贤的礼制性建筑物。

1. 坛庙

坛庙是祭祀天地和祖宗神灵的建筑。太庙和社稷坛是皇家专门用于祭祀活动的最早礼制建筑。随着礼制建筑思想的发展,明代礼制建筑发展到了顶峰,规模和数量均超过历朝都城,号称"九坛十八庙",有天坛、地坛、社稷坛、日坛、月坛、先农坛、太庙、历代帝王庙、孔庙等坛庙建筑。

国内代表性的坛庙有天坛、岱庙、孔庙等。北京天坛,始建于明永乐年间,清乾隆、光绪时曾重修改建,为明清时期帝王祭祀皇天、祈祷五谷丰登之场所。泰安岱庙,又名"东岳庙""泰岳庙""岱岳庙",是泰山规模最大的建筑群,也是秦汉以来历代帝王举行封禅大典的地方。曲阜孔庙是我国祀孔庙堂中建造年代最早、规模最大的一座,又称"至圣庙",与北京故宫、河北承德避暑山庄合称"中国三大古建筑群"。

2. 名祠和宗祠

祠是封建制度下,社会公众或某阶层为共同祭祀先贤而修建的建筑群。如四川成都的武侯祠,是为纪念三国蜀汉丞相诸葛亮而建。位于河南开封的包公祠是纪念北宋包拯的专祠。宗祠又名"祠堂",是宗法制度下同族人供奉和祭祀祖先的地方,也是家族议事、学堂及履行族法、家法之地。如胡氏宗祠,位于安徽绩溪县,初建于宋,明兵部尚书胡宗宪在嘉靖时对祠堂进行大修,因此建筑具有明代风格,其中雕刻艺术有徽派"木雕艺术厅堂"的称誉。

(三)古代伟大工程

1. 军事防御工程

1) 古城池

城池是指包围城市的城墙和周围的护城河。我国早期的城池有夏都阳城(今河南登封告成镇)、河南商城、洛阳东周王城、秦咸阳城、汉长安城等。明代城池普遍使用砖砌城墙技术,今日全国遗存的大小城墙多是明代所筑,其中保存较完整的有江苏南京城、陕西西安城、山西平遥古城、辽宁兴城、湖北荆州城、云南大理城、丽江古城、广东潮州城和肇庆城等。

另外,中国作为文明古国,漫长的历史演替,城市屡兴屡毁,留下了众多的古城池遗址。自商周以来历朝历代的古城池遗址中,著名的有殷商都城殷墟遗址、周朝都城丰镐遗址、汉长安城遗址、齐国都城临淄遗址、洛阳汉魏故城遗址、西藏古格王国遗址等,尤以西北丝绸古道上古城遗址为多,如四川阿坝州黑水国遗址、甘肃敦煌沙州故城遗址以及新疆高昌故城遗址、交河古城遗址、楼兰古城遗址等。这些古城池因其辉煌的历史和苍凉的现状往往成为旅游热点。

2)长城

长城是我国古代一项最伟大的防御建筑工程,也是世界建筑史上的伟大奇迹之一。现今我们所看到的长城,是约600年前重修,至今仍保存完好的明长城。它西起甘肃嘉峪关,东至辽、冀交界的山海关老龙头,绵延万里,规模浩大,气势雄伟。

长城主要是由关隘、城台、烽火台和城墙四部分组成,可作战,可驻兵,还可传递消息。长城现在开放的游览区有八达岭长城、慕田峪长城、金山岭长城、司马台长城、山海关长城、嘉峪关长城等。长城于1987年被联合国教科文组织列入世界文化遗产名录。

2. 水利工程

我国历史上先后兴建的水利工程以京杭大运河、都江堰、坎儿井、灵渠最为著名。它们对地区乃至全国的经济、政治发展曾起过或仍在起着重大作用,是古人因地制宜、科学改造自然的产物,是劳动人民智慧的结晶,现在又是颇有吸引力的重要旅游资源。

1)京杭大运河

京杭大运河北起北京,南至杭州,纵贯冀、鲁、苏、浙、京、津四省二市,沟通海河、黄河、淮河、长江、钱塘江五大水系,是世界上开凿最早、里程最长的人工大运河。运河工程历经千载,工程范围之广、气魄之大是举世罕见的,时至今日,它仍在我国的航运和水利事业中起着重要作用。

2)都江堰

都江堰建于四川省都江堰市西北的岷江上,是我国古代劳动人民创建的一项驰名中外的巨大水利工程。它是战国时期秦国蜀郡太守李冰父子率领民众兴建的。都江堰建成后,消除了岷江流域的水患,使川西平原变成了沃野千里的"天府之国"。

3)坎儿井

坎儿井是分布于我国新疆干旱地区的特殊水利工程。坎儿井与万里长城、京杭大运河并称为"中国古代三大工程",古称"井渠"。新疆的坎儿井主要分布在吐鲁番盆地、哈密和木垒地区,尤以吐鲁番地区最多,计有千余处,如果连接起来,长达5000千米,所以有人称其为"地下运河"。"坎儿"即井穴,是当地人民吸收中原地区"井渠法"创造的,它是把盆地丰富的地下潜流水通过人工开凿的地下渠道,引上地灌溉、使用。它充分利用有限的地下水资源,为发展绿洲农业起到了有效的作用。

知识关联
▼
中国
大运河

Note

4）灵渠

灵渠又名"湘桂运河"，位于广西兴安县境，是2200多年前秦始皇为统一岭南，命史禄主持开凿的古运河。灵渠分南渠和北渠。整个工程由铧嘴、分水坝（即大、小天平）、南渠、北渠、秦堤、泄水坝（即泄水天平）和陡门（又称"斗门"）等组成。灵渠连接湘、漓二水，沟通了长江与珠江两大水系，促进了中原与岭南的物资与文化交流。

3. 桥梁工程

桥梁是重要的道路工程。中国是桥的故乡，自古就有"桥的国度"之称。13—16世纪，我国的建桥技术和桥型艺术已达到世界先进水平。我国遗存古桥甚多，不胜枚举，河北赵州桥、北京卢沟桥、福建洛阳桥、广东潮州广济桥并称为"中国四大古桥"。

1）赵州桥

赵州桥又名"安济桥"，建于隋朝，由著名匠师李春建造，是当今世界上跨径最大、建造最早的单孔敞肩形石拱桥，也是我国现存最古老的大跨径石拱桥。这座桥建造在河北赵县城南的洨河上，气势宏伟，造型优美，结构奇特，远远看去，好像初露云端的一轮明月，又像挂在空中的一道雨后彩虹，十分美丽壮观。

2）卢沟桥

卢沟桥位于北京城西南，跨永定河之上，它是北京最古老的石造多孔联拱桥。卢沟桥桥的两侧有281根望柱，每根望柱上有金、元、明、清历代雕刻的石狮，这些石狮神态各异，栩栩如生。许多小狮或藏或露，变化万千，因难以计算其数量，所以自古有"卢沟桥石狮数不清"的说法流传。桥畔两头还各筑有一座正方形的汉白玉碑亭，每根亭柱上有盘龙纹饰雕刻。尤以桥的东端北侧御碑亭的石碑上，刻有清乾隆皇帝御笔亲题的"卢沟晓月"最为知名，"卢沟晓月"也是著名的"燕京八景"之一。

3）洛阳桥

洛阳桥在今惠安、洛江分界的洛阳江入海口，又名"万安桥"，于北宋年间由郡守蔡襄主持建造，是我国古代著名的梁式石桥。因在江海交汇处造桥，江阔水深，工程艰巨，造桥者首创"筏型基础"以造桥墩，种植牡蛎以固桥基，是我国古代重要的科学创新。

4）广济桥

广济桥俗称"湘子桥"，位于潮州古城东门外，横跨韩江，联结东西两岸，为古代广东通向闽浙交通要津，也是"潮州八景"之一。广济桥以集梁桥、浮桥、拱桥于一体的独特风格，是我国古桥的孤例，被著名桥梁专家茅以升誉为"世界上最早的启闭式桥梁"。

第三节　古陵墓旅游资源

一、古陵墓旅游资源概述

中国古人有"厚葬以明孝"的文化意识,普遍重视丧葬。先人死后,以陵墓安葬,表示对先人的尊敬与怀念。在古陵墓中,帝王陵墓的规模最为庞大,古代帝王官宦大都选择所谓的"乾坤聚秀之区,阴阳汇合之所"来建造陵墓。陵区建筑规模大、用材优、技艺精,并且风景优美、山清水秀,在建筑上反映了当时的建筑思想和艺术水平,因此,古代的陵区本身就是一处风景旅游地。

二、主要的古陵墓旅游资源

（一）秦始皇陵

秦始皇陵为中国历史上第一位皇帝——秦始皇嬴政的陵墓,是"世界第八大奇迹"、世界文化遗产、国家重点文物保护单位,位于陕西省西安市临潼区骊山脚下。据史书记载,秦始皇嬴政从13岁即位时就开始营建陵园,由丞相李斯主持规划设计,大将章邯监工,工程之浩大、气魄之宏伟,创历代封建统治者奢侈厚葬之先例。陵园布置仿秦都咸阳都区,分内、外两城,陵冢位于内城西南,坐西面东,是放置棺椁和陪葬器物的地方,为秦始皇陵建筑群的核心,目前尚未发掘。据史料记载,秦陵中还建有各式宫殿,陈列着许多奇异珍宝。秦陵四周分布着大量形制不同、内涵各异的陪葬坑和墓葬,现已探明的有数百处。秦始皇陵是世界上规模最大、结构最奇特、内涵最丰富的帝王陵墓。

（二）乾陵

乾陵是中国乃至世界上独一无二的一座两朝帝王、一对夫妻皇帝合葬陵。里面埋葬着唐王朝第三位皇帝高宗李治和中国历史上唯一的女皇帝武则天。乾陵最著名的就是它气势磅礴的陵园规划,以及地表上大量的唐代石刻。除了主墓,乾陵还有17个小型陪葬墓,葬有其他皇室成员与功臣。乾陵是唐十八陵中主墓保存最完好的一座。

（三）明十三陵

明十三陵是中国明朝皇帝的墓葬群,坐落在北京西北郊昌平区境内的天寿山。这里自明永乐七年(1409年)始作长陵,到明朝最后的皇帝崇祯葬入思陵止,先后修建了13座皇帝陵墓、7座妃子墓、1座太监墓。

明长陵位于天寿山主峰南麓,是明代第三位皇帝成祖文皇帝朱棣(年号"永乐")和皇后徐氏的合葬陵寝。明长陵在十三陵中建筑规模最大、营建时间最早,地面建筑也保存得最为完好。它是十三陵中的祖陵,也是陵区内主要的旅游景点之一。

明定陵是明代第十三位皇帝神宗显皇帝朱翊钧(年号"万历")的陵墓。这里还葬有他的两任皇后。该陵坐落在大峪山下,位于长陵西南方。它是十三陵中唯一一座被发掘了的陵墓,定陵地宫可供游人参观。

(四)清东陵和清西陵

清东陵和清西陵是中国现存规模最大、保存最完整的帝王陵墓群。与历代帝王陵园相比,它的年代距今最近,影响也较大,在陵寝发展史上处于突出的地位。清东陵位于河北遵化境内,而清西陵位于河北保定易县,两者呈两翼齐飞之势,相互遥望。清西陵是中国清朝前期、中期、晚期陵寝建筑艺术的代表作品。帝王陵建筑规模宏大、布局合理、宫殿辉煌、石雕精美、形式多样、内涵丰富、保存完整;后妃园寝严格按照封建等级制度的规格建造,虽久经大自然的风雨剥蚀,其规模与原貌仍存。

第四节 园林旅游资源

一、园林旅游资源概述

园林是把自然的或经过人工改造的山水地形、树木花草以及人工建筑,按照一定的艺术构思组合而成的综合艺术体。园林具有观赏游览、读书养性、休憩娱乐、陶冶情操的功能。我国自然式山水风景园林如同我国的建筑、绘画一样,在世界上独树一帜,别具艺术情趣和观赏价值。世界上的园林形式主要有三大类,即中国自然式风景园林、欧洲大陆的几何规则式园林和西亚园林,它们在创意、建造形式以及艺术表现等方面风格迥异,各成一派。

二、中国园林的发展历史

中国的园林艺术已经历了几千年的发展历史。据史料记载,我国最早的园林形式叫"囿",产生于殷商时期。它是当时奴隶主为狩猎、娱乐而兴建的打猎围场。

春秋战国时期,"囿"不再是单纯的打猎围场,人们在"囿"中布置了土山、沼池和楼台,并且构亭、营桥、种植花木,使"囿"中有了成组的风景。这样,以自然山水为主题的中国式园林开始萌芽。

秦汉时期,帝王在"园林"中大筑宫室,进而形成了我国宫殿与苑园紧密结合的传统风格。汉武帝为求长生,听信术士之言,在建章宫内开凿太液池,池中堆筑蓬莱、方丈、瀛洲三岛,以象征传说中东海上的三座仙山,从而开创了皇家园林"一池三山"的主要模式。同时,亦有私人园林出现。

魏晋南北朝时期,我国的园林继承了秦汉"一池三山"的传统,并受到避世隐逸、崇尚自然野趣等思想的影响,园林艺术不再是单纯地模仿自然,而是对其进行艺术加工和处理,形成了我国园林源于自然而高于自然的艺术特色。除了皇家园林,这一时期私家园林业异军突起,寺庙园林也开始大量出现。

唐宋时期,国富民强,我国的园林艺术逐渐成熟,无论是皇家园林,还是私家园林,都空前发展,特别是在写意山水画艺术的影响下,形成了富有"诗情画意"的山水园林特色,使自然美与艺术美巧妙地融为一体。

元明清以后,我国的园林艺术达到巅峰,园林规模更是前所未有。北方的皇家园林与南方的私家园林都蓬勃发展,在园林艺术和技艺上都展现出最高水平。其中,江南园林的艺术境界高超,完美体现了文人墨客所追求的"诗情画意"。

三、主要的园林旅游资源

我国的古典园林,可以根据不同的意义划分为不同的类别。按园林所有者身份,可以划分为皇家园林、私家园林、寺观园林、公共园林等类别;按园林风格,可以划分为北方园林、江南园林、岭南园林、少数民族园林等类别。

(一)按园林所有者的身份划分

1. 皇家园林

皇家园林是专供帝王休憩游乐的园林。它有以下特点:一是规模宏大,以自然山水为依托;二是园中建筑色彩富丽堂皇,装饰多以龙凤图案为主;三是建筑物体量较大,园中有行宫、园中有园,吸收了全国各地园林的长处。现存著名的皇家园林有北京颐和园、北京北海公园、承德避暑山庄等。

2. 私家园林

私家园林是皇家的宗室外戚、王公官吏、富商大贾等修建的园林。这些园林大多建在城内,与住宅相结合,主要特点是占地面积小、建筑物小巧玲珑、色彩淡雅素净,并且园中多用假山假水,如苏州的拙政园、留园和扬州的个园、北京的恭王府等。

3. 寺观园林

寺观园林是由寺观、名胜古迹和自然风景组成的宗教性自然风景区,多分布在远离城市的地方。中国寺观园林分布非常广泛,遍及名山大川,数量远远超过皇家园林和私家园林,如北京的潭柘寺、白云观和江苏镇江的金山寺等。

4. 公共园林

公共园林主要是经长期开发而逐步形成的具有公园性质的园林,如杭州西湖景区、济南趵突泉、北京什刹海等。

（二）按园林风格划分

1. 北方园林

北方园林由于受北方自然地理条件的限制,河溪湖泊和常绿树木较少,但范围较大,又因大多位于古都之中,所以建筑富丽堂皇,风格趋于粗犷豪放。北方园林的代表大多集中于北京、西安、开封、洛阳,其中尤以北京为代表。

2. 江南园林

江南园林是分布在长江三角洲一带的私家园林。由于江南人口较密,而江南园林又多在城市,因此园林地域范围小。又因河湖、园石、常绿树较多,所以园林景致细腻精美。其特点为明媚秀丽、淡雅朴素、曲折幽深,但面积小,略感局促。其代表大多集中于南京、上海、无锡、苏州、杭州、扬州等地,尤以苏州园林为代表。

3. 岭南园林

岭南园林是指明清时期闽、粤地区发展起来的私家园林。由于其发展历史较晚,曾师法北方园林与江南园林,同时又受到近代西方构园方法的影响,集三方造园手法之长,结合本地自然环境的特点,风格独具。岭南园林也以小巧的庭院为主,但要比江南园林宽敞,在建筑装饰中喜欢采用西方式的彩色玻璃及花砖等。由于气候炎热,在园林建筑上,水庭、船厅等形式运用较多。由于地理纬度较低,园林内的植物以榕树、木棉树和藤本植物为主,具有明显的热带和南亚热带景观特色。保留至今较为著名的岭南园林主要分布在珠江三角洲一带,有广东番禺的余荫山房、顺德的清晖园、佛山的梁园和东莞的可园等。

4. 少数民族园林

少数民族园林指我国一些少数民族的庭院、寺庙内的园林,如西藏的罗布林卡,以及新疆、宁夏一些清真寺内的园林等。其中,罗布林卡规模较大,花木繁盛,宫殿建筑精美别致,具有浓厚的民族色彩和宗教氛围,为中国古代著名的藏式园林。

第五节　宗教旅游资源

一、宗教旅游资源概述

宗教是一种特殊的文化现象和社会意识形态,对人们的生活、思想意识、风俗习惯等各个方面都产生了深刻的影响。宗教旅游资源的形成,一般都是宗教与当时政治、经济、社会文化等因素相互影响、相互作用的结果。这多种因素的互动及长期积淀才形成了现存的宗教旅游资源。所以,宗教旅游资源是指能激发旅游者的旅游动机,具有一定旅游价值和旅游功能,并能产生良好的经济效应、社会效应和生态效应的各种宗教事务或现象的总和。它们既具有宗教内涵,又具有丰富的历史、社会、文化、艺术、民俗方面的深厚底蕴。宗教旅游资源种类与内容非常丰富,根据宗教文化的内容,可以分为宗教圣地、宗教名山、宗教建筑和宗教文化艺术等。

二、主要的宗教旅游资源

(一)宗教圣地

宗教圣地是指历史悠久、规模宏大、宗教建筑密集、辐射范围广、八方信徒仰慕的大型宗教活动场所。宗教圣地旅游资源即指由宗教圣地及宗教圣地文化构成的旅游资源。我国著名的佛教圣地有山西五台山、浙江普陀山、安徽九华山和四川峨眉山。据说,峨眉山为普贤菩萨的道场,九华山为地藏菩萨的道场,普陀山为观音菩萨的道场,五台山为文殊菩萨的道场。道教圣地有江西龙虎山、湖北武当山、四川青城山、安徽齐云山等。

(二)宗教名山

除了宗教圣地,我国还有众多的宗教名山旅游资源。著名的宗教名山旅游资源有鸡足山、千山、天台山、天童山等佛教名山旅游资源,以及泰山、华山、衡山、恒山、嵩山、崂山、罗浮山等道教名山旅游资源。这些旅游资源不仅数量多、分布广,而且内涵深刻、意蕴丰富。

(三)宗教建筑

我国的宗教建筑旅游资源数量众多、规模宏大、分布广泛、造型特殊、结构奇巧、风格独特,并且保存完整,在宗教旅游资源中首屈一指。我国的宗教建筑旅游资源主要有佛教的寺庙和佛塔、道教的道观和伊斯兰教的清真寺等。

1.佛教建筑

佛教建筑属于东方建筑,种类繁多,建筑追求布局艺术。寺庙和佛塔为佛教主要建筑。寺庙又由庵、堂、丛林、刹、禅林、宫等组成。如中国的佛教建筑,用一间间院落构成布局严谨的建筑群体,内设天王殿、大雄宝殿、七佛殿、菩萨殿、五百罗汉堂、藏经阁等单体建筑。由于受各地建筑风格的影响,形成了汉传佛教寺庙、藏传佛教寺庙、南传佛教寺庙和汉藏混合型寺庙等多种类型。比较著名的有承德避暑山庄的外八庙、拉萨的布达拉宫和大昭寺、青海西宁的塔尔寺、浙江杭州的灵隐寺、福建泉州的开元寺、河南嵩山的少林寺、北京的碧云寺等。佛塔在佛教建筑中最为醒目,其造型美观,多建于山巅、水边或空旷之地。中国塔一般由地宫、塔基、塔身和塔刹组成。"中国四大名塔"为河南登封的嵩岳寺塔、山西应县的释迦塔、云南大理的千寻塔和山西洪洞的飞虹塔。此外,享誉国内外的名塔还有福建泉州的开元寺双塔、江苏苏州的云岩寺塔等。

2. 道教建筑

道教宫观的建筑形式和布局与佛教寺院的建筑大体相仿,一般采用中轴线、院落式布局,只是殿堂的名称与所供奉的神像不同而已。主要殿堂有山门殿、灵官殿、三清殿、玉皇殿、三官殿等。北京白云观是道教全真派的圣地,号称"全真第一丛林",是我国北方道教的中心,现为中国道教协会所在地。

3. 伊斯兰教建筑

清真寺是我国对伊斯兰教寺院的统称。国外绝大多数伊斯兰教寺院和我国沿海、新疆的某些清真寺,均采取阿拉伯或中亚风格,大殿上均有圆顶建筑,有的还单独建有尖塔。中国大部分著名清真寺大多采纳以中国传统的殿宇式四合院为主的建筑形式。清真寺中的礼拜殿是其主要建筑,寺内的装饰忌用动物图案,而多采用几何纹、植物纹、山水、日月、阿拉伯文字等。我国著名的清真寺有新疆喀什的艾提尕尔清真寺、青海西宁的东关清真大寺、陕西西安的化觉巷清真大寺和宁夏银川的南关清真大寺。

(四)宗教文化艺术

宗教文化艺术主要包括宗教石窟、宗教绘画艺术。石窟艺术是佛教建筑、雕塑、绘画、书法的综合艺术。在世界遗产的石窟寺门类中,我国石窟寺数量位居世界第一。甘肃敦煌莫高窟、山西大同云冈石窟、河南洛阳龙门石窟和甘肃天水麦积山石窟被称为"中国四大石窟"。

佛教雕塑主要是指寺院和石窟中雕刻、塑造的佛像,以及各种金、石、玉、木、陶等雕刻而成的器皿等艺术品。佛教造像是极具艺术表现力、吸引人注意力和观赏兴趣的旅游景观。例如,四川乐山凌云山上的石刻弥勒坐像,通高约71米,是我国最高大的一尊摩崖石刻佛像;北京雍和宫万福阁里供奉的白檀木大佛,全高26米,是我国最大的一尊独木雕佛,有极高的艺术价值。

佛教壁画是佛教绘画旅游资源的主要部分,它是指在石窟的石壁或寺庙的墙壁上所作的画。我国著名的佛教壁画有甘肃敦煌莫高窟的壁画、新疆克孜尔石窟的壁画等。帛画是画在丝织品上的画。藏传佛教地区的佛教帛画称唐卡。青海西宁的塔尔寺"三绝艺术"中有"两绝"是佛教绘画,即堆绣和壁画,还有"一绝"是酥油花。

知识关联

▼

大足石刻

第六节 旅游商品

一、旅游商品概述

旅游商品是指具有跨地区声望的当地生产的物品,包括风味特产、传统手工产品与工艺品、日用工业品等。

二、主要旅游商品

（一）风味特产

1. 风味佳肴

中国的烹饪源远流长,技艺精湛,具有强烈的民族特色,在世界上久负盛名。根据不同的地理条件和饮食习俗,形成了八大菜系。

（1）山东菜系(鲁菜)。代表名菜:糖醋黄河鲤鱼、德州扒鸡、葱烧海参等。

（2）四川菜系(川菜)。代表名菜:宫保鸡丁、麻婆豆腐、鱼香肉丝、水煮牛肉等。

（3）江苏菜系(苏菜)。代表名菜:淮扬狮子头、松鼠鳜鱼、荷包鲫鱼等。

（4）广东菜系(粤菜)。代表名菜:三蛇龙虎会、明炉烤乳猪、梅菜扣肉等。

（5）浙江菜系(浙菜)。代表名菜:西湖醋鱼、清炖甲鱼、东坡肉等。

（6）福建菜系(闽菜)。代表名菜:佛跳墙、燕子归巢、鸡汤氽海蚌等。

（7）安徽菜系(徽菜)。代表名菜:清炖荸荠鳖、火腿炖甲鱼等。

（8）湖南菜系(湘菜)。代表名菜:麻辣仔鸡、肥鱼肚、冰糖湘莲等。

2. 中国名酒

（1）白酒。可以分为:①酱香型,以贵州茅台酒为代表;②浓香型,以四川五粮液为代表;③清香型,以山西汾酒为代表;④米香型,以桂林三花酒为代表;⑤复香型,以陕西西凤酒为代表。

（2）黄酒。以绍兴的花雕酒和福建龙岩沉缸酒等为代表。

（3）果酒。以烟台红葡萄酒和中国红葡萄酒等为代表。

（4）啤酒。以山东青岛啤酒、北京特制啤酒等为代表。

（5）配制酒。以山西竹叶青、山东烟台味美思、广州五加皮等为代表。

3. 中国名茶

中国是茶的故乡,茶叶品种繁多,在世界上享有很高声誉。茶根据制作方法不同,可以分为以下六大类。

（1）绿茶。是不发酵茶,著名品种有西湖龙井、太湖碧螺春、黄山毛峰等。

（2）红茶。是全发酵茶,著名品种有祁门红茶、宁州红茶、云南红茶等。

（3）乌龙茶。是半发酵茶,著名品种有福建铁观音、武夷岩茶、凤凰单枞等。

（4）黑茶。是后发酵茶,著名品种有普洱茶、湖南黑茶、四川黑茶等。

（5）白茶。是微发酵茶,著名品种有白毫银针、白牡丹等。

（6）黄茶。是微发酵茶,著名品种有蒙顶黄芽、北港毛尖、远安黄茶、霍山黄芽等。

（二）传统手工产品与工艺品

1.织绣工艺品

我国的刺绣有两三千年的历史,驰名世界,被誉为"东方艺术明珠"。其中最著名的是被公认为"中国四大名绣"的苏绣、湘绣、粤绣、蜀绣。

（1）苏绣。主要产于江苏省苏州一带,素以绣工精细、技法活泼、图案秀丽、色彩雅洁的风格见长,双面绣《猫》是其代表作。

（2）湘绣。主要产于湖南长沙一带,是以民间刺绣为基础,吸收苏绣、粤绣之优点演变而成。作品构图优美、绣艺精湛、神态生动,《狮虎图》是其代表作。

（3）粤绣。即广东民间刺绣,以构图饱满、色彩浓郁、立体感强等著称,代表作为《百鸟朝凤》。

（4）蜀绣。主要产于四川成都一带,以针法严谨、针脚精细、色彩明快为特点,代表作为《芙蓉鲤鱼》。

2.陶瓷器

陶瓷器是我国古代劳动人民的发明创造之一。陶瓷器制作在我国已有数千年历史,其制品工艺精湛、种类繁多,在世界上享有很高声誉。

1）瓷器

（1）景德镇瓷器:江西景德镇素有"瓷都"之称,景德镇瓷器中的青花瓷、玲珑瓷、粉彩瓷、颜色釉瓷是闻名中外的"景德镇四大名瓷"。

（2）醴陵釉下彩瓷:是湖南醴陵烧制的一种日用餐具瓷,烧制工艺独特,瓷器画面晶莹润泽,被誉为"东方艺术的精华"。

（3）德化白瓷:福建德化的白瓷素有质地洁白、细腻如玉的特点,是我国著名的出口工艺品。此外,山东淄博的美术陶瓷、浙江绍兴的越瓷,也是我国著名的瓷器制品。

2）陶器

（1）宜兴紫砂陶:江苏宜兴素有"陶都"之称,所产的紫砂陶、均陶、彩陶和精陶是陶制品中的名品。

（2）洛阳唐三彩:产于我国洛阳一带,是以黄、绿、褐三色为主的彩釉陶器,制品以唐代尤负盛名,故名"唐三彩"。

3）雕塑工艺品

（1）玉雕。以北京、上海、江苏、新疆的玉器较为著名。

（2）石雕。著名的有福建寿山石雕、浙江青田石雕、浙江昌化鸡血石雕。此外,北京和上海等地的象牙雕、浙江东阳木雕、海南椰雕、湖北贝雕、抚顺煤精雕及上海的竹刻、天津和江苏无锡惠山的泥塑等都是有名的工艺品。

（3）漆器。北京的雕漆（又名"剔红"）、福建福州的脱胎漆器、江苏扬州的镶嵌漆器等是我国著名的漆器工艺品。

知识关联

苏绣

（4）金属工艺品。北京的景泰蓝、花丝镶嵌和安徽芜湖的铁画都很著名。北京的景泰蓝、福建脱胎漆器与江西景德镇瓷器并称中国传统工艺美术"三绝"。

此外，浙江东阳的竹编、山东的草编和天津的杨柳青木版年画及福州的软木画、北京的内画壶等都是我国的传统工艺品。

（三）日用工业品

具有跨地区声望的当地生产的日用工业品，包括各种箱包、雨具、电子电器、玩具、化妆品、文体用品、副食品、钟表、纺织品等。此类旅游商品不仅可以在旅游生活中使用，而且可以应用于日常生活。

日用工业品涉及的范围广泛，包括轻工产品类、纺织产品类以及旅游用品类等。其中，旅游食品类包括各种饮料、快餐食品、方便食品、糖果等；轻工产品包括玻璃搪瓷制品、日用陶瓷制品、毛皮革制品等；纺织产品包括针棉织品、丝绸及其制品等；旅游用品包括游览用品、携带用品、洗漱用品、旅居用品等。因为此类旅游商品是游客购买后使用的旅游商品，因而十分重视实用性。例如，旅游过程中需要使用的冲锋衣、滑雪服、登山鞋、帐篷、睡袋、户外服装、水具、运动背包、滑雪镜、徒步鞋、溯溪鞋、沙滩鞋，以及面包、蛋糕、方便面、茶叶、压缩饼干、牛肉干、香肠、肉松、肉脯、各类糖果等都具有实用功能。

教学互动

请学生收集自己家乡的人文旅游资源，并在课堂上进行展示，根据展示内容探讨人文旅游资源的类型。

本章小结

本章分为遗址遗迹旅游资源、古建筑旅游资源、古陵墓旅游资源、园林旅游资源、宗教旅游资源、旅游商品六节，通过对各类旅游资源的了解，使学生熟悉各类旅游资源的主要代表，从而全面掌握人文旅游资源的相关知识与内容体系，为后续学习做好准备。

在线答题

第三章

Note

模块二　中国八大旅游分区

第四章
东北旅游区

本章概要

　　东北旅游区包括黑龙江、吉林和辽宁三省,是自然地理环境完整、经济发展水平相近的一个地理行政单元。区内有典型的温带森林和冰雪资源,也是我国火山地貌景观最集中的地区,同时还拥有独特的多元文化圈,旅游资源丰富。

学习目标

知识目标

1. 熟悉东北旅游区的旅游地理环境。
2. 掌握东北旅游区旅游资源的基本特征和重要旅游点概况。

能力目标

1. 能够简要概述东北旅游区的地理环境和旅游资源类型。
2. 能够根据东北旅游区的总体特征合理设计旅游路线。
3. 能够撰写东北旅游区特色景区讲解词。

素养目标

1. 了解本区历史,感受社会主义制度的优越性和中国共产党领导决策的正确性。
2. 深刻感悟并弘扬东北重工业区的各行业楷模的劳模精神、工匠精神。

知识导图

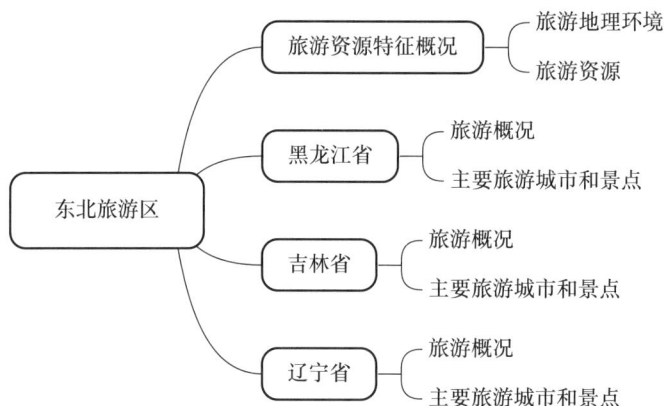

东北旅游区
- 旅游资源特征概况
  - 旅游地理环境
  - 旅游资源
- 黑龙江省
  - 旅游概况
  - 主要旅游城市和景点
- 吉林省
  - 旅游概况
  - 主要旅游城市和景点
- 辽宁省
  - 旅游概况
  - 主要旅游城市和景点

章节要点

1. 东北旅游区的旅游资源概况。

2. 东北旅游区独特的自然和文化旅游资源、重要的工业文化和红色文化。

章首案例

冬日"尔滨"何以走红

2023年冬季,地处祖国东北角的哈尔滨走进了全国甚至全球视野,在各大热榜头条持续走红,被称为2024开年首个"顶流"城市。数据显示,2024年元旦假期,哈尔滨共接待游客304.79万人次,实现旅游总收入59.14亿元,旅游热度环比上涨240%。这个冬日,"尔滨"何以走红?

"尔滨"第一波火爆,缘起"退票"风波。冰雪大世界开园首日,因排队时间长、游客体验感不佳等原因,曾引发一次退票风波。当地的应对是公开致歉并连夜整改,在公开信中还承诺了整改措施。这番真诚且带有仪式感的操作成为加分项,降低了负面评价,实现了口碑逆转,还为当地添了把火。《致哈尔滨全市人民的一封信》,再一次拉高冰城的"温度"。"以客为先、以客为尊、以客为友、以客为亲",不仅是政府的号召,更成为市民的自发行动。地铁,冰雪大世界到太阳岛区间摆渡免票。出租车,从快、严、从重处罚宰客现象……一套组合拳下来,哈尔滨火速出圈。

讨论:东北地区因季节性气候差异形成的自然景观变化,特别是冬季的冰雪景观,吸引了众多游客。除冰雪美景外,东北旅游区还有哪些旅游资源?请以"尔滨"为例,讨论如何提升旅游地吸引力。

第一节　旅游资源特征概况

东北旅游区位于我国东北边疆,包括黑龙江省、吉林省和辽宁省,南临渤海和黄海,东部和北部均与俄罗斯相接壤。东北旅游区人口以汉族为主,少数民族包括满族、蒙古族、朝鲜族、锡伯族等。东北旅游区是我国少数民族聚集区之一。

一、旅游地理环境

（一）自然地理

1. 山环水绕

东北旅游区三面环山,东临长白山,西靠大兴安岭,北倚小兴安岭,中部为松嫩平原、辽河平原、三江平原组成的东北平原。东北平原沼泽、湿地发育,土壤肥沃,以草甸土、黑钙土和黑土为主,其中黑土是区内重要土壤资源。东北旅游区森林资源丰富,大兴安岭覆盖着广袤无垠的森林,素有"绿色宝库"之称。此外,区内分布着数量众多的湖泊,且多与火山活动关系密切,如镜泊湖、五大连池等。区内长度超过1000千米的河流有黑龙江、松花江、嫩江和辽河等,河流在森林中穿行,水草丰茂,山清水秀,形成了重要的旅游资源。

2. 气候

东北旅游区主要为温带季风气候,黑龙江北部大兴安岭部分属于寒温带,其余多属于中温带,是世界上同纬度陆地气温较低的地区。区内大部分地区冬季寒冷漫长,一般长达半年以上;降雪日长,积雪深厚,可达50厘米左右。漠河曾记录了$-52.3\ ℃$的全国最低值(2023年1月22日7时),故有"中国寒极"之称。极寒的气候也塑造了本区独特的冰雪白色旅游资源,呈现一派"千里冰封,万里雪飘"的美景。

3. 动植物资源

东北旅游区原始森林、草原、湖泊、沼泽、湿地等分布广泛,蕴含丰富的动植物资源。受气候与地形影响,本区植被具有明显的南北与东西过渡性。由北到南依次形成亚寒带针叶林、温带针阔混交林、暖温带落叶林和温带森林草甸草原,为众多珍禽异兽(如东北虎、梅花鹿、驯鹿、棕熊、紫貂)、珍贵冷水鱼类(如鲟鳇鱼、哲罗鱼、细鳞鱼、江鳕鱼),以及珍稀野生药材(如人参、灵芝、猴头菇)等提供了绝佳的生长环境。为了更好地保护这些稀有资源,区内已经建立了数十个国家级、省级自然保护区。此外,在气候、地质等条件影响下,本区形成了以腐殖质层厚大而著称的广阔、肥沃的"黑土地",

Note

成为全国重要的粮食生产基地。

（二）人文地理

1. 悠久的历史与多元文化融合

东北地区是中华文化的发源地之一，旧石器时期遗址遍布辽河、松花江流域。东北文化起源于100万年前的吉林王府屯遗址，之后先后经历庙后山文化、鸽子洞文化、沈阳新乐下层文化、辽东半岛小珠山文化、西辽河红山文化等，为现代东北文化起源奠定了重要基础。

由于地理位置特殊，区内出现了典型的多民族文化融合的特点。自公元10世纪以来，契丹、女真族、蒙古族等先后在此建立政权。在明朝的大部分时间里，东北地区形成汉族、女真族、蒙古族三族鼎立的相对稳定状态，因此也出现了汉族农耕文化区、北方渔猎文化区、蒙古草原游牧文化区三种文化类型。明万历年间，努尔哈赤自立为汗，建立后金政权，此后，"关东"一词开始被用来指代东北。19世纪中叶，大量人口向关外迁移，也称"闯关东"。人口的涌入同时也带来了胶东文化、豫东文化、晋商文化、江浙文化、两湖文化以及西方文化，多民族文化体系与当地传统文化相互融合，形成了典型的多元复合文化，也造就了东北人勇敢与鲁莽共生、开放与保守共存的独特人格品质。此外，文明的汇聚也留下了一大批独特的建筑资源，如中国古典建筑、满族建筑、俄式建筑、日式建筑等，如今也成为该区特有的旅游资源。

2. 雄厚的工农业基础与便捷的交通

东北旅游区石油资源丰富，重工业发达，被誉为中华人民共和国的"工业摇篮"。1949年以后，区内充分发挥自然资源、交通运输、基础设施、科技力量四大优势，建立起全国第一个重工业基地，并成为我国重要的粮食、木材生产基地，形成发展较为全面的东北经济区。在此基础上，区内形成了全国非常完整、发达的现代交通运输网，本区也是我国较早发展铁路交通运输的地区。如今，东北地区已经形成以铁路为骨干，公路、航空、河运、海运纵横交错的交通网，为本区旅游业的发展提供了重要基础。

二、旅游资源

（一）冰封雪景

严寒而漫长的冬季让东北旅游区拥有得天独厚的冰雪旅游资源，极具吸引力，尤其是对长期生活在温暖地区的人们来说，更是如此。这里不仅有漫天飞雪形成的银装素裹的冰雪世界，还能欣赏雾凇奇观。区内很多地区坡度缓、雪盖稳定、雪被质量好，为开展各项冰雪运动和游乐项目提供了绝佳场所，滑冰、冰球、冰橇、滑雪等都是经典项目。洁白的冰雪还可以雕琢成晶莹剔透的冰雕，这些冰雕在灯光的映射下呈现出绚丽的光彩，让人沉醉其中。哈尔滨与齐齐哈尔开展的冰雕活动闻名中外。此外，冬季林区狩猎也是本区极富刺激性的一项活动。

（二）火山熔岩与温泉旅游

东北旅游区位于太平洋板块西缘向欧亚大陆板块的俯冲地带,属环太平洋火山地震带。自第三纪以来,区内火山地震活动频繁,现有火山690多座,组成约34个火山群,是我国火山熔岩地貌类型最丰富、数量最多、分布最广的区域。诺敏河火山群、龙岗火山群、长白山火山群等沿长白山—兴安岭分布,其中又以五大连池最为著名,形成了堰塞湖、火山口、地下熔岩隧道、火山湖瀑布等火山地貌奇观,素有"天然火山博物馆"的美称。

频繁的火山活动也给予本区丰富的地热资源。其中,五大连池温泉、长白山温泉、鞍山汤岗子温泉、本溪温泉等,都是全国著名的温泉,也是疗养胜地。

（三）温带滨海风情

东北旅游区南部紧邻渤海和黄海,陆地海岸线长,东起鸭绿江口,西至绥中县老龙头,拥有海蚀岸、海蚀洞、海蚀柱等多种海岸地貌类型和优质沙滩,夏季凉爽宜人,是我国北方滨海避暑胜地,其中又以大连最为著名。

（四）森林与动植物资源

东北部的大、小兴安岭和长白山地是全国较大的林区,蕴含丰富的动植物资源。大兴安岭的泛北极植物区系落叶林、小兴安岭和长白山的红松、云冷杉等,形成了巨大的"绿色宝库",也成为本区另一大旅游资源。广袤的森林还孕育了数量庞大的动物类群,其中不乏东北虎、紫貂、麝、猞猁、熊、丹顶鹤、野天鹅等珍稀物种。而人参、貂皮、鹿茸则是著名的"东北三宝"（"新三宝"）。为了保护这些野生动植物资源,区内已建成扎龙湿地、三江平原沼泽湿地、蛇岛等众多自然保护区,是生态旅游的绝佳场所。

（五）民俗风情

东北旅游区是一个以汉民族为主体,众多少数民族相互融合的地区。这里既有农耕文化与渔猎文化交织,也保留不同少数民族独具特色的传统文化,如朝鲜族的摔跤活动和鹤舞、锡伯族的打瓦尔和田野歌、鄂伦春族的黑熊搏斗舞和剪皮等。同时,还有东北二人转、大秧歌等民间歌舞艺术,深厚的文化底蕴为东北旅游区注入了新的活力。

（六）红色旅游资源

作为抗日战争的最前线,东北旅游区是我国重要的红色旅游基地。东北烈士纪念馆、东北抗联博物馆、侵华日军第七三一部队罪证陈列馆、哈尔滨市尚志市革命烈士陵园、长春市东北沦陷史陈列馆、沈阳"九·一八"历史博物馆等众多红色旅游资源,是进行爱国主义教育、激发青少年爱国情怀、提升民族凝聚力的重要场所。

慎思笃行
▼

九一八!
九一八!
历史不会
忘记!

Note

第二节　黑龙江省

一、旅游概况

黑龙江省,简称"黑",省会哈尔滨市,地处中国东北部,辖区总面积47.3万平方千米,居全国第6位。截至2023年末,黑龙江省常住总人口3062万人。黑龙江省是一个多民族省份,全省共有55个少数民族,人口近112万,世居的有满族、朝鲜族、蒙古族、回族、达斡尔族、锡伯族、赫哲族、鄂伦春族、鄂温克族和柯尔克孜族等少数民族。

黑龙江省地貌特征为"五山一水一草三分田",自然旅游资源丰富。连绵起伏的大兴安岭、小兴安岭和张广才岭、老爷岭构成了全省以山林为主的自然景观,全省林地面积占整个土地面积的近一半,蕴含丰富的动植物资源。黑龙江省地处黑龙江、松花江、乌苏里江和绥芬河四大水系组成的黑龙江流域,河流众多,湖泊广布,有兴凯湖、镜泊湖、连环湖和五大连池4处较大湖泊及星罗棋布的泡沼。此外,由于位置特殊,黑龙江省最北部的漠河北极村还可以欣赏到极昼、极夜与极光奇景。

黑龙江省历史悠久,最早可追溯至旧石器时代晚期,随着历史的发展,逐渐形成了独特的文化和生活方式。少数民族聚集,多元文化相互交融,构成了黑龙江省独特的旅游资源。此外,黑龙江省在近现代中华民族革命历史中遭受了严重的硝烟与战火,是抗日战争的重要战场,留下了大量重要的红色旅游资源。

截至2023年末,黑龙江省有国家5A级旅游景区6个,国家级自然保护区46处,国家级森林公园62处,国家级湿地公园25处,省级重点文物保护单位348处。众多的旅游资源吸引了一批批游客。

二、主要旅游城市和景点

(一)哈尔滨市

哈尔滨市,又称"冰城",是中国东北北部政治、经济、文化中心,被誉为"欧亚大陆桥的明珠",是国际著名的冰雪文化和冰雪旅游城市。市内还有充满异域风情的圣·索菲亚教堂、尼埃拉依教堂等俄式建筑、西式建筑,有"东方莫斯科"和"东方小巴黎"之称。

1. 哈尔滨冰雪大世界

哈尔滨冰雪大世界位于哈尔滨市松花江段江心沙滩,始创于1999年。其主题鲜明、造型精美、风格迥异且数量众多的冰雕构成了庞大的冰雪乐园,洁白的冰雪在灯光的映射下显得更加绚丽。2022年,代表着墨西哥玛雅文明的库库尔坎金字塔冰雕建筑在哈尔滨冰雪大世界落成,墨西哥成为首个参与哈尔滨冰雪季活动的拉丁美洲国家。哈尔滨冰雪大世界的最佳旅游时间为每年12月下旬至次年2月。

2. 太阳岛景区

太阳岛景区位于哈尔滨市松花江北岸,是国家5A级旅游景区。因岛屿盛产鳊花鱼,女真族鳊花鱼的发音为"太宜安",这个岛当时就被称为"太宜安",久传后被称为"太阳岛"。岛上有美术馆、冰雪艺术馆、花卉园、天鹅湖、松鼠岛等景点,风格各异。此外,岛上还有东北抗日联军纪念园,是为纪念东北抗日联军修建,已成为中国东北地区最大的抗日战争教育和纪念基地。哈尔滨市太阳岛景区的最佳旅游时间为夏季和冬季。

3. 亚布力滑雪旅游度假区

亚布力滑雪旅游度假区位于哈尔滨市尚志市亚布力镇西南,由长白山脉张广才岭的三座山峰组成,是国内最大的滑雪场、国家4A级旅游景区。亚布力俄语原名"亚布洛尼",为"苹果园"之意,清朝时为皇室及贵族的狩猎围场。度假区设施完善,可以为游客提供高山滑雪、越野滑雪、雪橇滑雪、雪地摩托、狗拉雪橇、马拉雪橇、湖上滑冰、堆雪人、雪地烟花篝火晚会等游艺项目。亚布力滑雪旅游度假区的最佳旅游时间为冬季。

4. 东北烈士纪念馆

东北烈士纪念馆位于哈尔滨市南岗区一曼街241号,是中国共产党建立的第一个永久性纪念馆,现为国家一级博物馆、全国红色旅游经典景区。纪念馆分为东北烈士纪念馆、东北抗联博物馆、中共黑龙江历史纪念馆等,有馆藏文物万余件(套),其中国家三级以上珍贵文物7000余件(套),主要为东北抗日战争时期和东北解放战争时期的文物、史料,以及东北抗日联军斗争生活物品和侵华日军的罪证实物等。

5. 侵华日军第七三一部队罪证陈列馆

侵华日军第七三一部队罪证陈列馆是一座遗址型博物馆,位于哈尔滨市平房区新疆大街23号,是全国红色旅游经典景区。七三一遗址是世界历史上规模最大的细菌武器研究、实验及制造基地,是日本侵华期间留存的近现代重要历史遗迹。2022年,陈列馆改陈工程完工后首次展出的数万件(页)新文物、新档案、新史料,为侵华日军第七三一部队进行人体实验、研制细菌武器和实施细菌战等罪行增添了新铁证。陈列馆多次接待中央军委、总参谋部等有关军方代表,是开展和平教育、国防教育的重要阵地。

慎思笃行

美国解密档案:731部队至少生产2470枚细菌炸弹

（二）齐齐哈尔市

齐齐哈尔市，别称"鹤城""卜奎"，风景秀丽、古迹众多，是国家历史文化名城，被誉为"世界大湿地、中国鹤家乡"。市内流水地貌、风沙地貌广布，形成了丰富的旅游资源。

扎龙生态旅游区：位于齐齐哈尔东南部松嫩平原、乌裕尔河下游湖沼苇草地带，是国家4A级旅游景区，是我国以鹤类等大型水禽为主的珍稀水禽分布区，也是世界上最大的丹顶鹤繁殖地。截至2022年7月，世界上有鹤类15种，中国有9种，扎龙有6种。保护区内拥有世界闻名的扎龙湿地，为亚洲最大、世界第四大的湿地。扎龙生态旅游区的最佳旅游时间为4—10月。

（三）牡丹江市

牡丹江市，别称"雪城"，是"中蒙俄经济走廊""龙江丝路带"的重要战略支点；自然资源丰富，生长众多珍稀动植物。牡丹江市受海陆巨大热力差异的影响，形成具有海洋（半湿润型）影响的中温带季风气候，素有"塞外江南""鱼米之乡"的美誉。

1.镜泊湖风景区

镜泊湖位于牡丹江市松花江支流牡丹江干流上，是国家5A级旅游景区、世界地质公园，也是中国最大、世界第二大高山堰塞湖，以及著名旅游、避暑和疗养胜地。地质运动使得这里除镜泊湖，还形成了小北湖、钻心湖、鸳鸯池等一系列大小湖泊和吊水楼瀑布，以及一系列大小不一的火山口。镜泊湖风景区的最佳旅游时间为6—9月。

2."八女投江"遗址纪念馆

"八女投江"遗址纪念馆位于牡丹江市林口县刁翎镇三家子村，被全国妇联命名为全国妇女爱国主义教育基地。8位东北抗联女战士为掩护大部队转移，与日寇浴血奋战，弹药耗尽后，她们毅然走进冰冷的乌斯浑河，壮烈殉国，此即"八女投江"英雄壮举。

（四）五大连池市

五大连池市，属寒温带大陆性季风气候，自然资源丰富，境内河流纵横交错，泉眼星罗棋布；林地广阔，落叶松、柞树、杨树发育，珍贵野生动物遍布。

五大连池风景区：位于五大连池市五大连池镇，是国家5A级旅游景区、国家级自然保护区、国家森林公园、世界地质公园。五大连池是中国著名"火山之乡"，也是我国保存最完整、火山地貌最典型的火山群，被誉为"天然火山博物馆"，区内有10多座独立的火山锥，并有莲花湖、燕山湖、白龙湖、鹤鸣湖、如意湖五个火山堰塞湖。此外，这里还有丰富的地热资源、动植物资源等。五大连池风景区的最佳旅游时间为5—9月。

第三节　吉　林　省

一、旅游概况

吉林省,简称"吉",面积18.74万平方千米,与俄罗斯、朝鲜接壤,地处东北亚地理中心。截至2024年3月,吉林省总人口为2339.41万人。作为多民族省份,除了汉族外,吉林还有朝鲜族、满族、蒙古族、回族和锡伯族等55个少数民族。

吉林省地貌形态差异明显,由火山地貌、侵蚀剥蚀地貌、冲洪积地貌和冲积平原地貌组成。地势东南高,以山地为主,分布有长白山、大黑山、哈达岭等山脉;西北低,由松嫩平原和辽河平原组成。境内森林覆盖率高、黑土肥沃、河流湖泊众多,自然资源丰富,是国家重要的商品粮生产基地,有"中国三大中药材基因库"之一和"中国东北虎之乡"的美誉。

早在远古时期,就有人类在吉林这块土地上繁衍生息,并形成肃慎、秽貊、东胡三大部落系统。舜、禹时期,境内古代民族开始与中原王朝建立了具有隶属性质的贡纳关系,成为中华民族的重要组成部分。清光绪三十三年(1907年),正式建制吉林行省。20世纪初,东北成为俄、日帝国主义进行殖民扩张的角逐之地,吉林大地上不断掀起反帝爱国斗争风潮。1931年"九·一八"事变后,日军侵占中国东北,建立伪满洲国傀儡政权。随后,吉林大地上展开了多次关键战役,无数将士用鲜血和生命谱写了一曲曲气壮山河的爱国主义篇章,留下珍贵的红色旅游资源。

截至2024年5月,吉林省拥有国家A级旅游景区303家,其中国家5A级旅游景区8家。

二、主要旅游城市和景点

(一)长春市

长春市,别称"北国春城",古称"喜都""茶啊冲",是国家历史文化名城,具有众多历史古迹、工业遗产和文化遗存。长春市也是"中国四大园林城市"之一,绿化率居于亚洲大城市前列。截至2024年5月,长春市共有国家5A级旅游景区4家、国家4A级旅游景区19家,旅游资源丰富。

1. 伪满皇宫博物院

伪满皇宫博物院位于长春市宽城区,是爱国主义教育基地、国家一级博物馆、国家5A级旅游景区,为清代末位皇帝爱新觉罗·溥仪充当伪满洲国皇帝时所住的宫殿。博物院现有缉熙楼、勤民楼、同德殿等,收藏有大批伪满宫廷文物、日本近现代文物、东北近现代文物、民俗文物等,是揭露日本侵占中国东北、奴役残害东北人民,以及伪满洲国傀儡皇帝溥仪卖国求荣的罪恶行径的有力证据。

2. 净月潭国家森林公园

净月潭国家森林公园位于长春市东南部,是国家5A级旅游景区,因形似弯月状而得名,与台湾日月潭互为姊妹潭,是"吉林八景"之一,被誉为"净月神秀"。公园森林覆盖率达到96%以上,但景区内森林为人工建造,并形成了多树种、多层次、多结构的独具特色的完整森林生态体系,有"亚洲第一大人工林海""绿海明珠""都市氧吧"的美誉。净月潭国家森林公园一年四季有不同的美景,均适合游玩。

3. 长影世纪城

长影世纪城位于长春市东南部,是国家5A级旅游景区、电影主题公园、中国十大影视基地之一。长影世纪城的主要景点包括华夏翱翔、空间迷城、精灵王国、巨幕影院等,由以电影主题体验为主的特效影视娱乐、电影制作揭秘、电影特技展示、电影道具展览四个体系构成。长影世纪城娱乐项目分为创新科技、惊险刺激、体验演艺、游艺欣赏四大板块,节目科技含量高、体验性强、互动性强。

(二)吉林市

吉林市,别称"北国江城",是史前文化发源地和满族发祥地之一,原名"吉林乌拉",满语为"沿江"之意。吉林市孕育了古老的民族和文化,晚石器时代已经出现文明;资源丰富,素有"林海"之称。吉林市因雾凇而闻名,有"雾凇之都"的美称。

1. 松花湖风景名胜区

松花湖位于吉林市丰满区南郊,是1937年筑坝拦截松花江水,建设丰满水电站后所形成的一个山间水库,有"北国明珠"的美誉。它与长白山一脉相连,山水相依,层次丰富,可以概括为"水旷、山幽、林秀、雪佳"。松花湖水域辽阔,湖汊繁多,状如蛟龙,湖形狭长,如坐飞机俯瞰,松花湖像一串闪光的珍珠。松花湖以得天独厚的地理位置、四季分明的气候条件、湖光秀丽的特殊景色著称,被誉为"中国休闲避暑第一湖"。松花湖景区山水秀丽,水静、山奇、林秀、石异,包括五虎岛、卧龙潭、石龙壁等数十个景点。

2. 北大湖滑雪场

北大湖滑雪场位于吉林市北大湖开发区,是国家级滑雪旅游度假地、国家4A级旅游景区。雪场三面环山,山坡平缓,冬季风小,积雪期时间长达160天,是集旅游观光、休闲度假、竞赛训练、会议服务于一体的国际级滑雪度假区。北大湖滑雪度假区雪道好、雪质佳、积雪深、雪期长,因其雪质干爽、近乎粉状,故被誉为"滑雪胜地、粉雪天堂"。目前,这里已经承办了国际雪联自由式滑雪世界杯、第六届亚洲冬季运动会,以及全国第八届、第九届、第十二届全国冬季运动会等赛事。

3.雾凇岛

雾凇岛位于吉林市龙潭区乌拉街满族镇,因雾凇多且美丽而得名。吉林雾凇与桂林山水、云南石林、长江三峡一同被称为"中国四大自然奇观"。有一句俗话"夜看雾,晨看挂,待到近午赏落花",说的便是雾凇从无到有、从有到无的过程。"夜看雾"是雾凇形成前夜,松花江上出现的朦胧江雾景观。一般当夜江雾越重,次日雾凇景观越壮观。"晨看挂"为一夜的浓雾后,十里江堤上松柳银装素裹的梦幻景象。"待到近午赏落花"是描述雾凇脱落、随风飞舞的美景。雾凇岛的最佳观赏季节是每年12月下旬到次年2月底,每天最理想的雾凇拍摄时间为10:00—11:30。

(三)延边朝鲜族自治州

延边历史悠久,旧石器时代晚期就有人类活动。这里森林覆盖率高达80.8%,盛产"东北三宝"人参、鹿茸和貂皮,其中参茸产量居世界第一。延边是中国仅有的朝鲜族自治州和最大的朝鲜族聚居地,少数民族特色显著。

长白山风景区:位于延边朝鲜族自治州安图县,是国家5A级旅游景区、"中华十大名山"之一。长白山风景区是有着"神山、圣水、奇林、仙果"等盛誉的旅游胜地,素有"千年积雪万年松,直上人间第一峰"的美誉(见图4-1),同时也是满族的发祥地。景区是典型的火山地貌,随海拔自下而上依次为玄武岩台地、玄武岩高原和火山锥体三大部分。主要景点包括天池、聚龙泉、长白山瀑布群等。长白山风景区资源丰富,动植物种类繁多,是世界少有的"物种基因库"和"天然博物馆"。

图4-1　长白山雪景

(四)集安市

集安市,隔鸭绿江与朝鲜相望,市内有汉族、朝鲜族、满族、回族等多个民族,曾是高句丽政权的都城,旅游资源丰富。

高句丽遗址:高句丽是公元前1世纪至公元7世纪在我国东北地区和朝鲜半岛存在的一个民族政权。高句丽遗址保存了世界上最多的高句丽文物古迹,包括山城、陵墓、碑石、上万座古墓和众多的出土文物,构成令世界瞩目的"洞沟古墓群",真实而生动地再现了高句丽民族的乡土乡情和社会风貌,已被联合国教科文组织作为文化遗产列入《世界遗产名录》。

第四节 辽 宁 省

一、旅游概况

辽宁省,简称"辽",取"辽河流域永远安宁"之意,陆地面积14.87万平方千米。截至2022年,辽宁省常住人口4197万人。辽宁也是多民族省份,满族、蒙古族、回族、朝鲜族和锡伯族为世居少数民族,其中,满族人口居全国第一位。辽宁为我国贡献了"1000多个全国第一",被誉为"共和国长子"。

辽宁省地形概貌大体呈现"六山一水三分田",地势北高南低,东西两侧为山地。该省属于温带、暖温带大陆性季风气候,以温带、暖温带落叶阔叶林和草原植被为主。省内河流广布,海洋岛屿众多,含植物2200余种、动物827种,近海生物资源三大类520多种。

辽宁拥有许多历史文化名城。旧石器时代的辽宁诞生了金牛山文明和小孤山文明,居于人类进化史的前列,是辽河文明的先导。辽宁是清王朝的发祥地,清太祖努尔哈赤在这里统一了东北各部族。清朝入关前,沈阳是清王朝的政治、经济、军事和文化中心,沈阳故宫是中国现存规模较大、保存较完整的皇家宫殿建筑群。近代历史中,辽宁仍然风起云涌,先后经历日本侵略、抗美援朝等,在战火中崛起。

截至2024年1月,辽宁省有国家A级旅游景区577家。此外,还有红色文化主题纪念馆100余个、纪念碑200余座、烈士陵园近100处、红色历史遗迹300余处。

二、主要旅游城市和景点

(一)沈阳市

沈阳市,古称"盛京""奉天",是国家历史文化名城,素有"一朝发祥地,两代帝王都"之称。沈阳的人文旅游资源和自然旅游资源都很丰富,多次入选冰雪旅游十佳城市。

1. 沈阳故宫

沈阳故宫位于沈阳市沈河区,又称"盛京皇宫",为清朝初期的皇宫,是国家4A级旅游景区、世界文化遗产,是中国仅存的两大皇家宫殿建筑群之一,也是中国关外唯一的一座皇家建筑群。沈阳故宫在建筑艺术上承袭了中国古代建筑传统,集汉族、满族、蒙古族建筑艺术于一体,具有很高的历史和艺术价值。此外,还有众多瓷器、织绣、古籍、彩画等文物。

2."九·一八"历史博物馆

"九·一八"历史博物馆位于沈阳市大东区望花南街46号,是国家一级博物馆、全国爱国主义教育基地、国家4A级旅游景区、首批国家级抗战纪念设施、中央国家机关爱国主义教育基地,是国内外迄今为止唯一全面反映"九·一八"事变史的博物馆。"九·一八"历史博物馆以"收藏历史记忆,展示历史真相"为己任,着力围绕"九·一八"历史开展文物及史料的收藏、展示、研究和对外宣传教育,用丰富的史料向人们介绍了日本帝国主义发动"九·一八"事变、奴役中国人民的罪行和沦陷区人民的苦难生活及不屈不挠的斗争事迹。2016年,"九·一八"历史博物馆入选《全国红色旅游经典景区名录》。

(二)大连市

大连市,别称"滨城",有"浪漫之都"的美誉。大连三面环海,气候宜人,风光旖旎,是我国北方沿海重要风景旅游城市。

1. 大连老虎滩海洋公园

大连老虎滩海洋公园位于大连市中山区滨海中路,是国家5A级旅游景区,有4000余米的曲折海岸线。公园内有亚洲最大展示珊瑚礁生物群为主的海洋生物馆——珊瑚馆,有中国最大的一处半自然状态的人工鸟笼——鸟语林,以及海盗村、极地馆、四维影院等,是展示海洋文化,突出滨城特色,集观光、娱乐、科普、购物、文化于一体的现代化海洋主题公园。大连老虎滩海洋公园的最佳旅游时间为5—10月。

2. 金石滩国家旅游度假区

金石滩国家旅游度假区位于大连市金州区,是国家5A级旅游景区、国家海洋公园。金石滩在海浪的作用下,形成海蚀岸、海蚀洞等形态各异的海蚀地貌,被世界地质学界称为"天然地质博物馆""神力雕塑公园"。此外,金石滩还有大连金石蜡像馆、生命奥秘博物馆、毛泽东历史珍藏馆、球幕体验馆、奇幻艺术体验馆、金石缘公园、中华武馆、狩猎场、十里黄金海岸数十处景点。金石滩国家旅游度假区的最佳旅游时间为5—10月。

3. 大连圣亚海洋世界

大连圣亚海洋世界位于大连市星海公园内,是国家4A级旅游景区,1994年建成时是亚洲最长的海底透明通道。其中,圣亚海洋世界拥有"世界第一座海底金字塔""世界第一个海底飞碟""世界第一座海底城市""中国第一座海底工作站""中国第一舞鲨场所""中国第一梦幻海豚湾超级水秀"。此外,还有圣亚极地世界、圣亚珊瑚世界、圣亚深海传奇等。

4.关向应纪念馆

关向应纪念馆位于大连市金州区,是全国爱国主义教育基地、全国红色旅游经典景区、国家4A级旅游景区。关向应是我国老一辈无产阶级革命家、中国工农红军和八路军的高级指挥员、卓越的政治工作领导者,为中国人民的解放事业呕心沥血,鞠躬尽瘁,建立了不朽的功勋。关向应纪念馆包括关向应故居、主展馆、延安窑洞、红三军指挥所等。

(三)本溪市

本溪市,素有"燕东胜境"之称,拥有"奇洞、名山、秀水、温泉、枫叶、民俗"六大名片,被誉为"中国枫叶之都""中国温泉之城",是东北抗联重要根据地、中国优秀旅游城市,也是国内极少数拥有自然与文化双遗产的城市。

本溪水洞:位于本溪市东部山区太子河畔,国家5A级旅游景区,是发现的世界第一长地下充水溶洞,被赞誉为"钟乳奇峰景万千,轻舟碧水诗画间;钟秀只应仙界有,人间独此一洞天"。本溪水洞内分水洞和旱洞:水洞景区是数百万年前形成的大型石灰岩充水溶洞,洞内分"三峡""七宫""九弯",故名"九曲银河",水洞里的钟乳石、石笋、石柱发育较好,形状奇特,光怪陆离;旱洞长300米,洞穴高低错落,洞中有洞,洞顶和岩壁钟乳石多沿裂隙成群发育,在灯光映衬下宛如仙宫。本溪水洞的最佳旅游时间为5—10月。

(四)丹东市

丹东市,为中国海岸线的北端起点,历史悠久,景色优美,江、河、湖、海、山、泉、林、岛等特色景观构建了"北国江南",被誉为"中国最大最美的边境城市"。

1.鸭绿江风景名胜区

鸭绿江风景名胜区位于丹东市境内,是国家4A级旅游景区。它东起浑江口,西至大东港,全长210千米,隔江与朝鲜相望,鸭绿江大桥为中国人民志愿军抗美援朝战争胜利回国的凯旋门。乘船从丹东市上溯到浑江口,可以饱览中朝两国的自然风光。此外,还有明长城遗址、抗联英雄纪念塔、黎明抗联遗址和雅河抗联遗址等文化资源。

2.丹东凤凰山国家风景名胜区

丹东凤凰山国家风景名胜区位于丹东市凤城市,由东山和西山两大景区组成,被誉为"国门名山""中国历险第一名山"。以天池在望、石棚避暑、山云铺海、洞水飞涛、东地瀛洲、松径寻秋、怪石凌空、斗母圣境、垒障留云、苍松仁月等十大景观为主线,有重点景观100多处,集雄、险、幽、奇、秀于一身,其景色集中、险夷莫测。

3. 抗美援朝纪念馆

抗美援朝纪念馆位于丹东市鸭绿江畔的英华山上,是中国建成开放的一座全面反映中国人民抗美援朝战争和抗美援朝运动历史的专题纪念馆。抗美援朝纪念馆由纪念馆、纪念塔、全景画馆、国防教育园组成,馆藏抗美援朝文物2万余件,分为抗美援朝文物和历史文物。抗美援朝纪念馆先后被评为全国爱国主义教育示范基地、全国中小学爱国主义教育基地、全国红色旅游经典景区。

教学互动

选择东北旅游区的某一景点撰写导游词,并相互展示介绍。

本章小结

本章主要介绍东北旅游区,包括黑龙江、吉林和辽宁三个省份的旅游资源概况。通过学习,使学生掌握本区独特的自然景观和文化内涵,尤其是重要的工业文化和红色文化。

在线答题
▼
第四章

Note

第五章
华北旅游区

本章概要

　　华北旅游区包括北京、天津两个直辖市和河北、山东、山西、河南、陕西五个省,是中国古代文明的发源地之一,拥有众多历史遗迹和文化遗产,同时也是多元宗教文化的交汇处,艺术形式丰富,为本区旅游增添了别样的风采。

学习目标

知识目标

1. 熟悉华北旅游区的旅游地理环境。
2. 掌握华北旅游区旅游资源的基本特征和重要旅游点概况。

能力目标

1. 能够简要概述华北旅游区的地理环境和旅游资源类型。
2. 能够根据华北旅游区的总体特征合理设计旅游路线。

素养目标

1. 了解我国的悠久历史和灿烂文化,增强文化自信。
2. 感受华北旅游区多元宗教文化的魅力,体会中华文明的包容性。

知识导图

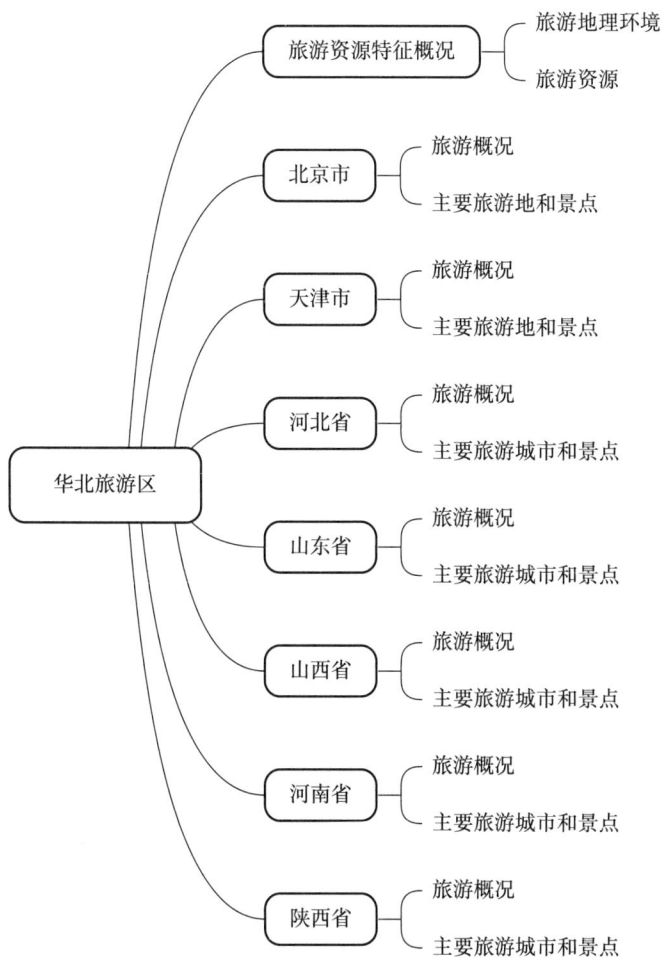

```
                                                            ┌─ 旅游地理环境
                                    ┌─ 旅游资源特征概况 ──┤
                                    │                       └─ 旅游资源
                                    │
                                    │                       ┌─ 旅游概况
                                    ├─ 北京市 ──────────────┤
                                    │                       └─ 主要旅游地和景点
                                    │
                                    │                       ┌─ 旅游概况
                                    ├─ 天津市 ──────────────┤
                                    │                       └─ 主要旅游地和景点
                                    │
                                    │                       ┌─ 旅游概况
                                    ├─ 河北省 ──────────────┤
                                    │                       └─ 主要旅游城市和景点
          华北旅游区 ──────────────┤
                                    │                       ┌─ 旅游概况
                                    ├─ 山东省 ──────────────┤
                                    │                       └─ 主要旅游城市和景点
                                    │
                                    │                       ┌─ 旅游概况
                                    ├─ 山西省 ──────────────┤
                                    │                       └─ 主要旅游城市和景点
                                    │
                                    │                       ┌─ 旅游概况
                                    ├─ 河南省 ──────────────┤
                                    │                       └─ 主要旅游城市和景点
                                    │
                                    │                       ┌─ 旅游概况
                                    └─ 陕西省 ──────────────┤
                                                            └─ 主要旅游城市和景点
```

章节要点

1. 华北旅游区的旅游资源概况。

2. 华北旅游区深厚的文化底蕴、悠久的历史和灿烂的文化。

章首案例

智慧旅游

受北京市文化和旅游局委托,北京市文化和旅游局宣传中心(北京市旅游运行监测中心)搭建并运营公益性网站——北京旅游网(https://www.visitbeijing.com.cn/)。

网站于2010年开通,旨在全面介绍北京丰富的旅游资源,通过数字化技术,多角度展示北京深厚的历史文化,力求为海内外旅游者提供最新、最权威、最准确的北京旅游信息,向世界展示北京旅游环境,推动北京市从旅游大市向旅游强市的跨越。

"智慧旅游"是一种以物联网、云计算、下一代通信网络、高性能信息处理、智能数据挖掘等技术在旅游体验、产业发展、行政管理等方面的应用,使旅游物理资源和信息资源得到高度系统化整合和深度开发激活,并服务于公众、企业、政府等的面向未来的全新的旅游形态。

讨论:华北旅游区有哪些数字化旅游资源平台? 数字技术对现代旅游业发展有什么作用?

第一节　旅游资源特征概况

华北旅游区包括北京、天津、河北、山东、山西、河南和陕西等地,民族以汉族为主。华北旅游区是我国古文化的发祥地,以北京和西安等古都为代表,人文旅游资源种类齐全,数量丰富且分布集中,名川大山广布,是全国重要的旅游区之一。

一、旅游地理环境

(一)自然地理

1.地貌类型齐全

华北旅游区横跨第二、三级阶梯,东临渤海,近南北走向的太行山脉和吕梁山脉绵延千里,吕梁山脉以西发育黄土高原和关中平原,以东主要为华北平原和山东丘陵。全区山地、高原、平原、丘陵、盆地等地貌类型齐全,自然景观层次丰富。

2.水资源丰富

华北旅游区位于黄河中下游,"几"字形黄河沿山西和陕西的交界处奔流而下,横穿河南和山东汇入大海。中游第二、三级阶梯巨大的落差形成了气势磅礴的瀑布景观,而汹涌疾驰的河水侵蚀地表,切割成弯曲的峡谷地貌。下游泥沙淤积沉淀,则形成湿地生态系统和黄河三角洲景观。此外,东部平原和丘陵间还零星分布着白洋淀、衡水湖、微山湖、昭阳湖、独山湖、南阳湖等湖泊资源。

3.气候四季分明

华北旅游区位于中纬度欧亚大陆东岸,气候以暖温带湿润、半湿润季风气候为主,四季分明,春季干燥多风、夏季炎热多雨、秋季秋高气爽、冬季寒冷少雪。春、夏、秋三季自然风光各异,冬季略显单调。9—10月秋高气爽,是华北旅游区一年中最佳旅游时节。

(二)人文地理

1. 民族摇篮

华北地区是中国古代文明的发源地之一,在相当长的历史时期内,也是我国政治、经济、文化的中心,悠久的历史和灿烂的文化给该区留下了无数历史名胜和文物古迹。旧、新石器时代及夏、商、周、汉、唐、宋等文化遗迹甚多,如半坡、仰韶等新石器文化遗址等;古都名城多,"七大古都"本区占了四个,即西安、开封、洛阳和安阳,且建都历史早、持续时间长、城市规模大,因此也遗留下了黄帝、尧、舜及秦、汉、宋等各朝代帝王陵墓。此外,本区宗教遗址也较丰富,佛教建筑分布较广。在此背景下,区内也形成了具有鲜明地方色彩的文化艺术,如京剧、吕剧、豫剧、秦腔等,在中国传统艺术中占有举足轻重的地位。

2. 山海齐聚

华北旅游区东临渤海和黄海,是我国著名的滨海旅游胜地,漫长的海岸线、绵软的沙滩和清澈的海水让这里成为消夏避暑的绝佳场所。其中,以北戴河、南戴河、青岛等地较为著名。特别是从滦河口到北戴河之间的海岸线,具有滩宽、坡缓、沙细、水清、景幽等特点,是我国旅游的黄金海岸。

另外,本区拥有众多名山大川。著名的有"四岳"(泰山、恒山、华山、嵩山),有佛教名山五台山、道教名山崂山等,还有王屋山、云台山、北武当山等景色各异的山岳风景区,具有雄、奇、险的特点,极富原始野趣。

二、旅游资源

1. 皇宫帝陵

华北旅游区拥有大批经典皇家古建筑和帝王陵寝,如故宫、颐和园、唐长安城大明宫遗址、唐昭陵、秦始皇陵等。皇家建筑气势雄伟、豪华壮丽,融合了中国古典哲学、美学、文学等多方面文化,是我国古代建筑艺术的精华。而帝王陵寝中出土的大量珍贵文物,是中国传统文化的缩影,也是开展寻根求源历史文化旅游的集中场所,具有极大的考古科研价值和观赏价值。此外,本区还有长城、赵州桥、卢沟桥等古代伟大工程,承德避暑山庄、曲阜孔庙和泰山岱庙等都是我国著名的古建筑群。

2. 秀丽风光

华北旅游区群山巍峨,名山大川、滨海风光、黄土高坡等地貌景观丰富,层次明显,构成了一系列壮丽的景观。本区集奇峰幽壑、清溪碧湖、飞瀑深潭、密林古树、珍禽异兽、怪石险滩、温泉诸奇景于一体,一年四季风光各异,是享受自然美景,放松身心的绝佳场所。

第二节　北　京　市

一、旅游概况

北京市,古称"燕京""北平",是中华人民共和国的首都,总面积16410平方千米,2023年末常住人口2185.8万人。北京是中国历史文化名城和"七大古都"之一。约在70万年前,北京猿人来到北京市房山区周口店,在此栖息近50万年。3000多年前,西周在北京建城,之后北京先后成为元、明、清的首都,留下了众多宝贵的文化遗产,包括古代宫殿、皇家园林、帝王陵寝、名人故居等。截至2024年7月,北京是全球拥有世界遗产(8处)最多的城市,是全球首个拥有世界地质公园的首都城市,对外开放的旅游景点达200多处。

此外,北京还是一座现代化国际大都市。北京不仅拥有前门大栅栏、王府井大街、西单商业街、东四等著名商业中心,还有琉璃厂、潘家园等古玩市场,以及北京奥林匹克公园、鸟巢、北京首都国际机场等闻名世界的大型现代公共设施。京剧表演、相声艺术及赛蝈蝈、吹糖人等地方特色民风习俗,也受到广大人民群众的喜爱。

二、主要旅游地和景点

1. 天安门

天安门位于北京市正中心,广场地面全部由经过特殊工艺技术处理的浅色花岗岩条石铺成,中央矗立着人民英雄纪念碑和庄严肃穆的毛主席纪念堂,东西两侧分别是劳动人民文化宫和人民大会堂等,这些雄伟的建筑与天安门浑然一体,构成了天安门广场。天安门广场宏伟壮丽,记载了中国人民不屈不挠的革命精神和大无畏的英雄气概,同时也是无数重大政治、历史事件的发生地,见证了中国的衰落与崛起。2021年7月1日上午,庆祝中国共产党成立100周年大会在北京天安门广场隆重举行,并被永久载入史册。

2. 北京故宫

北京故宫是国家5A级旅游景区、中国明清两代的皇家宫殿,旧称"紫禁城",始建于明成祖永乐年间,有大小宫殿70多座。故宫内的建筑分为外朝和内廷两部分:外朝的中心为太和殿、中和殿、保和殿,统称"三大殿",是国家举行大典礼的地方;内廷的中心是乾清宫、交泰殿、坤宁宫,统称"后三宫",是皇帝和皇后居住的正宫。其后为御花园,外围是护城河。故宫是世界上现存规模最大、保存较为完整的木质结构古建筑群,是"世界五大宫殿"之首,1987年被列为世界文化遗产。

北京故宫也是我国最大的国家博物馆,藏有大量珍贵文物。故宫的一些宫殿中,设立了综合性的历史艺术馆、绘画馆、分类的陶瓷馆、青铜器馆、明清工艺美术馆、铭刻馆、玩具馆、文房四宝馆、玩物馆、珍宝馆、钟表馆和清代宫廷典章文物展览等,收藏有大量古代艺术珍品,是中国文物收藏最丰富的博物馆。

3. 天坛

天坛为明清时期皇帝祭天、祈谷和祈雨的场所,是中国现存最大的古代祭祀性建筑群,始建于明永乐年间,建筑布局呈"回"字形,由两重坛墙环护,分为内、外两坛。天坛主要古建筑集中于内坛,由圜丘、祈谷坛、斋宫三组古建筑群组成。天坛建筑集古代哲学、历史学、数学、力学、美学、生态学于一体,有着较高的建筑价值、历史价值、科学价值和独特的艺术价值和深刻的文化内涵。

4. 颐和园

颐和园位于北京市海淀区,是国家5A级旅游景区、中国清代皇家园林,前身为清漪园。颐和园主要由万寿山和昆明湖两部分组成,有各种形式的宫殿园林建筑3000余间,大致可分为行政、生活、游览三个部分,是目前保存最完整的一座皇家行宫御苑,被誉为"皇家园林博物馆",1998年被列入《世界遗产名录》。历史上,颐和园曾遭多次劫难:清咸丰十年(1860年),被英法联军焚毁;光绪二十六年(1900年),遭八国联军破坏,珍宝被劫掠一空;清朝灭亡后,颐和园在军阀混战和国民党统治时期又遭破坏。颐和园馆藏文物极为丰富,品类涉及铜器、玉器、瓷器、木器、漆器、书画、古籍、珐琅、钟表、竹器、乐器、根雕、杂项等,几乎涵盖了中国传世文物的所有门类,并有不少外国文物。

5. 圆明园

圆明园位于北京市海淀区,是中国清代大型皇家园林、国家5A级旅游景区(见图5-1、图5-2)。圆明园兴建于康熙末年和雍正年间,园内不仅汇集了江南若干名园胜景,还移植了西方园林建筑,集当时古今中外造园艺术之大成,主要建筑类型包括殿、堂、亭、台、楼、阁、榭、廊、轩、斋、房、舫、馆、厅、桥、闸、墙、塔,以及寺庙、道观、村居、街市等,堪称"人类文化的宝库"之一,是当时世界上最大的一座博物馆。1900年,八国联军侵占北京,圆明园的建筑和古树名木遭到彻底毁灭。中华人民共和国成立后,中国政府对圆明园开始了保护整修工作。

慎思笃行
▼
北京
中轴线

知识关联
▼
十二生肖
兽首铜像

图 5-1 圆明园景观

图 5-2 圆明园的残垣断壁

6. 长城

长城又称"万里长城",是"世界中古七大奇迹"之一、世界文化遗产。明朝是最后一个大修长城的朝代,目前我们所看到的长城多是此时修筑。长城横跨河北、北京、天津、山西、陕西等地,是世界古代史上伟大的军事防御工程,工程量之大难以想象。现存长城文物本体包括长城墙体、壕堑/界壕、单体建筑、关堡、相关设施等各类遗存,总计 4.3 万余处。位于北京市延庆区军都山关沟古道北口的八达岭长城为居庸关的重要前哨,地势险峻,居高临下,是明长城中至今保存最好的一段,也是万里长城的精华、明代"居庸关八景"之一,史称"天下九塞"之一。

7. 明十三陵

明十三陵位于北京市昌平区境内天寿山南麓,为世界文化遗产、国家 5A 级旅游景区,是明成祖朱棣及其以后共计十三位皇帝的陵墓所在地。陵区内共计葬有皇帝 13 人、皇后 23 人,以及数十名妃子等。皇陵始建于明永乐年间,前后长达 230 多年。陵寝建筑群体系完整、规模宏大、气势磅礴,是世界上保存完整、埋葬皇帝最多的帝王墓葬群。

8. 周口店北京人遗址

周口店北京人遗址位于北京市房山区周口店镇龙骨山,1987 年被列为世界文化遗产。遗址中发现有 70 万至 20 万年前的直立人(北京人)、20 万至 10 万年前的早期智人(新洞人)以及 3 万年前左右的晚期智人(距今 3.85 万至 4.2 万年前的"田园洞人"、距今 3 万年左右的"山顶洞人")化石,出土的人类化石有 200 余件、石器 10 多万件、上百种动物化石以及大量的用火遗迹。周口店北京人遗址是世界范围内古人类遗址中内涵较丰富、材料较齐全、较有科研价值的遗址,也是有关远古时期亚洲大陆人类社会的一个罕见的历史证据,为阐明人类进化历程提供重要证据,2021 年入选"百年百大考古发现"。

9. 卢沟桥

卢沟桥亦称"芦沟桥",因横跨卢沟河(即永定河)而得名,是北京市现存古老的石造联拱桥。整座桥体雕刻大小石狮众多,雕工造型精美,形态各异,上面的石狮子历经金、元、明、清、民国、中华人民共和国各个时期的修补,融汇了各个时期的艺术特征,成为一座自金代以来历朝石雕艺术的博物馆。1937 年 7 月 7 日,日本侵略军在河北宛平(今并入北京)卢沟桥制造事端,在此发动全面侵华战争,史称"卢沟桥事变"(亦称"七七事变"),中国抗日军队在卢沟桥打响了全面抗战的第一枪。

慎思笃行
▼

卢沟桥事变的"活历史"

第三节　天　津　市

一、旅游概况

天津市,别称"津沽""津门",东临渤海,北依燕山,西靠首都北京市,是我国四大直辖市之一,土地总面积 11966.45 平方千米,2023 年末常住人口 1364 万人。天津之名最早出现于明永乐元年(1403年),明成祖朱棣把"直沽"这个曾经的"天子渡河之地"赐名为天津。永乐二年(1404年),天津筑城设卫,故有"天津卫"之称。天津是中国北方最大的港口城市,是海河五大支流南运河、子牙河、大清河、永定河、北运河的汇合处和入海口,是海上丝绸之路的战略支点、"一带一路"交汇点、亚欧大陆桥最近的东部起点,素有"九河下梢""河海要冲"和"畿辅门户"之称。

天津历史悠久,人文荟萃,历史遗迹、文化遗址、古建筑群等旅游资源丰富。天塔旋云、蓟北雄关、三盘暮雨、古刹晨钟、海门古塞、沽水流霞、故里寻踪、双城醉月、龙潭浮翠、中环彩练被誉为"津门十景"。此外,天津的"泥人张"彩塑、"风筝魏"、杨柳青年画和快板、相声等民间艺术也独具特色。

二、主要旅游地和景点

1. 天津盘山风景名胜区

天津盘山风景名胜区位于天津市蓟州区西北,为国家5A级旅游景区,是自然山水与名胜古迹并著、佛教文化与皇家文化相融的旅游休闲胜地。因雄踞北京之东,又有"京东第一山"之誉。

天津盘山风景名胜区的主要景点包括"三盘""五峰""八石"等美景,还有天成寺、万松寺、云罩寺等古代建筑。"三盘"即三盘暮雨,是"津门十景"之一,指因盘山绮丽风光随着高差的变化和季节的变换而各异,形成"上盘雪花飘,中盘雾雨渺,下盘夕阳照"的天然奇观。"五峰"和"八石"分别包括挂月峰、紫盖峰、自来峰、九华峰、舞剑峰和悬空石、摇动石、晾甲石、将军石、夹木石、蛤蟆石、蟒石、天井石。盘山坚硬的花岗岩体在外动力地质作用下不断被雕琢,具有典型"球状风化"特点,形成奇峰林立、怪石嶙峋的奇特景象。

2. 天津古文化街

天津古文化街位于天津市南开区东北角东门外,为商业步行街、国家5A级旅游景区。古文化街北起通北路,南至水阁大街(宫南大街),南北街口各有一座牌坊,刻有"津门故里"和"沽上艺苑"。古文化街是由仿中国清代民间小式店铺组成的街道,以元代古迹天后宫为中心,古街店铺建筑风格、匾额楹联、门面建筑装饰中的彩绘故事画、砖和木雕刻装饰以及商品等,都带有浓郁的民俗和艺术气息。全街近百家店堂,古玩字画、"文房四宝"、碑帖、古籍等琳琅满目,还有经营天津地方特色杨柳青年画的杨柳青画社、泥人彩塑的"泥人张"彩塑工艺品经营部等。天津古文化街一直坚持"中国味、天津味、文化味、古味"经营特色,是"津门十景"之一("故里寻踪")。

3. 独乐寺

独乐寺位于天津市蓟州区,又称"大佛寺",是中国仅存的三大辽代寺院之一,也是中国现存著名的古代建筑之一、国家4A级旅游景区。寺庙历史最早可追至唐贞观年间,安禄山起兵叛唐并在此誓师,据传因其"思独乐而不与民同乐"而得寺名。1930年,独乐寺因相继被日本学者关野贞以及中国学者梁思成调查并公布而闻名海内外。寺庙山门是我国现存最早的庑殿顶山门;观音阁内耸立的泥塑观音菩萨站像也是我国现存较大的泥塑佛像。此外,寺庙内还有壁画、乾隆行宫、乾隆碑刻等。

过年期间,独乐寺庙会举行的春节庙会是本地具有代表性的传统民俗文化活动,有数百年历史,集民间艺术、地方习俗、佛教文化于一体,既有乾隆礼佛表演、佛事法会、文艺演出等大型活动,又有吴桥杂技、民间花会、地方戏剧等传统节目,还有吹糖人、手指画现场演示及大碗茶、糖葫芦等传统风味小吃。

4.大沽口炮台

大沽口炮台位于天津市滨海新区大沽口海河南岸,是入京咽喉、津门之屏障,素有"南有虎门,北有大沽"之说。明嘉靖年间,为抵御倭寇,大沽口开始构筑堡垒,道光年间已建成大炮台五座,分别以"威""震""海""门""高"五字命名。八国联军侵华,清政府签订《辛丑条约》,被迫将大沽口炮台拆毁,现保存较好的是"威"字炮台和"海"字炮台两座遗址,其他炮台已荡然无存。因此,大沽口炮台是中华民族抗击侵略、不畏强暴的历史见证。

第四节　河　北　省

一、旅游概况

河北省,简称"冀",地处漳河以北,东临渤海、内环京津,总面积18.88万平方千米。截至2023年末,河北省常住人口为7393万人。

河北是中国唯一兼有高原、山地、丘陵、平原、湖泊和海滨的省份,海岸线长487千米。河北北靠燕山山脉、西倚太行山脉,最北部为坝上高原,东部为丘陵,西南部是广阔的平原区,属于华北平原的一部分,东南部则是滨海地貌,整体地势西北高东南低,山地面积占全省总面积的近一半。河北省属温带大陆性季风气候,四季分明。丰富的地貌类型和宜人的气候,造就了河北秀丽的自然风光。

河北省是中华文明的重要发祥地,历史积淀深厚,是全国文物大省,省级以上文物保护单位数量居全国第一位,形成了丰富且独特的文化资源。最早在5000多年前,中华民族的三大始祖黄帝、炎帝和蚩尤就在河北由征战到融合,开创了中华文明史。春秋战国时期,这里大部分属于赵国和燕国,所以又被称为"燕赵之地"。元、明、清三朝定都北京,河北成为京师的畿辅之地。抗日战争期间,河北省为晋察冀抗日根据地和晋冀鲁豫抗日根据地。2017年4月1日,中共中央、国务院印发通知,决定设立河北雄安新区。

河北省还拥有丰富的红色旅游资源。河北是百团大战、义和团运动的发生地,也有西柏坡中共中央旧址、前南峪抗大旧址、城南庄晋察冀军区司令部旧址等全国知名的革命圣地。

截至2023年末,河北省共有国家5A级旅游景区12个;有国家级非物质文化遗产代表性项目163项,居全国第二位;有省级非物质文化遗产项目990项等,共同构成了河北省独特的旅游资源。

二、主要旅游城市和景点

(一)承德市

承德避暑山庄:位于承德市双桥区山庄东路6号,又名"承德离宫"或"热河行宫",是世界文化遗产、国家5A级旅游景区。承德避暑山庄始建于1703年(康熙四十二年),经康熙、雍正、乾隆三朝,历时89年,于1792年建成,占地总面积564万平方米,是世界现存最大皇家园林,由宫殿区和苑景区(湖泊区、平原区和山峦区)两部分组成。其中,宫殿区又包括正宫、松鹤斋、万壑松风和东宫(已毁),宫室建筑林立,布局严整,是紫禁城的缩影。康熙和乾隆皇帝分别选园中佳景以四字和三字为名,各题写了"三十六景",合称"避暑山庄七十二景"。避暑山庄是中国清朝皇帝为了实现安抚、团结中国边疆少数民族,巩固国家统一的政治目的而修建的一座夏宫。山庄造园取法自然,不假雕琢,120余组建筑掩映于山水草木之间,构成融南秀北雄于一体、集全国名胜于一园的壮美景观,具有极高的历史价值、建筑价值和研究价值。

(二)秦皇岛市

1. 北戴河景区

北戴河景区位于秦皇岛市北戴河区东部沿海,为国家4A级旅游景区,是我国著名的避暑胜地,也是中央领导暑期办公的场所和各界人士疗养休息之地。北戴河海岸线绵延曲折,沙质洁净松软,海水清澈,是日光浴和沙滩浴的天然场所。北戴河景区的主要景点包括鸽子窝公园、鹰角亭、联峰山公园、怪楼奇园和奥林匹克公园等。

此外,北戴河还拥有大面积的森林和湿地,良好的生态环境使北戴河成为鸟类的乐园,目前这里生存的鸟类占我国鸟类资源的1/3。春秋两季,这里候鸟迁徙景象壮观,是"世界四大观鸟地之一",被誉为"观鸟的麦加"。北戴河气候宜人,四季均可游玩,6—8月是旅游旺季,春秋两季则是观鸟的最佳时节,而4—5月和10—11月则是吃海鲜的最好时机。

2. 万里长城—山海关

万里长城—山海关又称"榆关""渝关""临间关",是明长城的东北关隘之一,素有中国长城"三大奇观"之一(东有山海关、中有镇北台、西有嘉峪关)和"天下第一关""边郡之咽喉,京师之保障"之称,是世界文化遗产、国家5A级旅游景区。明洪武年间,朱元璋下令在此筑城建关,遂成为扼东北、华北咽喉要塞的军事重镇,因其依山襟海,故得名山海关,其牌匾为明代著名书法家萧显所书。

万里长城—山海关整个城池与长城相连,以城为关,有四座主要城门以及众多防御建筑,包括箭楼、靖边楼、牧营楼、临间楼、瓮城等。山海关气势磅礴,不仅是军事要塞,同时也是关内外中原农耕文化和东北游牧文化的商贸枢纽。

（三）保定市

保定历史悠久,距今已有2300多年历史,自古是"北控三关,南达九省,地连四部,雄冠中州"的通衢之地,历来为京畿重地和"首都南大门",是全国历史文化名城,景色优美,自然和人文旅游资源都很丰富。

1. 白石山

白石山位于保定市涞源县城南、太行山最北端,是国家5A级旅游景区,因山体遍布白色大理石而得名,为大理岩峰林地貌,是中国峰林地貌的一种新类型。白石山大理岩最早形成于11亿年前,后在距今约1.4亿年前的岩浆侵入中发生变质、褪色而形成。地表水沿大理岩垂直节理不断侵蚀、坍塌,最终形成100多座高低错落、相对独立的山峰。白石山山体耸立,曲线少,棱角多,高差大,有"三顶""六台""九谷""八十一峰"。白石山除了峰林,还有云雾、拒马源、十瀑峡等景点。白石山的最佳旅游时间为秋季。

2. 白洋淀

白洋淀是国家5A级旅游景区,为河北省最大的湖泊,366平方千米的水域内有143个淀泊星罗棋布,3700多条沟壑交错纵横,水域辽阔,波光荡漾,荷香暗送,芦苇丛生,是中国大地上一颗璀璨明珠,古有"北地西湖"之称,今有"华北明珠""北地西湖""北国江南"的美誉。

白洋淀四季景色各异,春时烟波浩渺,夏日荷红苇绿,秋天芦花纷飞,冬季冰封千里。乘船泛舟,游弋于湖上,享受荷花大观园、荷花淀休闲岛、异国风情园等生态美景的同时,还可以感受白洋淀文化苑悠久的历史、淳朴的民风和革命历史的积淀。明代诗人鹿善继曾赞叹:"白洋五日看回花,馥馥莲芳入梦来。"目前,白洋淀大部分为雄安新区所辖,成为雄安新区发展的重要生态水体。

3. 野三坡风景名胜区

野三坡风景名胜区位于保定市涞水县境内、太行山脉和燕山山脉的交汇处,是国家5A级旅游景区。野三坡处于华北板块内部构造运动强烈的地方,因此不仅侵入岩、火山岩、沉积岩、变质岩各类岩石遗迹齐全,还形成了花岗岩峡谷地貌、花岗岩大断壁、花岗岩构造瀑布、冲蚀地貌等,是天然的地质博物馆。此外,以"野"著称的野三坡还孕育了异常丰富的动植物资源,有"天然植物园"和"野生动物王国"的美称。野三坡的主要景点包括百里峡景区、印象野三坡、拒马河景区、白草畔景区、鱼谷洞景区、龙门天关景区。

(四)石家庄市

西柏坡景区:位于石家庄市平山县迎宾路,是国家5A级旅游景区。西柏坡是毛主席、党中央进驻北平解放中国前的最后一个农村指挥所,是指挥辽沈、平津、淮海三大战役和召开党的七届二中全会的所在地。可供参观的景点有西柏坡中共中央旧址、西柏坡纪念馆、西柏坡石刻园、国家安全教育馆、五大书记铜铸像、西柏坡纪念碑、西柏坡青少年文明园等,是中国较为出名的革命纪念地和重要的爱国主义教育示范基地。

第五节　山　东　省

一、旅游概况

山东省,简称"鲁",别称"齐鲁",东临渤海和黄海,与辽东半岛遥相对峙。陆域总面积15.81万平方千米。截至2023年末,山东省常住人口10123万人。

山东境内中部山地突起,西南、西北低洼平坦,东部缓丘起伏,形成以山地丘陵为骨架、平原盆地交错环列其间的地形地貌。其地貌复杂,平原、台地、丘陵、山地等基本地貌类型均有分布,平原面积占60%以上,山脉集中分布在鲁中南山丘区和胶东丘陵区,主要山脉包括泰山、蒙山、崂山、鲁山、沂山等。境内水系发达,湖泊众多,且集中分布在鲁中南山丘区与鲁西南平原之间的鲁西湖带。南四湖是山东省第一大湖,为"全国十大淡水湖"之一。境内3000多千米蜿蜒曲折的海岸线,分布着风光绮旎的海滨城市,如"海上明珠"青岛、"人间仙境"蓬莱等,为开展滨海旅游提供了优越的自然条件。

山东历史悠久,是中华民族古老文明发祥地之一,素有"齐鲁之邦,礼仪之乡"的美称。在齐鲁之地上,存在着新石器时代的后李文化、北辛文化、大汶口文化和龙山文化,以及距今4000年左右的岳石文化。还发现了距今5000年左右众多的城堡遗址和标志着文明发展程度很高的图像文字、陶文,以及大量精妙绝伦的蛋壳黑陶和各种手工饰品。这里战国时期形成的儒学思想体系更是延续至今。此外,山东的戏曲和作为"中国八大菜系"之一的鲁菜等也吸引了众多游客。

截至2024年3月,山东省有国家A级旅游景区1229家,其中5A级旅游景区14家。

慎思笃行

▼

淄博已就"味"

Note

二、主要旅游城市和景点

（一）济南市

济南市，别称"泉城""齐州""泺邑"，是山东省省会。济南是国家历史文化名城、龙山文化的发祥地之一，境内泉水众多，素有"天下第一泉"和"四面荷花三面柳，一城山色半城湖"的美誉，"济南八景"（锦屏春晓、趵突泉涌、佛山赏菊、鹊华烟雨、汇波晚照、明湖泛舟、白云雪霁、历下秋风）闻名于世，是拥有山、泉、湖、河、城独特风貌的旅游城市，也是名副其实的"千泉之城"。

1. 天下第一泉风景区

天下第一泉风景区是国家5A级旅游景区，由"一河、一湖、三泉、四园"组成。"一河"是护城河，"一湖"是大明湖，"三泉"是趵突泉、黑虎泉、五龙潭三大泉群，"四园"是趵突泉公园、环城公园、五龙潭公园、大明湖风景区。景区以泉为核心，与明府古城相依，集独特的泉水水域风光和深厚的历史底蕴于一体。

2. 趵突泉景区

趵突泉泉眼位于趵突泉公园内的泺源堂前，是"济南七十二名泉"之首，乾隆皇帝南巡时册封其为"天下第一泉"。趵突泉因其"跳跃唐突，如有激之者"而得名。趵突泉水从地下石灰岩溶洞中涌出，泉水有三个出水口，泉水一年四季恒定在18 ℃左右，其水质优良、清醇甘冽，与附近散布的金线泉、漱玉泉、柳絮泉等30多个名泉构成了趵突泉泉群。

3. 大明湖风景区

大明湖风景区位于济南市历下区旧城区北，是天下第一泉风景区的核心组成部分之一。大明湖历史悠久，自然风光秀美，人文底蕴深厚，纪念古人政绩、行踪的建筑以及自然景观很多，诸如纪念"唐宋八大家"之一曾巩的南丰祠、豪放派词人辛弃疾的稼轩祠、宋代著名婉约派女词人李清照的李清照纪念堂与易安旧居、明代兵部尚书铁铉的铁公祠等。景区内，可以欣赏到"济南八景"中的趵突泉涌、鹊华烟雨、汇波晚照、明湖泛舟、历下秋风等。

（二）泰安市

泰安市，因泰山而得名，依山而建，山城一体。早在5万多年前，这里既有人类繁衍生息，又在6000多年前诞生了繁盛的大汶口文化，既是国家历史文化名城，也是中国优秀旅游城市，是山东旅游"一山一水一圣人"旅游热线的中点。

泰山风景名胜区：位于泰安市泰山区红门路，是首例世界自然与文化双遗产、世界地质公园、国家5A级旅游景区。景区岩石形成于距今约28亿年前，是中国古老的地层之一。泰山风景名胜区以泰山主峰为中心,呈放射状分布,由岱庙游览区、红门游览区、岱顶游览区、天烛峰路游览区、十八盘等自然景观和人文景观共同组成。

泰山是我国著名的"五岳"名山之首,历史悠久,巍峨耸立,以"五岳独尊"和"天下第一山"闻名天下。1987年,泰山为中国第一个以世界文化和自然双重遗产身份入选《世界遗产名录》的景区。泰山山体高大,尤其是南坡,山势陡峻,主峰突兀,具有奇、险、秀、幽、奥、旷等自然景观特点。此外,泰山也是黄河流域古代文化的发祥地之一,40多万年前的沂源人在此生存,之后还诞生过大汶口文化和龙山文化。4世纪中期,佛教开始传入并兴盛,山体上现有寺庙、宫、观等古建筑群29处,还刻有我国现存著名的佛经摩崖石刻《泰山经石峪金刚经》。泰山被古人视为"直通帝座"的天堂。先秦时期,伏羲、炎帝、黄帝等众多帝王曾先后登临此山,传说中秦汉以前就有72代君王到泰山封神。自秦始皇起至清代,又先后有12代帝王依次亲登泰山封禅或祭祀,另有24代帝王遣官祭祀72次,祈求风调雨顺,国泰民安。除帝王将相外,千百年来,亦有众多文人墨客来此瞻仰和抒情,留下大小碑碣、摩崖石刻2000余处,包括孔子的《邱陵歌》、曹植的《飞龙篇》、李白的《游泰山六首》、杜甫的《望岳》等,是中国历代书法及石刻艺术的博览馆。可以说,泰山凝聚了中华5000年的文明传承,集国家兴盛、民族存亡的象征于一身,是中华民族的精神家园、东方文化的缩影,同时也是"天人合一"思想的寄托之地。泰山的主要景点包括泰山幽区、旷区、妙区、奥区、丽区、秀区,而泰山日出、云海玉盘、晚霞夕照、黄河金带被称为"泰山四大奇观"。

岱庙俗称"东岳庙",始建于汉代,是历代帝王举行封禅大典和祭拜泰山神的地方,庙内存有秦朝李斯篆书的泰山刻石,与北京故宫、山东曲阜三孔、承德避暑山庄的外八庙并称"中国四大古建筑群"。岱庙是山下泰城中轴线上的主体建筑,前连通天街,后接盘道,内部建筑排列布局是儒家礼制观念的体现。主体景点有遥参亭大殿、岱庙坊、正阳门、配天门、仁安门、天贶殿、中寝宫、厚载门等。

(三)曲阜市

知识关联
▼

孔子博物馆——触摸"东方先哲"千年文脉

曲阜市,为鲁国国都,是孔子故乡、黄帝出生地、神农故都、商殷故国,是东方文化重要发祥地,被誉为"东方圣城",亦被称为"东方耶路撒冷"。曲阜历史悠久,文物众多,底蕴深厚,人文旅游资源丰富,既有孔庙、孔府、孔林"老三孔",还有尼山圣境、孔子博物馆、孔子研究院"新三孔"。

曲阜三孔:是指孔府、孔庙、孔林,统称曲阜三孔("老三孔"),是中国历代纪念孔子、儒客朝拜之圣地,现为国家5A级旅游景区、世界文化遗产。孔子,名丘,字仲尼,是我国春秋末期伟大的思想家、政治家、教育家、儒家学派创始人,在世时已被誉为"天纵之圣""天之木铎",后世尊其为"至圣""万世师表"。在2000多年漫长的历史长河中,儒家文化逐渐得到封建统治阶级的尊崇,成为中国正统文化,并影响到东亚和东南亚各国,成为整个东方文化的基石。

孔府又称"衍圣公府",是孔子的世袭衍圣公的后代居住的府第,始建于明洪武年间。孔府具有明清时期建筑的特点,是一座典型的中国贵族门户之家,有"天下第一人家"的美誉。府邸包括厅、堂、楼、轩等,共九进院落,分东、西、中三路布局,集官衙、家庙、住宅于一体,是我国历史上历时最长、规模最大的封建贵族庄园。

孔庙又称"阙里至圣庙",是我国历代封建王朝祭祀孔子的庙宇,位于曲阜城中央,始建于东周鲁哀公时期。孔庙以孔子故居为庙,最初是由孔子的弟子为表其对恩师的敬仰而改旧居为庙,庙内有殿堂、坛阁和门坊等。四周围以红墙,四角配以角楼,是仿北京故宫样式修建。曲阜孔庙与南京夫子庙、北京孔庙和吉林文庙并称为"中国四大文庙"。而今,孔庙不仅是中国古代举行祭孔活动的场所,同时也是传承孔子思想、进行文化教育传播的重要场所,对中华民族的文化演变和民族融合具有重要作用。

孔林又称"至圣林",是孔子及其家族的专用墓地,也是世界上延时最久、面积最大的氏族墓地。我国封建时代等级森严,身份地位不同坟墓的称谓也不一样。例如,帝王坟墓称为"陵",而"林"则专指圣人坟墓。孔林拥有坟冢10万余座,参天古树10万余株,主要埋葬的是孔子的后代。在万木掩映的孔林中,还有众多的碑石,除一批著名的汉碑移入孔庙外,还有李东阳、严嵩、翁方钢、何绍基、康有为等书法名家亲笔题写的墓碑。

(四)青岛市

青岛市,位于山东半岛南端,别称"岛城""胶澳"。青岛气候宜人,大陆岸线曲折,岬湾相间,海岛众多,是一座风景秀丽的滨海城市。青岛历史悠久,有着独特的海洋文化、建筑文化、非遗文化、民俗风情和饮食特色,拥有丰富的旅游资源,是国家历史文化名城、首批中国优秀旅游城市。根据青岛旅游景观的空间分布和文化内涵,可以将其分为四个区域:西部旧城区以西方近代城市风貌见长,东部新城区为现代化城市景观,市区腹地以胶东民俗为主,郊区各市则多文物古迹。

1. 崂山风景名胜区

崂山风景名胜区是中国重要的海岸山岳风景胜地、国家5A级旅游景区。崂山是山东半岛的主要山脉,气势雄伟,是中国海岸线第一高峰,有海上"第一名山"之称。崂山山体是典型的花岗岩地貌,形成于白垩纪,但诞生时并没有露出地表,新生代后地壳不断被抬升,200万年前才呈现现在的轮廓。崂山花岗岩垂直柱状节理发育,球状风化特征显著,形成峰丛林立、千姿百态的造型。而山脉东南两面临海,基岩在波浪的作用下被塑造成了奇特的海蚀地貌,形成瑰丽的山海奇观。

崂山还是我国著名的道教圣地,为道教发祥地之一,道教文化历史悠远。崂山风景名胜区的主要景点包括"崂山十二景"——巨峰旭照、龙潭喷雨、明霞散绮、太清水月、海峤仙墩、那罗延窟、云洞蟠松、狮岭横云、华楼叠石、九水明漪、岩瀑潮音、蔚竹鸣泉等。

2. 八大关

八大关位于青岛市市南区汇泉东部,始建于20世纪30年代,是中国著名的风景疗养区。八大关是以中国古代长城著名关隘命名的,包括韶关路、嘉峪关路、函谷关路、正阳关路、临淮关路、宁武关路、紫荆关路、居庸关路(现已增为十条路,另两条为武胜关路、山海关路)。八大关的建筑造型独特,汇聚了俄国、英国、法国、德国、美国、丹麦、希腊、西班牙、瑞士、日本等20多个国家的各式建筑风格,故有"万国建筑博览会"之称。八大关将公园与庭院融合在一起,到处是郁郁葱葱的树木,一年四季,街道景色各异,如春季韶关路的碧桃、夏季正阳关路的紫薇、秋季居庸关路的五角枫等,是名副其实的"花街"。

(五)烟台市

烟台市,古属莱国地,海洋文化源远流长。春秋战国时成为东方海上丝绸之路起点,秦朝时徐福在此东渡扶桑,明朝时为防倭寇在此筑建"狼烟台",烟台由此得名。烟台依山傍水,金沙碧浪与大小岛屿相互映衬,景色秀丽,是著名的旅游休闲度假胜地。秦始皇统一天下后三次东巡,均在烟台留下足迹。

蓬莱阁旅游区(三仙山—八仙过海):位于烟台市蓬莱区,因"八仙过海"传说和"海市蜃楼"奇观而闻名四海,是国家5A级旅游景区,由蓬莱阁、三仙山和八仙过海三个主要景区构成。

蓬莱阁始建于北宋年间,因"八仙过海"传说和"海市蜃楼"奇观而闻名,自古有"人间仙境"之美誉。"蓬莱十大景"中有八景(神山现市、仙阁凌空、晚潮新月、万里澄波、日出扶桑、狮洞烟云、万斛珠玑、渔梁歌钓)位于蓬莱阁。蓬莱阁与湖南岳阳岳阳楼、江西南昌滕王阁、湖北武汉黄鹤楼并称为"中国四大名楼",是"中国十大历史文化名楼"之一,又称"江北第一阁"。此外,蓬莱阁还有历代碑刻、匾额共200余方,融道教文化、佛教文化、民俗文化、民间工艺文化、现代文化、商贸文化、饮食文化、海洋文化于一体的蓬莱阁庙会的民俗活动等,极具地方特色。

三仙山指古代神话传说中的蓬莱、方丈、瀛洲三座仙山,是秦始皇、汉武帝东巡访仙寻药祈求长生不老的地方,为中国东方神话的源头,被誉为"人间仙境"。三仙山景区既有北方皇家园林的雄伟,又有南方私家园林的秀丽,集中国古典园林之大成。景区内建造的珍宝馆,汇集了全国各地的石雕、木雕、铜雕、漆雕、玉雕、碑雕、瓷雕等传世艺术品以及古今名人笔墨等藏品2000余件,收藏极为丰富。此外,三仙山景区继承了中国传统儒家、道家、释(佛)家思想,弘扬三教合一。其中,玉佛寺中卧佛是世界最大的缅玉卧佛。

八仙过海又名"八仙渡""八仙过海口",坐落在山东蓬莱区北黄海之滨。八仙过海景区以道教文化和蓬莱神话为背景,以八仙传说为主题,整个景区漂浮在大海上,亭台楼阁与碧海蓝天相互映衬,蔚为壮观。八仙过海景区由八仙过海口牌坊、八仙桥、仙源楼、八仙壁、望瀛楼、奇石林等近40处景观组成。蓬莱阁景区附近是海市蜃楼常出现的地方,而从八仙过海景区拍摄到的蜃景则更加清晰与奇幻。

(六)临沂市

临沂市,古称"琅琊""沂州",是东夷文化的核心发祥地,有3000多年的建城史,诸如荀子、诸葛亮、王羲之、颜真卿等先贤都曾在此出生或生活过,文化底蕴深厚。临沂还是革命老区,孕育了"党群同心、军民情深、水乳交融、生死与共"的沂蒙精神。

1. 萤火虫水洞·地下大峡谷旅游区

萤火虫水洞·地下大峡谷旅游区位于临沂市沂水县城西南,是国家5A级旅游景区。旅游区内有一处特大型地下暗湖岩溶洞穴,是一处著名的地下萤火虫水洞神秘世界。该溶洞形成于0.65亿年至2.3亿年前,洞穴规模宏大,不仅有大量的钟乳、奇石等奇特景观,而且还生活着一种萤火虫,这种萤火虫仅在阴湿的岩洞中寄居生存,布满在洞顶,犹如晴朗夜空中闪烁的星星,形成了一种奇妙的景观。游人进入暗黑的溶洞,乘上一叶由绳索牵引的轻舟,破水前行,前边豁然开朗,满天繁星闪烁,熠熠生辉,犹如进入一个童话世界,使人浮想联翩,流连忘返。

萤火虫水洞·地下大峡谷深切近百米,有"一河""三泉""五瀑""五宫"等景观100余处,被上海大世界基尼斯总部认证为"最长的溶洞漂流"。

2. 孟良崮景区

孟良崮景区位于临沂市蒙阴县垛庄镇,是国家4A级景区,相传宋朝杨家将将领孟良曾屯兵于此,故此得名。1947年5月,华东野战军在陈毅、粟裕的指挥下,在孟良崮一举歼灭国民党精锐部队整编七十四师,孟良崮由此名扬海内外。目前,孟良崮景区是全国重点烈士纪念建筑物保护单位、全国爱国主义教育基地和全国百家红色旅游经典景区。孟良崮景区由山下纪念园区和山上战役遗址区两部分组成,建有纪念馆、瞭望塔、沂蒙情雕塑园、纪念碑、武器观展、射箭馆、卡丁车赛场等景点、设施和游乐项目。

(七)枣庄市

枣庄市,别称"煤城",因枣树多而得名,又因铁道游击队和台儿庄大战而闻名中外。枣庄历史悠久,拥有古老的文明,人才辈出,文化底蕴深厚,境内分布薛国、滕国等7座古城邦,是中国古都城分布较密集的地区。枣庄拥有丰富的旅游资源,红色旅游资源尤为丰富,有"中国红色经典城市"之称。

台儿庄古城:位于京杭大运河的中心点,坐落于枣庄市台儿庄区和鲁、苏、豫、皖四省交界地带,是全国首个国家文化遗产公园、国家5A级旅游景区,乾隆皇帝赐名"天下第一庄",有"中国最美水乡"之誉,被称为"活着的古运河""京杭运河仅存的遗产村庄"。2014年6月22日,京杭大运河申遗成功,台儿庄(月河段)作为节点入选世界文化遗产名录,成为我国第32项世界文化遗产及第46项世界遗产。台儿庄古城的文化、建筑、信仰等呈现南北交融、中西合璧的显著特点。景区以运河为文化轴线,设计了关帝庙景区、西门安澜景区、纤夫村景区、"运河街市"景区、板桥—花门楼景区、水街商市景区、清真寺—九龙口景区、湿地公园等八大景区,分别对应九水汇川、台城旧志、土村绿荫、庙汪浮玉、柳岸卧虹、古柏望月、运河街市、杰阁凌波等"运河古城八景",将北方大院、鲁南民居、徽派建筑、水乡建筑、闽南建筑、欧式建筑、宗教建筑、客家建筑等八大建筑风格有机融合。此外,台儿庄在楚汉文化的基础上,先后融合北方的秦晋文化、燕赵文化以及南方的淮扬文化、吴越文化等,形成了兼容并蓄、异彩纷呈的运河文化,造就了台儿庄古城独特的旅游资源。

第六节　山　西　省

一、旅游概况

山西省,简称"晋",东倚太行山与河北省相邻,西、南隔黄河与陕西省、河南省相望,北以外长城为界与内蒙古自治区毗连,总面积15.67万平方千米。截至2023年末,山西省常住人口3465.99万人。

山西地处黄土高原东部,地貌类型复杂多样,有山地、丘陵、高原、盆地、台地等,其中山地、丘陵占80%。省内总体地势呈现"两山夹一川"的特点。东部以太行山脉为主,重峦叠嶂,挺拔雄伟;西部是以吕梁山脉为主的黄土高原;中部则是一列串珠式盆地沉陷、平原夹在其间。此外,山西省是黄河与海河两大流域的分水岭,被誉为"华北水塔"。

山西不仅自然资源丰富,人文底蕴也极为深刻,是人类和中华文明发祥地和中心区域之一,一系列重大考古发现为人类演变提供了重要证据。例如,山西南部是人类初曙的起源地,且运城垣曲县"世纪曙猿"化石的发现,把类人猿出现的时间向前推进了1000万年,打破了当时国际学术界关于"人类起源于非洲"的传统论断;约180万年前,旧石器时代早期,在山西晋南地区繁衍生息的原始人群开始使用火,把中国范围内发现的人类用火历史向前推进了100万年;山西襄汾县陶寺遗址表明这里曾是帝尧都城所在地,也是最早的中国所在区域,证实了中华5000年的文明史。此外,山西省有众多的文物,涵盖古今,全国重点文物保护单位数量居全国第一;是中国现存古建筑最多的省份,被称为"中国古代建筑艺术博物馆",保存完好的宋、金以前的地面古建筑物占中国的70%以上。这些珍贵的遗产形成重要的文化旅游资源,吸引无数海内外游客前来参观。

山西省旅游资源丰富,有多个景区被列为世界文化遗产,有国家5A级旅游景区多处。

二、主要旅游城市和景点

（一）晋中市

晋中市，位于山西中部，是国家级文化生态保护区，历史悠长，百万年前就有人类在此繁衍生息，留下百余处石器时代文化遗址。明清时期，晋中商人创造了"纵横欧亚九千里，称雄商界五百年"的奇迹，以"货通天下、汇通天下、富甲天下、诚信天下、家国天下"著称，孕育了弥足珍贵的太行精神。晋中市旅游资源十分丰富，自然和人文景观星罗棋布，可开发的旅游景点约占山西省的1/10。

1. 平遥古城

平遥古城位于晋中市平遥县康宁路，始建于西周宣王时期，是国家历史文化名城、国家5A级旅游景区。平遥古城是汉民族地区现存最完整的古代居民群落，民居布局严谨，装饰精美，整座城池宛如乌龟向南爬行，因此又有"龟城"之称。平遥古城以市楼为轴心，以南大街为轴线，整座城池呈对称状布局，形成左城隍、右衙署，左文庙、右武庙，东道观、西寺庙的封建礼制格局。城内外建筑群布局也严格遵循着突出轴线、"左祖右社"、文武相对、上下有序的礼制程式。在建筑的选址、定位、体量、造型上，追求人与自然的和谐，体现出"天人合一"的哲学思想。平遥古城主要景点包括平遥城墙（见图5-3）、平遥县衙、平遥文庙、平遥市楼、日昇昌旧址、百川通旧址、清虚观、城隍庙（见图5-4）、镇国寺等。

图 5-3　平遥古城城墙

Note

图 5-4   平遥古城城隍庙

2. 榆次老城

榆次老城即榆次古县城,也称"母城",位于晋中市榆次区,由北部的县城母城和南部的郭城子城组成,隋开皇年间在古城旧址上修筑而成,迄今已有 1400 年的历史,是国家 4A 级旅游景区。榆次老城集宋、元、明、清、民国各个时期的建筑风格于一体,巧妙地融合北方建筑的大气与江南水乡的灵韵,孕育出独具特色的古建筑群,充分体现了古代劳动人民的卓越才能和艺术创造力。老城以市楼所在位置为中心,东大街有城隍庙、县衙,是榆次老城的政治中心;西大街有文庙、凤鸣书院,为文化教育中心;北大街、南大街和阁北街为商业街市,是老城的商业中心。漫步古城,宛如穿越时空回到过去,不仅可以欣赏古代建筑的艺术、感悟历史的沧桑,还可以领略晋商文化、市井文化、民俗文化和官制文化等。

3. 五院——曹家大院、乔家大院、渠家大院、王家大院、常家庄园

曹家大院:又称"三多堂",位于晋中市太谷区北洸村。曹家大院是明清晋商巨富曹氏家族的一座宅院,占地 10600 平方米,整体布局呈"寿"字形,被誉为"中华民宅之奇葩"。其建筑风格独特,不仅融合了南北方建筑风格,还吸收了欧洲的古建筑风格。主要景点包括三多堂,陈列有曹家经商史、珍宝馆、瓷器展等。《狄仁杰》《亮剑》等多部影视作品均在曹家大院取过景。

乔家大院:又名"在中堂",位于晋中市祁县乔家堡村,是全国重点文物保护单位、国家二级博物馆,被称为"北方民居建筑的一颗明珠"。乔家大院由在中堂、德兴堂、保元堂、宁守堂和乔家花园"四堂一园"组成,整个院落呈双"喜"字形,是一座具有北方传统民居建筑风格的古宅。大院建筑雄伟壮观,珍贵文物众多,"三雕"(石雕、砖雕、木

雕)等无比精巧,体现了中国清代民居建筑的独特风格,是一座无与伦比的艺术宝库,素有"皇家有故宫,民宅看乔家"的美誉。

渠家大院:位于晋中市祁县东大街,始建于清乾隆年间,现存主体为清同治、光绪时期的建筑,是全国重点文物保护单位。渠家大院为城堡式建筑,屋顶形态各异,错落有致,是整个晋商文化的缩影,保存了大量民俗、史料、艺术等资源,具有很高的价值。

王家大院:位于晋中市灵石县静升镇,是国家4A级旅游景区。王家大院是由静升王氏家族经明清两朝、历经300余年修建而成,是一座具有传统文化特色的建筑艺术博物馆。大院建筑具有"贵精而不贵丽,贵新奇大雅,不贵纤巧烂漫"的特征,"三雕"艺术融儒、道、佛思想与传统民俗文化于一体,题材丰富、技法娴熟;建筑装饰更是清代"纤细繁密"的集大成者。王家大院的主要景点有高家崖建筑群、司马院、孝义祠、静升文庙等。

常家庄园:是晋中市榆次区东阳镇车辋村常氏家族的宅院建筑群,为国家4A级旅游景区。常家庄园始建于清乾嘉年间,后多次修缮,是规模最大的晋商大院,也是中国最大的庄园式建筑群。现开放庄园仅为原常家庄园遗存的半条街,形成"一山、一阁、两轩、四园、五院、六水、九堂、八帖、十三亭、二十五廊、二十七宅院"的格局。常家庄园的主要景点有常氏祠堂、贵和堂、石芸轩、静园等。

(二)大同市

大同市,古称"云中""平城""云州",别称"中国煤都",是国家历史文化名城、中国九大古都之一。境内古迹众多,具有鲜明的地域文化特色,有"三代京华、两朝重镇"之美誉。

1. 云冈石窟

云冈石窟原名"灵岩寺""石佛寺",位于山大同市西郊的武周山南麓,是中国著名的石窟群之一、国家5A级旅游景区、世界文化遗产。云冈石窟开凿始于北魏年间,是中国第一个皇家授权开凿的石窟,先后历经北魏、东魏、西魏、北齐、隋、唐等朝代,历时约150年才完成,是中国石窟艺术宝库中的瑰宝。

石窟依山开凿,规模恢宏,气势雄浑,自东而西分为东、中、西三区。现存主要洞窟45个,附属洞窟209个,雕刻面积达18000余平方米。造像最高为17米,最小为2厘米,佛龛约计1100多个,大小造像59000余尊。云冈石窟具有明显的异域风情,胡风胡韵最为显著,同时又汇聚了印度和中西亚的艺术元素,以及希腊、罗马的建筑造型和纹饰等,在中华艺术宝库中独一无二。

2. 北岳恒山

北岳恒山位于大同市浑源县城南,是国家4A级旅游景区,与东岳泰山、西岳华山、南岳衡山、中岳嵩山并称为"中华五岳"。2009年,北岳恒山被列入"国家自然和文化双遗产名录""世界自然和文化遗产预备名录"。恒山历史悠久,自然与人文景观兼备。主峰天峰岭,号称"人天北柱""绝塞名山""天下第二山"。其南山腰的北岳庙是历代帝王臣民祭祀之地。还有磁峡烟雨、云阁虹桥、云路春晓、虎口悬松、果老仙迹、危岩夕照、断崖啼鸟、幽窟飞石、龙泉甘苦、茅窟烟火、金鸡报晓、玉羊游云、紫峪云花、石洞流云、仙府醉月、奕台鸣琴、脂图文锦、岳顶松风构成的"恒山古十八景"。恒山还是道教发祥地之一,早在明代,就形成了"三寺四祠九亭阁,七宫八洞十五庙"的庞大宗教建筑群。坐落于恒山第二主峰翠屏峰悬崖峭壁之间的悬空寺,有"世界十大最奇险建筑"之一的美誉。此外,景区内还有众多珍贵的壁画和白玉石雕等,承载了优秀的中华文明历史。

3. 大同火山群国家地质公园

大同火山群国家地质公园位于大同市东的云州区,是国家级地质公园,被誉为"火山地质博物馆"。大同火山群发育于黄土高原上,是华北地区规模最大、保存最完整的板内裂谷系火山群,也是中国著名的六大火山群之一。大同火山群在1929年由法国著名学者德日进和中国地质学家杨钟键发现。据专家考证,火山群活跃于更新世时期,在距今15万年左右的晚更新世早期结束,成为死火山,并形成众多原始火山锥,是研究火山喷发从形成前到形成过程到形成后的一个纯天然模型,具有很高的科研价值。火山群由火山群、桑干河、秋林峪3个景区组成,主要景点包括狼窝山、金山、黑山、昊天寺等。

4. 平型关大捷纪念馆

平型关大捷纪念馆位于大同市灵丘县白崖台乡,是为纪念八路军平型关首战大捷、打破"日军不可战胜"的神话,在战役遗址上建立的一座纪念馆,始建于1969年,是全国爱国主义教育示范基地、全国红色旅游经典景区。纪念馆由序厅、三个主展厅、一个实物陈列厅、半景画馆、将星闪烁厅等组成,是全面系统地展示平型关大捷这一经典战斗的专题展馆。展馆前为将帅广场,塑有平型关大捷主要参战将领林彪、聂荣臻等铜像,铜像两侧是刻有毛泽东、朱德等中央和八路军领导人讲话摘录及题词的文化墙。

(三)忻州市

忻州市,古称"秀容",是国家历史文化名城、中国最佳生态休闲旅游示范城市,自然风光秀丽,文物古迹、传统艺术、红色旅游等资源众多。

1. 五台山

五台山地处忻州市五台县东北部,是中国佛教四大名山之首、中华十大名山之一、国家5A级旅游景区、世界文化景观遗产。五台山属太行山系的北端,为太行山脉主峰,地层发育完整,地质构造复杂,是研究早期地球演化的绝佳场所,被誉为"中国地质博物馆"。

五台山风景秀丽,由东台望海峰、西台挂月峰、南台锦绣峰、北台叶斗峰、中台翠岩峰五座山峰组成。五台山拥有悠久的宗教文化渊源,保存有东亚乃至世界现存最庞大的佛教古建筑群,为文殊菩萨的道场,是中国唯一一个青庙(汉传佛教)、黄庙(藏传佛教)交相辉映的佛教道场。五台山有塔院寺、显通寺、菩萨顶等著名佛塔宝刹,建筑材料和建筑样式多样,钟、鼓、钵、板、碑、碣、幢、匾、牌、联、诗、文等文物众多,被誉为"文殊信仰中心""中国古代建筑艺术宝库""中国佛教造像艺术展览馆"。

2. 雁门关景区

雁门关位于忻州市代县北雁门山中,是长城上的重要关隘,以"险"著称,被誉为"中华第一关",有"天下九塞,雁门为首"之说。雁门关与宁武关、偏关合称为"外三关",是国家5A级旅游景区。

雁门关有东、西二门,皆以巨砖叠砌,曾建有城楼,门额分别雕嵌"天险""地利"二匾。西门上筑有杨六郎庙;北门未建楼顶,门额嵌镶石匾书写"雁门关"三个大字;东门城外建有赵国名将李牧碑祠。雁门关的主要景点包括碑林、镇边祠、雁门关长城、雁门关古炮台等。雁门关是中国古代北境著名的咽喉要塞,不仅对中国的历史进程产生了深远的影响,同时也见证了民族融合过程中的艰辛。

(四)临汾市

临汾市,别称"平阳""卧牛城""花果城",地处汾水之滨而得名。临汾市历史悠久,是中华民族的重要发祥地之一和黄河文明的摇篮,非物质文化种类繁多,自然资源丰富,有"华夏第一都""戏曲梅花之乡""剪纸之乡"等美誉。

1. 云丘山景区

云丘山景区位于临汾市乡宁县,是集旅游观光、休闲娱乐、度假养生、民俗体验、文化交流等功能于一体的综合性旅游景区,为国家5A级旅游景区。

云丘山古称"昆仑山",是中华农耕文明及二十四节气的发源地,也是中华文化非遗传承地。云丘山完整保存有10多座千年古村落,是罕见的晋南窑洞建筑古村镇群落。景区风景秀丽,拥有国内最大规模的自然冰洞、风洞群和国内最大面积的天然红叶景观。此外,云丘山道教文化兴盛,为全真教龙门派开山祖庭,有"北云丘、南武当"之称。云丘山景区的主要景点包括宗教云丘山、特色云丘山、景致云丘山、栖居云丘山四大块。

2. 黄河壶口瀑布国家地质公园

黄河壶口瀑布地处晋陕大峡谷中段,是世界上唯一的金黄色瀑布,也是中国的第二大瀑布,号称"黄河奇观",为国家地质公园、国家5A级旅游景区。壶口瀑布落差约30米,宽度最大时可达千余米,滚滚洪流,惊涛巨浪,河水如万马奔腾,气势磅礴。黄河壶口瀑布主要有孟门夜月、卧镇狂流、十里龙槽、天河悬流、黄河惊雷、壶底生烟、彩虹飞渡、冰瀑银川、石窝宝镜和旱地行船等景观。黄河壶口瀑布国家地质公园的最佳旅游时间为春季4—5月和秋季9—11月。

（五）长治市

长治市,得名于明朝,取"长治久安"之意。长治历史悠久,自然资源丰富,人文底蕴深厚,是中国优秀旅游城市、中国曲艺名城,红色旅游资源众多。

1.八路军总司令部旧址

八路军总司令部旧址位于长治市武乡县砖壁村和王家峪村,是第一批全国重点文物保护单位,被列入山西省第一批省级红色文化遗址名录。1937年,中国共产党领导的红军主力改编为国民革命军第八路军,并赴前线抗日,曾驻扎在此指挥抗日游击战争。砖壁村总部旧址由村东玉皇庙、佛爷庙、娘娘庙和李家祠堂等建筑组成;王家峪村总部旧址由村北三所相连农家院落组成,1964年,王家峪村总部旧址按原状复原。

2.八路军太行纪念馆

八路军太行纪念馆位于长治市武乡县,是一座全面反映八路军抗战历史的大型革命纪念馆,为国家一级博物馆、国家4A级旅游景区、全国红色旅游经典景区。八路军太行纪念馆主要分为主展区和游览区两大部分:主展区包括八路军抗战史陈列馆、八路军将领馆等;游览区包括八路军游击战术演示厅、八路军抗战纪念碑、八路雄风碑林、徐向前元帅纪念亭等。纪念馆先后举办了"太行精神光耀千秋""八路军总部在太行"等专题展览,对于开展抗战史研究工作、宣传八路军抗战历史、传播爱国主义精神具有重要作用。

第七节 河 南 省

一、旅游概况

河南省,简称"豫",因历史上大部分位于黄河以南,故名河南。远古时期,黄河中下游地区河流纵横,森林茂密,野象众多,河南被描述为人牵象之地,是象形字"豫"的根源,也是河南简称的由来。河南省境内总面积16.7万平方千米,常住人口9815万人(2023年末)。河南省56个民族成分齐全,少数民族分布呈现"大分散、小聚居"的显著特征,主要少数民族为回族、蒙古族和满族。

河南省位于全国第二、三级阶梯接合部,地质条件复杂,地层发育齐全,岩浆活动频繁,漫长的地质历史中逐渐形成西高东低、平原广布的地貌形态。河南省北、西、南三面为山,太行山、伏牛山、桐柏山、大别山沿省界呈半环形分布,中东部为广阔的平原区,占全省面积的一半左右。河南地跨长江、淮河、黄河、海河四大流域,全省河流、湖泊、水库众多,水生态系统丰富多样;森林覆盖率约25%,孕育了独特的动植物资源。

河南是中华民族和中华文明的重要发祥地,早在50万年前就有人类在此繁衍生息。中华民族的人文始祖黄帝诞生在今河南新郑,中华文明的起源、文字的发明、城市的形成和统一国家的建立,都与河南有着密不可分的关系。在5000年中华文明史中,河南作为国家的政治、经济、文化中心长达3000多年,先后有夏朝、商朝、东周、东汉等20多个朝代在此建都、200多个皇帝在此执政,形成了博大精深的思想文化、文学艺术、民间戏曲、科学技术等,这些都是珍贵的人文旅游资源。

截至2024年4月,河南省有不可移动文物65519处,数量居全国第二位,其中世界文化遗产5处(洛阳龙门石窟、安阳殷墟、登封"天地之中"历史建筑群、丝绸之路河南段、大运河河南段);全国重点文物保护单位420处,省级文物保护单位1521处;国家文物局公布和立项的国家考古遗址公园17处,居全国第一位;中国八大古都河南占郑州、开封、洛阳、安阳4座;国家历史文化名城8个、国家历史文化名镇10个、国家历史文化名村2个、中国传统村落204处。

二、主要旅游城市和景点

(一)洛阳市

洛阳市,古称"神都""洛邑""洛京",为国家历史文化名城,历史悠久,有着1500多年建都史,是中华文明的发祥地之一、丝绸之路的东方起点、隋唐大运河的中心。历史上先后有13个王朝在洛阳建都,洛阳是中国建都最早、历时最长、朝代最多的城市,是著名旅游城市。

1. 龙门石窟

龙门石窟位于洛阳市城南,是世界上造像最多、规模最大的石刻艺术宝库,被联合国教科文组织评为"中国石刻艺术的最高峰",位居中国各大石窟之首,作为文化遗产入选《世界遗产名录》,是国家5A级旅游景区(见图5-5、图5-6)。

石窟始凿于北魏孝文帝迁都洛阳之际,之后历经东魏、西魏、北齐、隋、唐、五代的营造,从而形成了南北长达1千米,具有2300余座窟龛、10万余尊造像、2800余块碑刻题记的石窟遗存。龙门石窟造像多为皇家贵族所建,是世界上绝无仅有的皇家石窟,建造时采用了大量彩绘,今大多已褪色。龙门石窟的主要景点包括西山石窟、香山寺、白园、蒋宋别墅等。此外,龙门石窟曾经历天竺(今印度)、新罗(今韩国)、吐火罗(中亚古国名)、康国(今乌兹别克斯坦撒马尔罕)等外国人开窟造像,融合了西方的文化元素,堪称全世界国际化水平最高的石窟。

图5-5　龙门石窟景观

图5-6　龙门石窟造像

2. 白马寺

白马寺位于洛阳市瀍河回族区白马寺镇,始建于东汉永平年间,是佛教传入中国后兴建的第一座官办寺院,是汉明帝为纪念白马驮经,敕令在洛阳西雍门外三里御道北兴建的僧院。白马寺把佛教先后传到了朝鲜、日本以及东南亚和欧美国家,成为世界各地佛教信徒参拜的圣地,因此又被誉为中国、越南、朝鲜、日本及欧美国家的"释源"和"祖庭"。白马寺现为国家4A级旅游景区,主要景区分为中国古建区、齐云塔院、印度佛殿苑、泰国佛殿苑、缅甸佛塔苑等,寺内还有佛骨舍利、佛像、十八罗汉和古代刻碑等文物。白马寺每年一度的"马寺钟声"活动是人类祈福、辞旧迎新的特殊象征,吸引了不少国外游客参加,入选"洛阳八大景"之中。

3. 关林

关林位于洛阳市洛龙区关林镇,是埋葬三国蜀将关羽首级的地方,前为祠庙,后为墓冢,为海内外三大关庙之一。关林在千百座关庙中独称"林",是中国仅有的冢、庙、林三祀合一的古代经典建筑,为国家4A级旅游景区。明清时期,关庙原址曾两次扩建,并改成关林,成为皇帝遣官致祭、地方官吏和百姓朝拜关公的场所,关公信仰文化达到鼎盛。关林的主要建筑包括大门、仪门、石狮御道、大殿、关冢、碑刻墓志室等,最佳旅游时间为春、秋两季。

4. 老君山景区

老君山景区位于洛阳市栾川县东南,原名景室山,是一个拥有2000多年历史的道教文化圣地,相传为老子修炼之地,被封为"天下名山",是国家5A级旅游景区、国家级自然保护区、世界地质公园。

老君山地质构造复杂,山体主要由花岗岩组成,属于花岗岩地貌景观。岩体抬升后被不断侵蚀,形成峰林、一线天等景象,是迄今为止世界范围内发现的规模最大的花岗岩峰林奇观。老君山景点众多,四季景色各异,有十里画屏的巍峨峰林、金碧辉煌的明清皇家宫殿式金顶道观群、春夏雨后的金顶云海、秋季追梦谷的五彩缤纷,以及冬日远赴人间惊鸿宴的绝美雪景等。"君山月下多少事,林间绿水多少诗",不论何时,老君山都显得诗意盎然。

5. 白云山风景区

白云山风景区位于洛阳市嵩县南部伏牛山腹地,是国家科普教育基地、国家5A级旅游景区、世界地质公园。白云山以山、石、水、洞、林、草、花、鸟、兽为一体,雄、险、奇、幽、美、妙交相生辉,形成各具特色的景观区,森林覆盖率98.5%以上,是中原地区集观光旅游、度假避暑、科研实习、寻古探幽于一体的复合型旅游区,被誉为"自然博物馆""人间仙境""京洛名山"。景区现已开发白云峰、玉皇顶、鸡角曼(小黄山)、九龙瀑布、原始森林五大观光区和白云湖、高山森林氧吧、高山牡丹园、留侯祠、芦花谷五大休闲区等。

(二)郑州市

郑州市,史称"天地之中",古称"商都",是中华文明的重要发祥地、国家历史文化名城、全国交通枢纽。郑州旅游资源丰富,历史人文景观众多,自然山水风光秀丽,是首批中国优秀旅游城市。

1."天地之中"历史建筑群

"天地之中"历史建筑群位于郑州市登封市,包括周公测景台和观星台、嵩岳寺塔、太室阙和中岳庙、少室阙、启母阙、嵩阳书院、会善寺、少林寺建筑群(包括常住院、塔林和初祖庵)等8处11项优秀历史建筑。"天地之中"历史建筑群先后历经汉、魏、唐、宋、元、明、清,时间跨度达2000多年,是中国时代跨度较长、建筑种类较多、文化内涵较丰富的古代建筑群。

2. 少林寺

少林寺位于郑州市登封市境内,始建于北魏太和年间,是孝文帝为了安顿印度高僧跋陀传授小乘佛法而兴建的一座寺院,为国家5A级旅游景区。少林寺不仅是禅宗的发祥地,还是中国功夫的发祥地,有"禅宗祖庭,功夫圣地"之称,有"天下第一名刹"之美誉。其主要建筑有山门、大雄宝殿、藏经阁、六祖堂、钟楼、鼓楼、达摩亭、初祖庵、千佛殿、塔林、达摩洞等。

3. 汉三阙

汉三阙,又称"东汉三阙",即太室阙、少室阙、启母阙,位于郑州市登封市嵩山腹地及周围,建于汉安帝年间。阙是中国古代一种标志性的礼制建筑,是建在城门、墓门、宫门、庙门前的两个相峙对称的建筑物。其中,太室阙是中岳庙前的神道阙,是古代祭祀太室山神的重要实物见证;少室阙为汉代少室山庙前的神道阙;启母阙是东汉时期人们为纪念大禹之妻、启的母亲而建在启母庙前的神道阙。汉三阙以其精美的石雕艺术闻名于世,对研究我国汉代建筑史、绘画艺术史具有很高的价值。

4. 嵩阳书院

嵩阳书院位于登封市区嵩阳路北段,是国家4A级旅游景区、世界文化遗产、"中国北宋四大书院"之一。嵩阳书院是中国古代高等学府,始建于北魏,初名"嵩阳寺",为佛教寺院。宋时重修太室书院时赐名嵩阳书院,是宋代程朱理学的发源地之一、"程门立雪"典故的发源地。嵩阳书院内建筑布局保持着清代的样式,现存殿堂廊房500余间,中轴建筑共分五进院落,由南向北依次为大门、先圣殿、讲堂、道统祠和藏书楼。中轴线两侧的配房为硬山式建筑,分别为程朱祠、丽泽堂、碑廊等,保存清代建筑多处。书院教育制度于清朝末年被废止,嵩阳书院作为这种已经消失的制度的文化载体,对研究中国古代书院建筑、教育制度以及儒家文化具有重要作用。

5. 郑州西山仰韶文化城址

郑州西山仰韶文化城址被发现于郑州市惠济区古荥镇孙庄村,距今5300—4800年。郑州西山仰韶文化城址是迄今中原地区最早的史前城址,时代跨越了仰韶时代早、中、晚三个时期,现已发现窖穴与灰坑2000余座,出土了大量各类遗物,是迄今国内发现的年代最早、建筑技术最为进步的城址。郑州西山仰韶文化城址为仰韶时代豫中地区考古学文化面貌特征、文化性质、聚落形态、社会组织、丧葬习俗、生态环境、与周边文化关系等诸多问题的研究提供了详尽的实物资料。

知识关联

仰韶文化

（三）开封市

开封市,简称"汴",古称"大梁""启封""汴州""汴梁""汴京""东京",是国家历史文化名城,有4100余年的建城史。先后有夏朝、战国时期的魏国,以及五代时期的后梁、后晋、后汉、后周,还有宋朝、金朝等在此定都,有"八朝古都"之称,孕育了上承汉唐、下启明清、影响深远的"宋文化"。

1. 开封大相国寺

开封大相国寺原名建国寺,位于开封市自由路,是国家4A级旅游景区。大相国寺始建于北齐,唐时唐睿宗赐名大相国寺。北宋时期曾多次扩建,成为当时京城最大的寺院和全国佛教活动中心。大相国寺呈现清代建筑风格,为三进院落,主要建筑有大门、天王殿、大雄殿、八角琉璃殿、藏经楼、千手千眼佛、钟鼓楼等。钟楼内存清朝高约4米的巨钟一口,重万余斤,秋冬霜天叩击,声音清越,响彻全城,素有"相国霜钟"的美誉,是为"汴京八景"之一。

2. 清明上河园

清明上河园位于开封市龙亭区,是依照《清明上河图》为蓝本以1∶1的比例复原再现的主题公园,为国家5A级旅游景区。清明上河园占地600余亩(1亩约等于666.67平方米),其中水面180亩,大小古船100多艘,房屋400余间,景观建筑面积超过30000多平方米。园区以双亭桥为界分为南苑、北苑两大景区:南苑主要反映宋代的民俗风情、市井文化,呈"如意结"形状,共四区八景,按东西南北分别为翰林神品、汴河趁风、虹桥飞渡、汴绣天工、平桥观鱼、上善编钟、喧嚣河市、梦幻灯影;北苑主要反映皇家园林、古代娱乐,以龙亭湖为中心,沿湖布置有宣和殿、宣德殿、四方院、拂云阁、蹴鞠场、秋千园和九龙桥等景观。此外,清明上河园还有大宋·年民俗文化节、清明文化节、端午文化节、《大宋·东京梦华》节目以及各种演出。

（四）南阳市

南阳市,古称"宛",因地处伏牛山以南,汉水以北而得名。南阳是楚汉文化的重要发祥地,历史文化厚重,三顾茅庐、羊续悬鱼、盘古神话、牛郎织女等典故或传说皆发源于此,有"中国月季之乡""世界艾乡""中国玉雕之乡"的美誉。

1. 中国西峡恐龙遗迹园

中国西峡恐龙遗迹园位于秦岭山脉东段的西峡县丹水镇,是南阳伏牛山世界地质公园核心景区,号称"世界第九大奇迹",是全国科普教育基地、国家5A级旅游景区。中国西峡恐龙遗迹园主要由地质广场、恐龙蛋化石博物馆、恐龙蛋遗址和仿真恐龙园等组成,是一个集科普、观光、娱乐、休闲、科研于一体的大型恐龙主题公园。园区含鸭嘴龙、禽龙、原角龙、肉食龙等白垩纪恐龙骨骼,以及大量的恐龙蛋化石,特别是西峡巨型长形蛋和戈壁棱柱形蛋,世界稀有罕见,是西峡蛋化石的标志,这些化石为揭示远古恐龙演化和地球系统演变提供了重要证据。

2.桐柏革命纪念馆

桐柏革命纪念馆位于南阳市桐柏县南叶家大庄,是全国红色旅游经典景区、全国爱国主义教育示范基地。桐柏县是革命老区,纪念馆内三个院落分别为中共中央中原局、中原军区和中原行署旧址复原展区。展馆内的展品以桐柏简明党史线索和著名英烈事迹为主线,收集了桐柏老区第一、第二次国内革命战争时期,以及抗日战争时期、解放战争时期、社会主义革命和建设时期的有关资料、照片、实物等,真实地记录了革命烈士为谋取人民幸福而抛头颅、洒热血的丰功伟绩,反映和展现了桐柏人民坚韧不拔的精神风貌。

(五)安阳市

安阳市,古称"殷""邺城"等,位于河南省最北部,是早期中华文明的中心之一、国家历史文化名城,也是甲骨文的故乡《周易》的发源地,素有"七朝古都""文字之都"等美誉。

殷墟:位于安阳市西北郊的洹河南北两岸,以小屯村为中心,是商朝后期都城遗址、国家5A级旅游景区。2006年,殷墟被联合国教科文组织列入《世界遗产名录》。殷墟遗迹由殷墟王陵遗址与殷墟宫殿宗庙遗址、洹北商城遗址等共同组成,包括城墙基址、大灰沟、道路、夯土建筑基址、地穴和半地穴居住址、灰坑窖穴、水井、祭祀遗存、手工业作坊遗址、王陵区、家族墓地和车马坑等。殷墟遗迹是中国历史上第一个文献可考,并为考古发掘和甲骨文所证实的商代晚期都城遗址。截至2024年4月,殷墟已出土甲骨文15万片、陶器数万件、青铜礼器约1500件、青铜兵器约3500件、玉器约2600件、石器6500件以上、骨器3万多件,其高度发达的自然科学技术达到了世界领先水平,对人类科技发展做出了重要贡献。

(六)信阳市

信阳市,河南省辖地级市,位于河南省南部,在鄂、豫、皖三省交界处,地处大别山革命老区核心区域,被誉为"红军的摇篮、将军的故乡"。其历史文化特征兼具楚文化和中原文化,是中国南北地理、气候过渡带和豫楚文化融合区,也是中华姓氏归宗朝祖和海内外客家人寻根探源之地。

鄂豫皖苏区首府革命博物馆:位于信阳市新县首府路文博新村,占地面积288亩,是国家一级博物馆、国家4A级旅游景区,由主展馆、鄂豫皖苏区将帅馆、英雄山、大别山国防教育园四部分组成。基本陈列为《大别山·红旗不倒》,展示的是从土地革命战争时期到解放战争时期大别山风起云涌的革命史,包括风起潮涌、星火燎原、辉煌苏区、浴血坚守、走向胜利五个部分。专题陈列有鄂豫皖苏区将帅馆、永远跟党走——庆祝中国共产党成立100周年专题展、鄂豫皖苏区首府革命博物馆新征藏品成果展概况等。馆内藏品有军事用品、文献资料、革命烈士遗物、历史照片等。

第八节　陕　西　省

一、旅游概况

陕西省,简称"陕""秦",位于中国内陆腹地,中国大地原点就在陕西省咸阳市泾阳县永乐镇北流村。陕西省行政区划面积20.56万平方千米。截至2023年末,陕西省常住人口3952万人。

陕西地质构造复杂,北属中朝准地台,南属扬子地台,中部为秦岭褶皱系。第三纪以来,新构造活动剧烈、复杂,类型多样,构成了独具特色的新构造景观。因此,境内形成北部黄土高原,南部秦巴山区,中部关中平原的南北高、中间低的地势格局,高原、山地、平原和盆地等多种地貌并存,黄土高原占全省土地面积的40%。陕西由南向北横跨三个气候带,陕南属北亚热带季风气候,关中及陕北大部分属暖温带季风气候,陕北北部长城沿线属中温带季风气候。境内东隔黄河与山西省相望,南部兼跨长江支流汉江流域和嘉陵江上游的秦巴山地区,但境内湖泊稀少。

陕西历史悠久,是中华民族的摇篮和中华文明的发祥地,历史代表文化为"三秦文化",有西周、秦、汉、隋、唐等多个政权在陕西建都。皇陵遍布,文物古迹众多,文物点密度之大、数量之多、等级之高,居中国首位。此外,近现代陕西还是中国革命的摇篮,延安为中国革命圣地,中国共产党在这里领导了全国的抗日战争和解放战争。

独特的地貌景观和深厚的人文底蕴造就了陕西丰富的旅游资源。截至2024年,陕西省拥有国家5A级旅游景区14家。

二、主要旅游城市和景点

（一）西安市

西安市,古称"长安""镐京",地处关中平原中部,北濒渭河、南依秦岭,自古有"八水绕长安"之美誉。1981年,西安被联合国教科文组织确定为世界历史名城,与罗马、雅典、开罗等古城齐名。西安是中华文明和中华民族重要发祥地之一、丝绸之路的起点,历史上先后有13个王朝在此建都,是中国"六大古都"中建都历史最长的一个,是首批中国优秀旅游城市。

1.秦始皇陵及兵马俑坑

秦始皇陵及兵马俑坑位于西安市临潼区,是中国历史上第一位皇帝嬴政的陵寝所在地,为中国第一批世界文化遗产、国家5A级旅游景区(见图5-7)。秦始皇陵占地面积56.25平方千米,是中国历史上第一座规模庞大、设计完善的帝王陵寝。秦陵四周分布着大量形制不同、内涵各异的陪葬坑和墓葬,已探明的有600多个,其中包括"世界第八大奇迹"中的兵马俑坑。

图5-7　兵马俑

图5-8　大雁塔

秦始皇陵是世界上规模较大、结构较奇特、内涵较丰富的帝王陵墓。秦始皇兵马俑无论在数量上、质量上,还是在考古发现上,都是世界上所罕见,它对于深入研究公元前2世纪秦代的军事、政治、经济、文化、科学和艺术等提供了极为珍贵的实物材料,它既是中国人民的艺术珍品,又是世界人民的共同文化遗产。

2.大雁塔景区

大雁塔位于西安市南大慈恩寺内,又名"慈恩寺塔",是国家5A级旅游景区(见图5-8)。大雁塔是玄奘为保存由天竺经丝绸之路带回长安的经卷佛像而主持修建的,最初五层,后加盖至九层,再后层数和高度又有数次变更,最后固定为所看到的七层塔身,通高64.517米,底层边长25.5米。

大雁塔是现存最早、规模最大的唐代四方楼阁式砖塔,也是佛塔这种古印度佛寺的建筑形式随佛教传入中原地区,并融入中华文化的典型物证,凝聚了中国古代劳动人民智慧结晶。大雁塔景区现有塔座、塔身、舍利、贝叶经、石碑等珍贵佛教文物,是唐长安城保留至今的标志之一。2014年6月,大雁塔作为中华人民共和国、哈萨克斯坦和吉尔吉斯斯坦三国联合申遗的"丝绸之路:长安—天山廊道的路网"中的一处遗址点成功列入《世界遗产名录》。

3. 小雁塔景区

小雁塔景区位于西安市南郊荐福寺内,又称"荐福寺塔",是国家4A级旅游景区。小雁塔建于唐景龙年间,与大雁塔同为唐长安城保留至今的重要标志。小雁塔和荐福寺钟楼内的古钟合称为"关中八景"之一的"雁塔晨钟"。每天清晨,寺内金代铁钟定时响起,钟声清亮,清代诗人朱集义诗:"噌吰初破晓来霜,落月迟迟满大荒。枕上一声残梦醒,千秋胜迹总苍茫。"小雁塔是中国早期方形密檐式砖塔的典型作品,塔形秀丽,是唐代佛教建筑艺术遗产,也是佛教传入中原地区并融入汉族文化的标志性建筑。

4. 唐长安城大明宫遗址

唐长安城大明宫遗址位于西安市太华南路,是第一批全国重点文物保护单位、国家5A级旅游景区、世界文化遗产。大明宫遗址是中国保存最为完整的皇家宫殿遗址,总面积约3.4平方千米,宫墙周长7.6千米,四面共有11座门,由含元殿、宣政殿和紫宸殿为中心组成。大明宫始建于唐代,原名永安宫,是唐太宗李世民为太上皇李渊避暑而建的夏宫,现有丹凤门、含元殿、麟德殿、大福殿、凌霄门、玄武门与内重门、重玄门、三清殿、清思殿、太液池等建筑遗存,具有重要的历史价值、建筑艺术价值和学术研究价值。

5. 西安钟楼、鼓楼

西安钟楼、鼓楼位于西安市中心,明城墙内东、西、南、北四条大街的交汇处,是中国现存钟鼓楼中形制最大、保存最完整的,也是西安标志性建筑、全国重点文物保护单位。钟楼建于明太祖时期,整体以砖木结构为主,昔日楼上悬一口大钟,用于报警、报时,故名"钟楼",现存景云钟、碑刻、门窗浮雕等文物。鼓楼始建于明洪武年间,楼上原有巨鼓一面,每日击鼓报时,故称"鼓楼"。

6. 大唐芙蓉园

大唐芙蓉园位于西安市大雁塔东南侧,是在原唐代芙蓉园遗址上,仿照唐代皇家园林式样重新建造的。大唐芙蓉园是中国第一个全方位展示盛唐风貌的大型皇家园林式文化主题公园、国家5A级旅游景区。园内建有紫云楼、御苑门、陆羽茶社、彩霞长廊、望春阁、星宿墙、曲江胡店等景点。

（二）咸阳市

咸阳市,地处陕西省关中平原中部,是中国首个封建王朝"秦帝国"的都城。咸阳地处中华历史文化长河的发端,是秦汉文化的重要发祥地,境内文物景点达近5000处,是国家历史文化名城。

1. 五陵塬

五陵塬又称"五陵原""咸阳原",西起兴平南位,东到西安高陵,南达渭水北岸,北接泾阳高庄,东西长约40千米,总面积约800平方千米。塬上王陵众多,以西汉帝王陵为最。西汉11位皇帝中,除文帝霸陵和宣帝杜陵在渭河以南外,其余9位皇帝的陵墓——高祖长陵、惠帝安陵、景帝阳陵、武帝茂陵、昭帝平陵、元帝渭陵、成帝延陵、哀帝义陵、平帝康陵都分布在渭河以北的咸阳塬上。汉高祖刘邦在陵园附近修建长陵县邑后,汉惠帝、汉景帝、汉武帝、汉昭帝竞相效尤,相继在陵园附近建造了安陵邑、阳陵邑、茂陵邑和平陵邑,合称为"五陵塬"。

2. 茂陵

茂陵位于咸阳市兴平市东北,是国家4A级旅游景区。茂陵始建于西汉,是汉武帝刘彻的陵寝,是西汉帝王陵墓中规模最大、修造时间最长、陪葬品最丰富、耗资最巨、陵区最为广阔的一座,被称为"中国的金字塔"。陪葬墓有李夫人、卫青、霍去病、霍光、金日磾等人的墓葬。传说汉武帝刘彻在一次打猎的过程中,因在茂乡附近发现了一只麒麟状的动物和一棵长生果树,认定茂乡是一块宝地,于是下诏将此地圈禁起来,开始营造陵墓。茂陵的地宫内充满了大量的稀世珍宝,有190多种随葬品等。

3. 乾陵风景区

乾陵位于咸阳市乾县北部,是陕西关中地区"唐十八陵"之一,为唐高宗李治与武则天的合葬墓,陵园规模宏大,建筑富丽雄伟,堪称"历代诸皇陵之冠"。乾陵始建成于唐代,是唐十八陵中主墓保存最完好的一处,也是唐陵中唯一一座没有被盗的陵墓。其中,陵园地面建筑仿照唐代都城长安城营建,分为内城、外城和陪葬墓区三个部分(分别相当于长安城的宫城、皇城和外廓城)。乾陵风景区现有述圣纪碑、无字碑、石雕石刻等众多文物古迹。除主墓外,乾陵还有17个小型陪葬墓,葬有其他皇室成员与功臣。

4. 昭陵博物馆

昭陵博物馆位于咸阳市礼泉县烟霞镇,是一座展示初唐文化及历史的专题性博物馆。昭陵是唐代第二任皇帝唐太宗李世民与长孙皇后的陵墓。昭陵博物馆内,除李勣(徐茂公)墓外,还有两个碑石陈列室和出土文物、雕刻绘画展厅。除展出近年来发掘出土的十多座陪葬墓中文物外,主要陈列昭陵范围出土的各式唐代碑石与墓志铭。因为这些碑石独有的巨大书法艺术价值,这座博物馆又被人称为"昭陵碑林"。昭陵是初唐走向盛唐的实物见证,为了解、研究唐代乃至中国君主专制社会政治、经济、文化提供了重要的史料。

5. 马栏革命旧址

马栏革命旧址位于咸阳市旬邑县马栏镇,是陕西省重点文物保护单位、国家4A级旅游景区。土地革命战争时期,马栏是陕甘边革命根据地的中心和重要活动地区之一,中国工农红军陕甘游击队在此驻扎和活动,中国共产党人高举革命大旗,创建了革命政权。抗日战争和解放战争时期,马栏是陕甘宁边区的南大门、圣地延安的前沿哨所,也是关中分区政治、军事、经济中心,以及仁人志士和军需物资通往延安的重要驿站和红色通道。马栏还是培养革命干部的摇篮,习仲勋、汪锋、李维汉、张仲良、赵伯平、张德生、张邦英、霍维德、王世泰等老一辈无产阶级革命家在这里长期工作和战斗过。马栏革命旧址现有中共关中地委、陕西省委和关中分区机关旧址,陕甘宁边区警备一旅司令部、关中分区保安司令部、中共山西省委、河南省委机关、红二十六军成立地、陕甘宁边区第二师范、关中八一剧团旧址及烈士陵园等革命遗存共15处。

(三)延安市

延安市,古称"肤施""延州",被誉为"三秦锁钥,五路襟喉",是中华民族重要的发祥地,人文初祖轩辕黄帝曾居住在这一带。延安也是民族圣地、中国革命圣地,以及全国革命根据地城市中旧址保存规模最大、数量最多、布局最为完整的城市。延安还是国务院首批公布的国家历史文化名城、中国优秀旅游城市,有着"中国革命博物馆城"的美誉。

1. 黄帝陵

黄帝陵位于延安市黄陵县城北桥山,是轩辕黄帝的陵寝、第一批全国爱国主义教育示范基地、国家5A级旅游景区。黄帝陵祭祀典礼被列入国家级首批非物质文化遗产名录。

轩辕黄帝是肇造中华、奠基文明的人文初祖,是中华民族屹立于世界民族之林的伟大旗帜,是中华文明开启时代的象征和继续发展的力量源泉,是全球华人相互认同的文化标志。黄帝陵古称"桥陵",号称"天下第一陵",又称"华夏第一陵""中华第一陵",是历代帝王和名人祭祀黄帝的场所。

黄帝陵景区包括陵园、轩辕庙和印池公园三个区域。黄帝陵园位于古柏掩映的桥山之巅,园内有下马石、棂星门、汉武仙台、祭亭、黄帝陵冢、龙角柏、祈福台、龙驭阁等景点;轩辕庙俗称"黄帝庙",是供奉和祭祀轩辕黄帝的场所,主要有庙门、诚心亭、碑亭、人文初祖殿、碑廊、祭祀广场、轩辕殿等景点,以及黄帝手植柏、挂甲柏、保生柏等著名古柏;印池,传说是轩辕黄帝清洗大印的地方,常年微波涟涟、水烟袅袅。环印池

2500米的健身步道,串连着仓颉造字园、中华神天鼎、九龙壁、吟音谷、战园、嫘祖缲丝、钻木取火等文化节点和雕塑。

2.宝塔山

宝塔山位于延安市宝塔区,建于唐代宗大历年间,是延安革命遗址的组成部分,也是延安市的标志性建筑、国家红色旅游经典景区、国家5A级旅游景区。宝塔山的主要景点有岭山寺塔(延安宝塔)、石刻群、探索之路、曙光广场、星火广场、信念之路、会师广场、初心广场、前行广场,融历史文物和革命遗址于一体。

3.枣园革命旧址

枣园革命旧址位于延安市城西北,是一个园林式的革命纪念地,原为地主庄园,中共中央进驻延安后,为中央社会部驻地,改名为"延园",是全国红色旅游经典景区、国家4A级旅游景区。枣园革命旧址是中共中央书记处所在地,在此领导全党开展了整风运动,并筹备中国共产党"七大",内有毛泽东、朱德、周恩来、刘少奇、任弼时等旧居。其环境清幽,花草树木间点缀各个建筑,主要景点有苏式小礼堂、机要室、居住区、幸福渠、窑洞、演讲台等。

4.延安革命纪念馆

延安革命纪念馆位于延安市宝塔区西北、延河东岸,成立于1950年7月1日,是一座陈列展出革命文物,反映中国共产党在延安领导中国革命斗争历史的纪念馆。延安革命纪念馆是国家4A级旅游景区、国家一级博物馆。陈列馆先后四次重建,2009年8月落成的新馆,是全国爱国主义教育示范基地建设"一号工程"延安基地项目的核心工程,建筑面积29853平方米,陈列面积1.43万平方米,广场面积3.8万平方米。延安革命纪念馆陈列分为红军长征落脚点、抗日战争的政治指导中心、新民主主义的模范试验区、延安精神的发祥地、毛泽东思想在全党指导地位的确立、夺取全国胜利的出发点六个单元,展出文物2500余件,历史照片1400余张。

5.杨家岭革命旧址

杨家岭革命旧址位于延安城西北,是中国共产党中央委员会驻地旧址、全国红色旅游经典景区、国家5A级旅游景区。1938年11月至1947年3月,毛泽东等中央领导和中共中央机关人员在此居住。期间,中国共产党中央委员会继续指挥抗日战争敌后战场并领导了解放战争,领导了大生产运动和整风运动,并召开了党的"七大"和延安文艺座谈会。在这里,毛泽东写有《中国革命和中国共产党》《新民主主义论》《在延安文艺座谈会上的讲话》等许多重要文章,中共六届七中全会通过了《关于若干历史问题的决议》。

（四）宝鸡市

宝鸡市,古称"陈仓""雍城""西虢""西岐""西府"等,有2700多年建城史,是中国优秀旅游城市,风光秀丽,物种丰富,被称为"生物基因库""地质博物馆";人文底蕴深厚,是中华民族三大始祖之一炎帝的诞生地,也是周秦王朝的发祥地,誉称"炎帝故里""青铜器之乡"。

1. 法门寺佛文化景区

法门寺佛文化景区位于宝鸡市扶风县法门镇,是国家5A级旅游景区。法门寺又名"护国真身宝塔",始建于东汉末年,距今有1700多年的历史,有"关中塔庙始祖"之称。法门寺在周魏以前称作"阿育王寺",隋文帝时改称"成实道场",唐高祖时改为现名。法门寺也被誉为"皇家寺庙",因安置释迦牟尼佛指骨舍利而成为举国仰望的佛教圣地。法门寺地宫是迄今所见最大的塔下地宫,出土了释迦牟尼佛指骨舍利、铜浮屠、八重宝函、银花双轮十二环锡杖、佛经、佛学等众多佛教至高宝物。

2. 太白山国家森林公园

太白山国家森林公园位于宝鸡市眉县境内,因太白山而得名,是集观光旅游休闲度假、科考探险和疗养保健于一体的森林公园,也是国家5A级旅游景区。太白山国家森林公园地处秦岭主峰太白山北麓,主体由花岗岩组成,在内、外地质营力的共同作用下,塑造成奇峰林立、山势险奇的景色。太白山是秦岭山脉主峰,而秦岭是中国南北气候分界线,使南北气候有了明显的差异。太白山以其高山落差,形成了太白山独有的气候特点,从山上到山下有高山寒带、寒带、寒温带、温带、暖温带等五个气候带。太白山国家森林公园的主要景点有三国古栈道、铜墙铁壁、太白山天下索道、七女峰、石阵、拔仙台等。

（五）渭南市

渭南市,古称"下邽""莲勺",是中华民族的重要发祥地,素有"文化之源""三圣故里""将相之乡"等美誉,也是"中国戏曲之乡""民俗之乡"。

华山风景名胜区:位于渭南市华阴市。华山是"五岳"之"西岳",雅称"太华山",是"中华十大名山"之一、国家5A级旅游景区,自古有"奇险天下第一山"的说法(见图5-9)。华山山脉主要由花岗岩构成,华山花岗岩形成于1.2亿年前。7000万年前,地壳抬升,岩石逐渐暴露出地表,在漫长的地质历史中山地被切割成若干长条形断块,并形成了一座座险峻的山峰和许多林立的奇石。华山风景名胜区主要山峰有北峰、西峰、南峰、东峰和中峰,著名景点多达210余处。其中,南峰是华山最高主峰,也是"五岳"最高峰,古人尊称它是"华山元首"。

图5-9　华山

(六)榆林市

榆林市,古称"上郡",别称"驼城",有"塞上明珠"之美誉,位于陕西省最北部。榆林建制始于春秋战国,兴于明清,是国家历史文化名城、国家卫生城市、国家森林城市。

1.榆林古城

榆林古城位于榆林市榆阳区,有"小北京"之美誉。明成化之后曾多次修建,比较著名的有三次,又称"三拓榆阳"。古代的榆林不但是军事重地,历史上曾是首都北京的安全战略屏障,是全国唯一由皇帝钦定城墙高度可以超过北京的城市;同时也是边疆贸易的中心和汉族与西北少数民族文化交会和交流的地方。目前,城内外保存有很多古迹名胜,以星明楼、凌霄塔等最负盛名。

2.镇北台

镇北台位于榆林市榆阳区城北红山顶上,原为明长城的一处观察哨所,有"万里长城第一台"和"天下第一台"之称,为古长城沿线现存较大的边防要塞,是明长城遗址中较为宏大的建筑,位列"长城三大奇观"之一,是全国重点文物保护单位。镇北台修建于明万历年间,是明朝"隆庆和议"与"和平互市"的产物,也是"蒙汉一家"和开创边关和平环境的历史见证。

3. 红石峡

红石峡位于榆林市榆阳区榆阳镇北岳庙村,又名"雄石峡",被称为"万里长城第一胜景"。红石峡南峡依壁凿石成窟,窟内原有石造像、泥塑像、浮雕石刻、碑刻题记,据记为明代所创。红石峡名冠边塞,旧时文官、武将、儒士来榆林,必在此地设宴讽咏唱和,因此题刻极多,被誉为"塞上小碑林",内容包括题诗、记功、记游、喻景、抒怀等,书法真、草、隶、篆俱全,并兼有蒙文,笔法各异,镌刻有别。此外,东崖有宋元古刹雄山寺。红石峡在夕阳西照时,如红霞冉冉升起,故名"红山夕照",是"榆林八景"之一。

4. 石峁遗址

石峁遗址位于榆林市神木市高家堡镇,地处陕北黄土高原北部边缘,是中国已发现的龙山晚期到夏早期时期规模最大的城址,入选"2012年度全国十大考古新发现""世界十大田野考古发现(2011—2020)"以及"二十一世纪世界重大考古发现"。石峁遗址距今约4000年,由"皇城台"、内城、外城三座基本完整并相对独立的石构城址组成。现已发现有房址、灰坑以及土坑墓、石椁墓、瓮棺葬等,出土陶、玉器、壁画、纺织品、石雕等数百件,为中国文明起源、多元化一体格局形成的发展过程提供了全新的研究资料,为探寻中华文明的起源提供了重要的窗口。

教学互动

以红色文化、自然景观或人文景观为主题,设计华北旅游区内的3—5天旅游线路,并上台介绍。

本章小结

本章主要介绍华北旅游区,包括北京市、天津市、河北省、山东省、山西省、河南省、陕西省的旅游资源概况。通过项目学习,了解不同地区主要的旅游名胜和特征,掌握本区深厚的文化底蕴,深刻体会我国悠久的历史和灿烂的文化。

在线答题
▼

第五章

第六章
西北旅游区

本章概要

　　西北旅游区拥有雪山、大漠、戈壁、草原、森林等多种自然旅游资源、古丝绸之路遗留的众多古迹以及独特的文化习俗和风情,这些自然景观和人文景观的交相辉映,为西北旅游区带来了独特的旅游魅力。

学习目标

知识目标

1. 熟悉西北旅游区的旅游地理环境。
2. 掌握西北旅游区旅游资源的基本特征和重要旅游点概况。

能力目标

1. 能够简要概述西北旅游区的地理环境和旅游资源类型。
2. 能够根据西北旅游区的总体特征合理设计旅游路线。

素养目标

1. 通过文化遗存,感受古丝绸之路的发展对促进东西方商贸互通、经济往来、科技融通、文化互传的重要作用。
2. 感受塞北绚丽多姿的民族风情,了解中华文化的广博。

知识导图

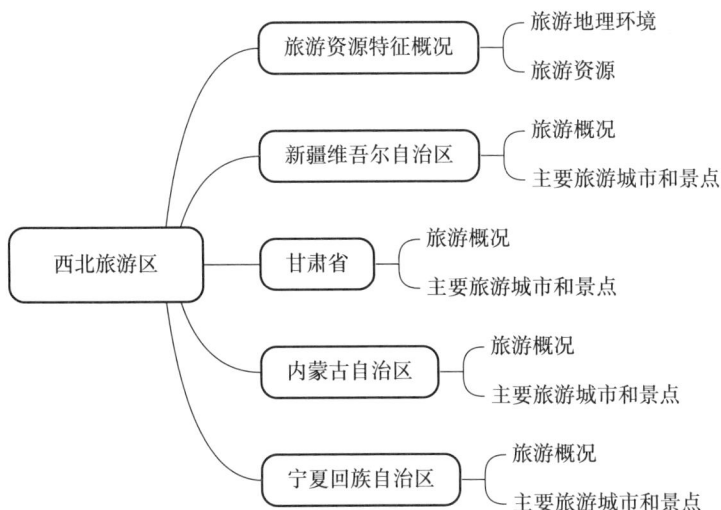

章节要点

1. 西北旅游区独具风情的塞北美景。

2. 丝绸之路沿线遗留的古迹和文化。

3. 古丝绸之路的发展历程、"一带一路"的内涵。

章首案例

《推动共建丝绸之路经济带和21世纪海上丝绸之路的愿景与行动》(节选)

2000多年前,亚欧大陆上勤劳勇敢的人民,探索出多条连接亚欧非几大文明的贸易和人文交流通路,后人将其统称为"丝绸之路"。千百年来,"和平合作、开放包容、互学互鉴、互利共赢"的丝绸之路精神薪火相传,推进了人类文明进步,是促进沿线各国繁荣发展的重要纽带,是东西方交流合作的象征,是世界各国共有的历史文化遗产。

进入21世纪,在以和平、发展、合作、共赢为主题的新时代,面对复苏乏力的全球经济形势、纷繁复杂的国际和地区局面,传承和弘扬丝绸之路精神更显重要和珍贵。

2013年9月和10月,中国国家主席习近平在出访中亚和东南亚国家期间,先后提出共建"丝绸之路经济带"和"21世纪海上丝绸之路"(以下简称"一带一路")的重大倡议,得到国际社会高度关注。李克强参加2013年中国—东盟博览会时强调,铺就面向东盟的海上丝绸之路,打造带动腹地发展的战略支点。加快"一带一路"建设,有利于促进沿线各国经济繁荣与区域经济合作,加强不同文明交流互鉴,促进世界和平发展,是一项造福世界各国人民的伟大事业。

　　"一带一路"建设是一项系统工程,要坚持共商、共建、共享原则,积极推进"一带一路"国家发展战略的相互对接。为推进实施"一带一路"重大倡议,让古丝绸之路焕发新的生机活力,以新的形式使亚欧非各国联系更加紧密,互利合作迈向新的历史高度,中国政府制定并发布了《推动共建丝绸之路经济带和21世纪海上丝绸之路的愿景与行动》。

　　资料来源　https://www.fmprc.gov.cn/web/wjb_673085/zzjg_673183/gjjjs_674249/gjzzyhygk_674253/ydylfh_692140/zywj_692152/201503/t20150328_10410165.shtml.

　　讨论：了解古丝绸之路的传播路径和意义,理解新丝绸之路经济带建设的必要性,讨论新丝绸之路经济带发展过程对中国文化和旅游业发展的影响。

第一节　旅游资源特征概况

　　西北旅游区包括甘肃省、内蒙古自治区、宁夏回族自治区和新疆维吾尔自治区,所占面积超过我国国土总面积的1/3。本区人口相对较少,民族构成复杂,除了汉族,主要民族有蒙古族、回族、维吾尔族、哈萨克族、乌孜别克族等40多个少数民族,是我国民族成分较多的地区。西北旅游区位于我国北部和西北边陲,远离大海,幅员广阔,形成独特的草原和沙漠戈壁自然景观。绚丽多姿的民族风情和丝绸之路则是本区主要的人文旅游资源。

一、旅游地理环境

（一）自然地理

1. 地貌类型复杂

　　本区绝大部分位于我国地势第二级阶梯内,东西地形差异显著。西部包括新疆全境以及内蒙古和甘肃西部地区,地形可以概括为"三山夹两盆",即北部阿尔泰山、中部天山和南部昆仑山,依次夹准噶尔盆地和塔里木盆地,形成独具特色的风成地貌、冰川地貌、丹霞地貌等。东部由内蒙古的大部分地区和宁夏东部组成,包括地势较为平坦的内蒙古高原和河套平原。

2. 干旱气候显著

　　本区深居内陆,属于温带大陆性干旱、半干旱气候,日照时间长,温差大,夏季炎热干燥、冬季干冷、春秋多风沙。西北地区靠近全世界最强的蒙古—西伯利亚高压中心，经常狂风怒吼，山谷隘口处风力更大，七角井、阿拉山口、达坂城等都是著名的风口。在风的作用下，形成了典型的沙漠、戈壁和雅丹等景观。

3. 水文与植被

西北地区除额尔齐斯河属北冰洋水系，其余均属于内陆流域，大多河流发源于周围山地，流量小、流程短、水量季节性变化显著。大多数河流在山麓冲积平原下部常发育有泉流，天山北麓玛纳斯地区的泉流最丰富。本区内陆湖泊众多，为许多动植物生长提供了绝佳的环境。在此干旱背景下，区内植被稀少，主要为草原和荒漠植被。贺兰山以西以荒漠为主，以东则为草原。

（二）人文地理

1. 民族风情

西北地区是我国少数民族分布较多的地区，众多的民族形成了绚丽多姿的民族风情，文化内涵丰富，地域特色浓郁。区内除了汉族，还有维吾尔族、哈萨克族、回族、蒙古族等少数民族，热情奔放的人民以及独特的饮食、服饰、信仰、建筑等生产生活方式，吸引着无数海内外游客。

2. 丝绸古路

西北地区在历史上长期为东西方经济文化交往的纽带，是古代陆地丝绸之路的必经之路。千年丝路，将古代的中华文化、印度文化、波斯文化、阿拉伯文化和古希腊文化、古罗马文化联系了起来，留下了数量巨大、种类丰富的历史文物和遗迹，如古城、古石窟、古道、古寺庙等，具有极高的历史文化价值和艺术观赏价值。

二、旅游资源

（一）大漠奇观

西北旅游区是我国沙漠、戈壁等景观集中分布的地区，尤以新疆分布最广。乌鞘岭和贺兰山以西是沙漠分布较集中、面积较大的地区，我国较大的四个沙漠——塔克拉玛干沙漠、古尔班通古特沙漠、巴丹吉林沙漠和腾格里沙漠，都分布在此。独特的干旱气候和大风天气塑造了一系列奇特的风蚀地貌、雅丹地貌、黑戈壁等风成地貌景观。此外，得益于高山冰川融雪的灌溉，沙漠中还形成了星星点点的绿洲，如新疆天山的阿克苏、库尔勒、吐鲁番，以及南疆的喀什、和田，还有河西走廊的酒泉、敦煌等，宛如荒漠中的粒粒明珠。苍茫戈壁上，还有机会见到"海市蜃楼"胜景。

（二）草原美景

蒙古高原中部、北部，由呼伦贝尔市西部向南经锡林郭勒盟、通辽市至黄土高原北部，都属于典型的温带草原。这里水草肥美，牛羊遍地，呈现"天苍苍，野茫茫，风吹草低见牛羊"的美丽画卷。草原上骑马、骑骆驼，观赏大草原的风光，体验草原牧民的生活，到牧民帐篷中做客，品尝草原风味食品，以及参加赛马、骑射、马术等牧民的娱乐活动，已经成为草原旅游的主要内容。

（三）丝路古迹

丝绸之路的开辟和繁盛留下了数量庞大、种类繁多的历史遗迹和遗物。军事设施方面，以临洮秦长城遗址，汉代阳关、玉门关，明代嘉峪关最著名；宗教方面，敦煌莫高窟、麦积山石窟、炳灵寺石窟、拜城克孜尔千佛洞等举世闻名。由于气候的变化，历史上许多著名的城池、关隘如今已成为废墟，但作为历史变迁的见证，常常引发人们对历史的遐想，著名的有阳关、玉门关、古楼兰、米兰古城、高昌故城、交河故城、唐王城等。此外，宁夏的西夏王陵和内蒙古的成吉思汗陵也是著名的旅游胜地。

（四）民族风情

本区各民族在悠久的历史发展中形成了独特的文化，民俗活动多，民族风情绚丽，在长期发展和交流过程中，表现出浓郁的西域文化特色，如哈萨克族的"姑娘追"、蒙古族的"那达慕"大会、多民族的"肉孜节"（开斋节）等节庆活动，吸引了广大游客。

第二节　新疆维吾尔自治区

一、旅游概况

新疆维吾尔自治区，简称"新"，面积166.49万平方千米，是中国陆地面积最大的省级行政区，约占中国国土总面积的1/6；陆地边境线约5700千米，与俄罗斯、哈萨克斯坦、吉尔吉斯斯坦、塔吉克斯坦、巴基斯坦、蒙古国、印度、阿富汗八国接壤。历史上，曾是古丝绸之路的重要通道，也是第二座"亚欧大陆桥"的必经之地。截至2023年末，自治区常住人口为2598万人，是中国五个少数民族自治区之一，境内分布有56个民族，主要居住有汉族、维吾尔族、哈萨克族、回族、蒙古族、柯尔克孜族、锡伯族、塔吉克族、乌孜别克族、满族、达斡尔族、塔塔尔族、俄罗斯族等。

新疆地形呈现"三山夹二盆"的布局：北部为阿尔泰山，南部为昆仑山系，天山横亘于中部，把新疆分为南疆和北疆，天山南北分别是塔里木盆地和准噶尔盆地。新疆维吾尔自治区深处大陆内部，古尔班通古特沙漠是陆地上距离海洋最远的地方；境内最高峰、世界第二高峰——乔戈里峰位于克什米尔边境上，海拔8611米；中国的陆地最低点则位于吐鲁番艾丁湖,低于海平面约154米。新疆温带大陆性气候显著,温差大,创下中国最高温纪录,也是全国较冷的地区,历来有"早穿皮袄午穿纱,围着火炉吃西瓜"的说法。区内有独具特色的大冰川,约占全国冰川面积的42%。连绵不绝的冰川和积雪孕育汇集成了500多条河流,分布于天山南北。此外,新疆地区还分布有广袤的沙漠,大沙漠约占全国沙漠面积的2/3,中国最大的沙漠——塔克拉玛干沙漠和第二大沙漠——古尔班通古特沙漠均分布于此。

新疆古称"西域",清朝中期后疆域稳固,改称"新疆"。考古资料表明,最晚在六七千年前,新疆地区已有人类活动。历史上新疆是古丝绸之路的重要通道,为建筑、文学、宗教等方面的文化传播提供了重要途径,也留下了数以百计的古城池、古墓葬、千佛洞、古屯田遗址等人文景观。而作为一个多民族聚集区,新疆有独特的多民族文化艺术和绚丽多彩的风情习俗,具有浓郁的民族特色。

近现代时期,辛亥革命、"五四运动"等的革命精神在新疆的传播和弘扬,推动了新疆文化的发展。抗日战争时期,以陈潭秋、毛泽民、林基路等为代表的中国共产党人,在新疆传播马克思列宁主义、宣传中国共产党关于建立抗日民族统一战线的正确主张,开展抗日救亡运动,推动了新疆民族文化的发展。

作为"歌舞之乡""瓜果之乡""黄金玉石之邦",新疆拥有十分丰富的旅游资源,目前已有多个优秀旅游城市、国家5A级旅游景区等。

二、主要旅游城市和景点

(一)乌鲁木齐市

乌鲁木齐市,通称"乌市",是新疆的政治、经济、文化、科教和交通中心,也是世界上距离海洋较远的大城市,有"亚心之都"的称呼。

1.水磨沟风景区

水磨沟风景区位于乌鲁木齐市东郊,由清泉山、虹桥山、温泉山、水塔山、雪莲山和水磨河这"五山一河"组成,集冰雪风情与山水秀色于一体,是国家4A级旅游景区。水磨沟是一条长达约1千米的狭长峡谷山涧,沟内有大小涌泉数十处,主要景点包括景区仿清叠楼古檐式建筑大门、纪晓岚塑像、接官亭、乌鲁木齐"旧八景"之一"香妃出浴"、翰文岭、新疆岩画、主体广场、清泉寺、水磨河等。

2.天山大峡谷景区

天山大峡谷景区位于乌鲁木齐市乌鲁木齐县境内,是国家级体育运动休闲基地、国家5A级旅游景区。天山大峡谷三面环山,是天山北坡最完整、最具观赏价值的原始雪岭云杉林,囊括了除沙漠以外的新疆所有自然景观,是人类农耕文明之前游牧文化的活博物馆,具有极高的旅游欣赏、科学考察和历史文化价值。天山大峡谷在唐朝时是著名的狩猎区,清代时是有名的牧场,景区内有八大独特景点,即天山坝休闲区、照壁山度假游乐区、加斯达坂观光区、天鹅湖自然风景区、牛牦湖林海松涛观光区、哈萨克民族风情园区、高山草原生态区、雪山冰川观光区,景区集"泰山之雄伟、峨眉之秀丽、雁荡之巧石、华山之险峻"于一体,二湖、三瀑、四溪、十八谷相映生辉,奇松、怪石、云海兼备。

3. 八路军驻新疆办事处纪念馆

八路军驻新疆办事处纪念馆位于乌鲁木齐市胜利路 392 号,为一幢土木结构的中俄合璧式的二层楼房,原是一座私人住宅。1937—1942 年抗战时期为中国共产党在新疆领导抗战的办事机构所在地,是全国现存 11 个八路军办事处旧址纪念馆中保存最完整、最具代表性的纪念馆,入选第一批全国中小学生研学实践教育基地。纪念馆再现了 1937—1942 年以陈云、邓发、陈潭秋、毛泽民、林基路等为代表中国共产党人在新疆进行抗日救亡运动和不屈不挠狱中斗争的历史全貌,分为抗日民族统一战线的形成,传播马列主义、支援抗日前线,忠贞不屈的革命战士和革命烈士永垂不朽四部分,含中国共产党在新疆进行革命活动的文物和文献 1500 余种。

(二)克拉玛依市

克拉玛依市,别称"油城""黑油山",是中华人民共和国成立后勘探开发的第一个大油田,被誉为"共和国石油长子""中国石油工业的西圣地",拥有众多旅游景点。

世界魔鬼城:位于克拉玛依市乌尔禾区,是国家 5A 级旅游景区。景区为风蚀地貌,集戈壁雅丹、沙漠峡谷、石滩胡杨、天然沥青、日出彩霞、海市蜃楼等自然景观于一体。1 亿多年前的白垩纪,这里是一个巨大的淡水湖泊,气候温暖潮湿,是远古生物恐龙的"天堂"。数亿年历史变迁中,这里的岩石在风的作用下,形成了似殿、台、阁、堡、人、禽、兽等不同形态,蔚然壮观,神秘莫测;而风卷起的砂砾、石块,不断打击、冲撞、摩擦岩石,会发出各种声音,这也是魔鬼城名字的由来。世界魔鬼城的主要景点有油田体验区、《七剑下天山》拍摄地、《卧虎藏龙》取景地、海狮望月、孔雀迎宾等。世界魔鬼城曾被评选为"中国最瑰丽的雅丹"和"中国最值得外国人去的 50 个地方"之一。

(三)吐鲁番市

1. 火焰山风景区

火焰山风景区位于吐鲁番市高昌区、吐鲁番盆地的北缘、古丝绸之路北道,是国家 4A 级旅游景区。火焰山由侏罗系、白垩系、古近系和新近系三套红色地层组成,颜色以橘红、棕红色砂岩和泥岩为主,典型的大陆性干旱荒漠气候让火焰山成为中国最热的地方,夏季最高气温高达 47.8 ℃,地表最高温度高达 89 ℃,是名副其实的"中国热极"。景区包括西游文化长廊、火焰山地理文化厅、高昌历史名人厅、巨型温度计展示厅、VR"飞跃火焰山"体验馆,集自然景观和人文景观于一体,入围"神奇西北 100 景"。

2. 葡萄沟

葡萄沟位于吐鲁番市区东北,因盛产葡萄而得名,是国家5A级旅游景区。葡萄沟是火焰山山谷中最大的一个沟谷,由火焰山断裂带和河水冲蚀而成,其似一条绿色的丝带紧紧环绕在赤红色的火焰山山麓,全长约7千米,被誉为火洲的"桃花源"。葡萄沟由北往南依次排列葡萄沟游乐园、王洛宾音乐艺术馆、达瓦孜民俗风情园、阿瓦提游乐园、葡萄园五个游览区,是一处幽静的避暑、观光、旅游胜地。在这里,游客不仅能品尝到世界上最甜的葡萄,还能领略维吾尔族小伙子的热情舞蹈、惊险刺激的达瓦孜表演、热闹喜庆的少女采葡萄活动等。

(四)博尔塔拉蒙古自治州

博尔塔拉蒙古自治州,简称"博州",是丝绸之路经济带"中通道"国内外的重要连接点和进出口过货关键节点。

赛里木湖风景名胜区:位于博乐市境内北天山山脉中,蒙古语意为"山脊梁上的湖",古称"净海",是国家5A级旅游景区,也是新疆海拔最高、面积最大的高山地堑湖泊,属冷水微咸湖(见图6-1)。赛里木湖湖水清澈透底,原本湖中没有鱼,1998年从俄罗斯引进了高白鲑、凹目白鲑等冷水鱼养殖,现已成为新疆重要的冷水鱼生产基地。

赛里木湖风景名胜区共划分为环湖风光游览区域、草原游牧风情区域、生态景观保育区、天鹅及其他珍稀鸟类栖息地保护区、旅游综合服务区、原生态环境保持区等功能区,拥有"大西洋最后一滴眼泪"之美誉,是一个集山、湖、林、草、湿地、冰川等原生态景观于一体的、具有浓郁西域民族风情

图6-1 赛里木湖

的多功能综合性风景名胜区,也是融合生态环境科考、文化研学、动植物普查和避暑、疗养、探险等的理想胜地,入围"神奇西北100景",游客称之"见你一面,记住一世"。

(五)昌吉回族自治州

昌吉回族自治州,地处天山北麓,曾是古丝绸之路新北道通往中亚、欧洲的必经之路,自古为"西域咽喉""北疆屏障"。昌吉州是新疆丝绸之路经济带核心区的重要组成部分,也是目前新疆唯一同时拥有世界自然与文化双遗产的地州,旅游资源丰富。

1. 新疆天山天池风景名胜区

新疆天山天池风景名胜区位于阜康市境内博格达峰下的半山腰,是国家5A级旅游景区、世界自然遗产。天山天池是古冰川泥石流堵塞河道形成的高山堰塞湖,自然风景区以高山湖泊为中心,随着海拔不同,分为冰川积雪带、高山亚高山带、山地针叶林带和低山带四类完整的自然景观,主要景点包括天池石门、西小天池、醴泉洞、东小天池、大天池、王母祖庙、马牙山、铁瓦寺遗址、博格达峰北坡、博格达峰等,囊括高山冰川、冻土草原、森林峡谷、青山秀水、荒漠丘陵和沙漠自然景观。

2. 北庭故城遗址

北庭故城遗址位于吉木萨尔县境内,是全国中小学生研学实践教育基地、国家4A级旅游景区,作为"丝绸之路:长安—天山廊道的路网"中的一处遗址点被列入《世界遗产名录》。北庭故城遗址分为一内一外、一大一小两重城,为唐代北庭大都护府治所遗址,是目前天山北麓最大、保存最为完整的一处古代城市遗址。

北庭故城古时为西域城池,是北疆的重要交通枢纽和贸易中转站、古丝绸之路北道必经之地,出土了钱币、莲花纹地砖、兽骨、瓦当残片、筒瓦残片、陶器残片、佛像、壁画等文物,为新疆古代宗教、艺术、语言文字的研究提供了珍贵的资料。北庭故城见证了汉代、唐代、元代等时期中央王朝对西域实施有效治理的历史,是我国唐至宋元时期天山北麓政治、军事和文化中心,也是新疆经济社会发展、宗教演变、民族发展以及丝绸之路东西方文化交流和经贸往来的历史见证,对古代西域的繁荣稳定及古丝绸之路畅通发挥了重要作用。

3. 江布拉克景区

江布拉克景区位于奇台县半截沟镇,是新疆"环游天山——千里黄金线"的核心之一,被誉为"天然氧吧""绿色王国""摄影天堂""徒步乐园",是天山臂弯下的人间仙境、国家5A级旅游景区。江布拉克景区的主要景点有天山麦海、疏勒古城、麻沟梁村、天山怪坡、花海子、江布拉克大峡谷、断桥、三道扁子、新户河等。江布拉克景区是典型的温带干旱区山地垂直综合景观与特有的山地麦田版画的完美结合,每个季节都很美,各有特色,最佳旅游时间为秋季。

（六）阿勒泰地区

阿勒泰地区是丝绸之路经济带北通道和新疆参与中蒙俄经济走廊建设的重要节点城市,是新疆的相对丰水区,素有北疆"水塔"之称。这里的冰雪资源得天独厚,是"中国雪都""人类滑雪起源地"。阿勒泰市入选了"冰雪旅游十佳城市""2020中国避暑名城榜",被誉为"人类净土"。

1. 喀纳斯风景区

喀纳斯风景区位于阿尔泰山中段,地处中国与哈萨克斯坦、俄罗斯、蒙古国接壤地带,共有大小景点55处,分属33种基本类型,主要包括八大自然景观区和三大人文景观区,是一个集冰川、雪原、高山、河流、湖泊、森林、草原等各种自然景观于一体的综合性生态旅游区,为国家5A级旅游景区(见图6-2)。景区以冰川侵蚀、冰石堆积形成的湖泊为特色,主要包括喀纳斯国家级自然保护区、喀纳斯国家地质公园、白哈巴国家森林公园、贾登峪国家森林公园、喀纳斯河谷、禾木河谷、那仁草原、禾木草原及禾木村、白哈巴村、喀纳斯村等国内外享有盛名的自然景观区和人文景观区。喀纳斯风景区的主要景点有喀纳斯湖、卧龙湾、泰加林廊道、观鱼台等,入围"神奇西北100景",最佳旅游时间为6月和9月。

图6-2 新疆喀纳斯

2. 可可托海风景区

可可托海风景区位于新疆北部阿勒泰地区富蕴县,是国家地质公园、第二批国家级滑雪旅游度假地、国家5A级旅游景区。景区地处阿勒泰山脉中部南坡中山带,花岗岩地貌发育,在地质构造、风雨侵蚀和流水切割下形成许多深沟峡谷。景区由额尔齐斯大峡谷、可可苏里、伊雷木湖、卡拉先格尔地震断裂带四部分组成,以优美的峡谷河流、山石林地、寒极湖泊和奇异的地震断裂带为自然景色,融地质文化、地域特色、民族风情于一体,是一个以观光旅游、休闲度假、特种旅游(如徒步、摄影等)、科学考察等为主要特色的大型旅游景区。可可托海风景区的主要景点有可可苏里、伊雷木湖、卡拉先格尔地震断裂带、龙门广场、白桦林、百花草场、峡谷花岗岩景区、神钟山等,最佳旅游时间为8—10月。

(七)阿克苏地区

阿克苏地处新疆中部、天山山脉中段南麓、塔里木盆地北部,是国家旅游城市、国家森林城市。阿克苏历史悠久,旅游资源丰富,也是古丝绸之路上的重要驿站。

1. 天山神秘大峡谷

天山神秘大峡谷又称"克孜利亚大峡谷",位于库车市城北,是国家4A级旅游景区。大峡谷由一系列红褐色的巨大山体群组成,雄伟壮观、波澜起伏,超5000米长的曲折狭长的山谷犹如十里画廊,奇峰嶙峋,蜿蜒曲折,亿万年流水侵蚀和强烈的造山运动造就了大峡谷独特的魅力。谷口的崖壁上,有一始建于盛唐时期、壁画丹青的千佛洞遗址。就文字记载和绘画艺术而言,这在古西域地区至今已发现的300多座佛教石窟中绝无仅有。大峡谷神秘莫测,有令人不寒而栗的阴森与怪气,以及"神水""神风"之谜等。景区兼天山奇景之长,蕴万古之灵气,融"神、奇、险、雄、古、幽"于一体,现已定名的景点达40多处。联合国教科文组织曾先后两次对大峡谷进行考察,这是一处绝佳的旅游胜地。

2.天山托木尔景区·大峡谷

天山托木尔景区·大峡谷又称"库都鲁克大峡谷",维吾尔语意为"惊险、神秘",位于温宿县境内,是天山南北规模最大、美学价值最高的红层峡谷,被誉为"峡谷之王",也是通往南北天山古代驿路木扎特古道的必经之地,是国家4A级旅游景区、国家地质公园。

大峡谷由3条呈"川"字形的主谷和12条支谷、上百条小支谷组成。大峡谷中峡谷地貌、风蚀地貌、河流地貌、构造地貌、岩盐地貌等类型丰富,造就了五彩山、胡杨双雄、英雄谷、生命之源、驿路烽燧、伟人峰、巨轮飞渡、一线天、黄金之吻、石帽峡、悬鼻崖、万山之城等众多奇特景观。

第三节 甘 肃 省

一、旅游概况

甘肃省,简称"甘"或"陇",总面积42.59万平方千米,常住人口2465.58万人(2023年末)。

甘肃地形呈狭长状,地势西南高、东北低,地处黄土高原、青藏高原和内蒙古高原三大高原的交汇地带,地貌复杂多样,山地、高原、平川、河谷、沙漠、戈壁等类型均有分布。气候类型多样,从南向北包括亚热带季风气候、温带季风气候、温带大陆性干旱气候和高原山地气候四种类型。境内森林覆盖率低,但草原面积广阔,居全国第六位。草原是省内面积最大的陆地生态系统,主要分布于甘南草原、祁连山—阿尔金山及北部沙漠沿线一带。

甘肃文化是中华民族多元一体文化的重要组成部分,有着悠久的历史传统和鲜明的地域特征。甘肃疆域狭长,东西跨度大,文化丰富多样,按照时代、性质、民族成分等可以分为不同类型,主要文化有敦煌文化、丝绸之路文化、黄河文化、伏羲文化、红色文化等。此外,境内还拥有众多文物古迹等,人文旅游资源丰富。

截至2024年8月,甘肃省有世界地质公园3个、国家级自然保护区21个、国家历史文化名城 4 个、国家地质公园 12 个、国家 5A 级旅游景区 7 家、国家森林公园 22 个、中国历史文化名镇 7 个、中国历史文化名村 2 个等。

二、主要旅游城市和景点

（一）嘉峪关市

嘉峪关市，别称"河西第一隘口""边陲锁钥""戈壁钢城"，因"天下第一雄关"嘉峪关而命名。嘉峪关市是万里长城西端起点、古丝绸之路交通要冲，也是丝绸之路经济带甘肃段重要节点城市，入选第二批国家全域旅游示范区名单。

嘉峪关文物景区：位于嘉峪关市关城南路，始建于明洪武年间，建成于明嘉靖年间，是中国明长城的最西端，也是全国爱国主义教育示范基地、国家 5A 级旅游景区，入选中国首批世界文化遗产名录。嘉峪关文物景区依托嘉峪关军事防御体系的历史遗存和遗址，蕴含深刻的边塞文化、长城文化、丝路文化，形成苍凉、雄浑、凝重等边关戈壁特有风情。主要景点包括天下第一雄关——嘉峪关关城、"长城倒挂铁壁悬空"——悬壁长城、明代长城最西端第一座烽火台"天下第一墩"，以及"天下雄关"石碑、九眼泉湖、黑山石雕群、中国第一座以长城历史文化为专题的博物馆——嘉峪关长城博物馆等。

（二）平凉市

平凉市，古称"渭州"，是中华民族和中华文明的重要发祥地之一，历史上曾经演绎了黄帝问道、文王伐密、秦皇祭天、汉武西巡等流传千古的动人故事，孕育出了"针灸鼻祖"皇甫谧等，自然和人文旅游资源丰富。

1. 崆峒山风景名胜区

崆峒山风景名胜区位于平凉市崆峒区西郊，是丝绸之路西出关中之要塞，自古有"中华道教第一山"的美誉，是国家 5A 级旅游景区、国家地质公园、中国旅游文化示范地、中国十大道教文化旅游胜地等。崆峒山地质构造复杂，在长期的风和流水的侵蚀下，形成了黄土高原上独有的石柱、峰林等丹霞地貌。多期次的地质运动不仅塑造了崆峒山独特的地貌景观，还保存了三叶虫、笔石等古生物化石，为地学研究和地质科普提供了绝佳基地。相传人文始祖轩辕黄帝曾亲临崆峒山，向智者广成子请教治国之道和养生之术，秦始皇、汉武帝亦慕名登临，众多著名文人的笔下对崆峒山也多有赞美。崆峒山素有"八台九宫十二院、四十二座建筑群、七十二处石府洞天"，被誉为"西北的道、佛宗教圣地"。崆峒山风景名胜区的主要景点包括"崆峒十二景"：香峰斗连、仙桥虹跨、笄头叠翠、月石含珠、春融蜡烛、玉喷琉璃、鹤洞元云、凤山彩雾、广成丹穴、元武针崖、天门铁柱、中台宝塔。

2. 静宁县界石铺红军长征毛泽东旧居纪念馆

静宁县界石铺红军长征毛泽东旧居纪念馆位于平凉市静宁县界石铺镇继红村,是全国爱国主义教育示范基地。此处曾是红军长征途经静宁,毛泽东、张闻天、周恩来等中央领导人宿营过的地方,内陈列毛泽东、周恩来、朱德、邓小平、王稼祥、张闻天、博古等中央领导同志长征时的珍贵图片资料,以及"平型关大战要图"等实物,还陈列有毛泽东当年用过的电话机、铜灯、火盆和房东家的织布机、纺线机、古式梳妆台,以及肖华在长征中用过的办公桌等。

(三)张掖市

张掖市,古称"甘州",自古以来就是丝绸之路商贾重镇和咽喉要道,文化沉积深厚,人文景观丰富,是国家历史文化名城和中国优秀旅游城市。

1. 张掖七彩丹霞旅游景区

张掖七彩丹霞旅游景区位于张掖市临泽县、肃南县境内,有着中国北方干旱地区发育最典型的丹霞地貌,是国内唯一的丹霞地貌与彩色丘陵景观高度复合区。七彩丹霞景区是国家5A级旅游景区、世界地质公园,七彩丹霞被誉为"世界十大神奇地理奇观"之一(见图6-3)。

图6-3　张掖七彩丹霞

七彩丹霞景区内有七彩云海、七彩仙缘、七彩锦绣、七彩虹霞、卧虎峡、七彩熬河、万象土林谷等观景点,有神龙戏火、灵猴观海、众僧拜佛、神龟问天、金蟾问道、大扇贝、七彩屏、睡美人、卧虎等景观,集自然和独特的人文景观于一体,体现了西部特有的粗犷雄奇、瑰丽险绝、气象万千。

2. 中国工农红军西路军纪念馆

中国工农红军西路军纪念馆位于张掖市高台县,前身为高台烈士陵园,始建于1953年,是国家4A级旅游景区。馆内掩埋着红西路军转战河西、血战高台壮烈牺牲的红五军军长董振堂、政治部主任杨克明等3000多名革命先烈的忠骨。中国工农红军西路军纪念馆先后被命名为全国重点烈士纪念建筑物保护单位、全国爱国主义教育示范基地、甘肃省国防教育基地、全国青少年教育基地、全国红色旅游经典景区等。

主要建筑物有通透式大门及大门组雕、"血战高台"英雄群雕、红西路军烈士纪念碑、红五军阵亡烈士公墓、第一展陈馆、第二展陈馆、廉政馆、董振堂纪念亭、杨克明纪念亭、军魂广场,以及红五军、九军、三十军纪念林等,是目前全国反映中国工农红军西路军历史最全面、最具权威性的纪念馆。

3. 甘州区甘泉红色历史文化旅游区

甘州区甘泉红色历史文化旅游区位于张掖市甘州区主城区,景区基于"红色引领＋绿色生态＋文旅休闲"的开发模式,形成"红色文化研学区、历史文化传承区、生态康养观光区、休闲娱乐体验区"四区功能布局,是一处红色主题文化、历史民俗文化和城市生态旅游相结合的国家4A级旅游景区。红色文化研学区包含高金城烈士纪念馆、党史教育基地、红色教育综合展览馆、红色文化长廊,集中展示了红西路军血浴河西的悲壮征程,是赓续红色文化、弘扬爱国主义精神的主阵地。历史文化传承区包含甘泉、一园、八声园、又一园、三缘博物馆等景点,以甘泉为起点,追溯甘州文化起源,传承丝路历史文化,辅以甘州古园林展示,向游客娓娓道来"亭廊桥树、水岸山石、合院巷陌、虚实结合"的古韵甘州。生态康养观光区包含一园广场、胡家园子、映月湖、耀日湖等生态旅游资源,结合生态步道、休闲广场等设施,是游客生态康养、休闲游憩的绝佳场所。休闲娱乐体验区集儿童乐园、水幕电影、非遗表演于一体,呈现出有热点、多维度、易转换的特点,在休闲、观赏、游玩等多个方面展示出了独特魅力。

（四）天水市

天水市,古称"秦州""上邽",因"天河注水"的传说而得名,拥有约8000年的文明史,以伏羲文化、大地湾文化、秦早期文化、麦积山石窟文化和三国古战场文化"五大文化"为代表。天水市旅游资源丰富,是国家历史文化名城、中国优秀旅游城市。

1. 麦积山风景名胜区

麦积山风景名胜区位于天水市麦积区,有"西北江南"之美誉,是中国国家自然与文化双遗产、国家森林公园、国家地质公园、国家5A级旅游景区。景区地处西秦岭北支的东端,秦岭、贺兰山、岷山三大山系交汇处,又是黄河、长江两大流域的分水岭。麦积山风景名胜区的主要景点有麦积山石窟、麦积山植物园、卦台山、石门山、净土寺、香积山、罗汉崖、仙人崖等,集石窟文化、动植物资源和地质地貌景观于一体。

2. 天水伏羲庙

天水伏羲庙原名"太昊宫",俗称"人宗庙",位于天水市秦州区伏羲路,始建于明代,为中国规模最大的伏羲祭祀建筑群、中国西北地区著名古建筑群之一、国家4A级旅游景区。天水伏羲庙作为明清古建筑,坐北朝南,临街而建,院落重重相套,宏阔幽深。整个建筑群沿纵轴线依次排列,层层推进。伏羲庙对于研究中国远古历史、探讨明代建筑艺术、考察天水地方民俗风情等,有着重要的实物资料价值。

(五)敦煌市

敦煌市,为甘肃省"四大绿洲"之一,是丝绸之路中西交通中转站和西域门户,曾有"使者相望于道,商旅不绝于途"的盛景,更有《旧唐书·地理志》记载"元宵灯会,长安第一,敦煌第二,扬州第三"的辉煌。

1. 敦煌鸣沙山月牙泉景区

敦煌鸣沙山月牙泉景区位于敦煌市城南,被誉为"塞外风光之一绝""中国最美的五大沙漠"之一,是国家5A级旅游景区。鸣沙山,在汉代的时候被称为"神沙山""沙角山",魏晋时始称"鸣沙山"。鸣沙山(见图6-4)以东是三危山,以南是黑石峰山,以西为戈壁和库木塔格沙漠,山体由红、黄、绿、黑、白五色细沙堆积而成,"沙岭晴鸣"为"敦煌八景"之一。月牙泉(见图6-5)地处鸣沙山的环抱之中,因形状酷似一弯新月而得名。鸣沙山是在具备松散的地质结构、低洼的地形条件和区域性地下水位较高的条件下形成的,沙水共生、山泉相依,成就了"沙漠第一泉"的世界奇观。此外,景区内还有民俗博物馆、夫妻柳、药王庙遗址等景点。

图6-4　鸣沙山

图6-5　月牙泉

2. 阳关故址

阳关位于敦煌市西南,始建于公元前1世纪西汉武帝时期,曾是中国汉唐时期重要的边塞关隘和最早的海关、中国古代陆路对外交通咽喉之地、丝绸之路南路必经的关隘。现在,阳关已被评为酒泉市爱国主义教育基地、甘肃首批文化遗产"历史再现"工程示范性博物馆、国家4A级旅游景区。阳关景区现存古阳关遗址、阳关烽燧、阳关古道、寿昌城遗址、汉长城塞墙遗址、汉代渥洼池遗址、西土沟(唐无卤涧)遗址、古墓葬群、古陶窑等众多汉唐历史遗迹。唐代诗人王维的诗句"渭城朝雨浥轻尘,客舍青青柳色新。劝君更尽一杯酒,西出阳关无故人",更是使阳关名扬千古。

3. 玉门关遗址景区

玉门关故址在今敦煌市西北小方盘城,为丝绸之路通往西域北道的咽喉要隘,自古以来就是东西方交通的重要通道。2014年6月,玉门关遗址作为中国、哈萨克斯坦和吉尔吉斯斯坦三国联合申遗的"丝绸之路:长安—天山廊道的路网"中的一处遗址点入选《世界遗产名录》。玉门关现存城垣完整,总体呈方形,残垣高约10米,全为黄胶土筑成,西墙、北墙各开一门。现遗存包括城址2座、烽燧20座、长城遗址18段,已对游客开放有小方盘城遗址、大方盘城遗址和汉长城遗址。据考,现存玉门关是汉代玉门关。这里出土了许多有价值的文物,如国内第四块西汉纸,它早于蔡伦造纸100多年;此外,还出土有汉代粮食、汉简等,这些文物为研究汉代的军事、经济、文化、生活提供了珍贵史料。

4. 莫高窟

莫高窟又称"千佛洞",位于敦煌市东南的鸣沙山东麓崖壁上,是"中国四大石窟"

慎思笃行 ▼

被称为"世界风口",这座城市是如何逆袭的?

之一,被列为世界文化遗产。石窟开凿于十六国时期至元代,前后延续约1000年,是中国古代文明的一个璀璨的艺术宝库,也是古丝绸之路上曾经发生过的不同文明之间对话和交流的重要见证。2022年2月的相关统计数据显示,莫高窟有洞窟735个,其中,南区492个洞窟是莫高窟礼佛活动的场所,北区243个洞窟主要是僧人和工匠的居住地,内有修行和生活设施,如土炕坑、烟道、壁龛、灯台等,但多无彩塑和壁画。石窟保存壁画4.5万多平方米、彩塑2400余尊、唐宋木构窟檐5座,是建筑、雕塑、壁画三者结合的立体艺术,也是中国石窟艺术发展演变的一个缩影。莫高窟的主要景点包括"九层楼"(96窟)、"三层楼"(吴僧统窟)、藏经洞(17窟)等。敦煌石窟为人们了解敦煌历史,包括古代敦煌地区农牧业、手工艺、商业、体育、民俗面貌,以及丝绸之路外交往来与文化交流、佛教中国化过程等提供了极其宝贵的史料。

5. 敦煌雅丹国家地质公园

敦煌雅丹国家地质公园位于玉门关西北,俗称"敦煌雅丹魔鬼城",是中国敦煌世界地质公园的重要组成部分,也是迄今为止在世界上发现的规模最大、地质形态发育最成熟、最具观赏价值的雅丹地貌群落,被誉为"中国最美的三大雅丹"之一,是国家4A级旅游景区。景区是风蚀作用形成的地质遗迹,类型丰富多样,共77处地质遗迹点,包括地貌景观、地质构造、水体景观、环境地质遗迹景观四大类,以及构造形迹、流水地貌景观、风力地貌景观、沙漠地貌景观、湖沼景观、地质灾害遗迹景观六类。其中,公园景区北区为雅丹地貌集中连片;南区以风蚀谷、风蚀残丘、风蚀柱、风蚀蘑菇、摇摆石、风蚀洼地、风棱石等为主,分布相对分散。景区著名的景点有金狮迎宾、狮身人面、孔雀玉立、西海舰队、神龟出海、雅丹公主、伟人像、雅丹城堡、桃园结义、天外来客等。这里也是《英雄》《天脉传奇》《海神》,以及"七匹狼"、女子十二乐坊MTV风光片等多部影视和广告作品的拍摄地。敦煌雅丹国家地质公园最佳旅游时间为5—10月。

(六)白银市

白银市,别称"铜城",自古是丝绸之路黄金段上的重要节点,黄河文化、红色文化、丝路文化、工矿文化在这里交融,旅游资源丰富。

1. 黄河石林景区

黄河石林景区位于白银市景泰县境内,有"中华自然奇观"之美誉,是国家级地质公园、国家4A级旅游景区。石林是距今210万年前下更新统五泉山组砾岩,是在构造运动和风、水外动力地质作用下形成的地貌景观。它的形成演化过程清晰地记录了青藏高原抬升以来这一地区古地理环境的变迁,具有重要科学意义。园内包括饮马沟(含老龙沟、豹子沟)、蟠龙洞-观音崖、地湾三个主要景区,是一座集地貌地质、地质构造、自然景观和人文历史于一体的综合型地质公园。景区挺拔大气、牵人心魄的峡谷石林与迤逦绵延、荡气回肠的黄河曲流山水相依,是西部观光旅游、休闲度假、科考探险、影视拍摄的首选目的地之一。

2.会宁红军会师旧址

会宁红军会师旧址又称"会师园",位于白银市会宁县会师镇会师路,是全国重点文物保护单位、国家4A级旅游景区。旧址是为纪念中国工农红军第一、第二、第四方面军胜利会师而扩建的。主要建筑有红军会师楼及古城墙、红军会师联欢会会址(文庙大成殿)、三军会师纪念塔(会师塔)、会宁红军会师革命文物陈列馆等。展馆主要由序厅、三部分展厅主要组成。序厅部分主要展示大型人物立体群雕《会宁大会师的决策者和指挥者》:毛泽东、张闻天、周恩来、朱德、刘伯承、彭德怀、贺龙、任弼时、徐向前九位中共中央和各路红军领导人,在会宁决策、指挥红军三大主力胜利会师的历史画卷。

3.红军长征胜利景园

红军长征胜利景园位于白银市会宁县,兴建于三大主力红军会宁会师暨长征胜利60周年,是省级爱国主义教育和国防教育基地、国家4A级旅游景区。红军长征胜利景园为缅怀先烈、弘扬红军长征精神,对广大群众特别是青少年进行爱国主义教育和革命传统教育而建,现为会宁第二大红色旅游景区。主要景点有景园大门、毛泽东《长征》诗碑、三把剑、岷山栈道、红军长征门,以及按比例微缩仿建的六盘山长征纪念亭、泸定桥、延安宝塔、哈达铺纪念馆、瑞金塔、遵义会议会址等。

第四节　内蒙古自治区

一、旅游概况

内蒙古自治区,简称"内蒙古",全区总面积约118.3万平方千米,是中国第三大省区。截至2023年末,内蒙古常住人口2396万人。内蒙古人口以汉族为主,其次是蒙古族。此外,还生活着满族、回族、达斡尔族、鄂温克族、鄂伦春族等少数民族。

内蒙古地域狭长,东西直线距离2400多千米,属温带大陆性季风气候,整体地势东北高、西南低。境内地貌多样,高原地貌发育,其中内蒙古高原是中国四大高原中的第二大高原;高原四周分布着大兴安岭、阴山(狼山、色尔腾山、大青山、灰腾梁)、贺兰山等山脉;高原以西沙漠广布,分布有巴丹吉林沙漠、腾格里沙漠、乌兰布和沙漠、库布齐沙漠、毛乌素沙漠等。内蒙古草原、森林和人均耕地面积居全中国第一,资源丰富,有"牧草王国、歌的海洋、酒的故乡"和"东林西矿、南农北牧"之称。境内有大小河流千余条,中国的第二大河——黄河,由宁夏石嘴山附近进入内蒙古,由南向北,围绕鄂尔多斯高原,形成一个马蹄形。有大小湖泊近千个,如呼伦湖、贝尔湖、达里诺尔湖等。

内蒙古人文底蕴深厚,与草原和蒙古游牧生活方式息息相关。例如,蒙古族长调民歌,承载着民族的历史,是蒙古族生产生活和精神性格的写照;蒙古族的舞蹈是世界文化宝库中的一颗明珠;赛马、摔跤、射箭被视为蒙古族"男儿三艺",蜚声中外;传统节日"那达慕"等,吸引了众多游客。

截至2024年2月,内蒙古已拥有7个国家5A级旅游景区等。

二、主要旅游城市和景点

(一)呼和浩特市

呼和浩特市,简称"呼市",1954年改为现名,蒙古语意为"青色的城"。呼市是国家历史文化名城、中华文明的发祥地之一、中国优秀旅游城市,被誉为"中国乳都"。呼和浩特市的最佳旅游时间为夏季。

1. 内蒙古博物院

内蒙古博物院位于呼和浩特市新城区新华大街,是全区唯一的自治区级综合性博物馆,也是全国少数民族地区较早建立的国家一级博物馆、自治区首府标志性建筑之一、国家4A级旅游景区。2024年9月的相关统计数据显示,内蒙古博物院有藏品150455件套,涵盖旧石器时代至明清各个朝代的历史文物、近现代革命文物、民族民俗文物、古生物化石及现代生物标本。其中,珍贵文物5645件套,国家一级文物652件套。有远古世界、文明曙光、边关岁月、大辽契丹、交融汇聚和解放之路等基本陈列,以及亮丽内蒙古、飞天神舟和北疆桦歌等专题展览,全方位、多角度、系统展示了内蒙古地区从生命起源到中华人民共和国成立的历史沿革,彰显了各民族共同缔造的中华民族悠久历史和灿烂文化,展现了各民族共同团结奋斗、共同繁荣发展的历史进程。此外,内蒙古博物院还通过联合办展、引进交流的形式,不间断推出题材多样、内容丰富的临时展览。

2. 大召寺

大召寺位于呼和浩特市玉泉区南部,是一座藏传佛教寺院,属于格鲁派(黄教)。大召寺是呼和浩特最早建成的黄教寺院,汉名原为"弘慈寺",后改为"无量寺",始建于明万历年间,是国家4A级旅游景区。

大召寺建筑考究,大殿是常见的藏汉式喇嘛庙形制,其余部分则依照传统中式庙宇的式样而建,大殿内供奉有一座银铸释迦牟尼佛像,所以又有"银佛寺"之称。寺内收藏有众多的文物,银佛、龙雕、壁画成为大召寺的"三绝",是明代的历史遗物,具有极高的工艺水平和观赏价值。此外,还有明宣德炉、清康熙皇帝用过的龙凤孔雀伞、康熙皇帝时皇宫的8个珍珠八宝宫灯、明清两代唐卡,以及宗教活动使用的各种法器和面具等,都是极为珍贵的历史文物和艺术珍品。

3. 昭君博物院

昭君博物院位于呼和浩特市玉泉区,是以匈奴历史博物馆、中国古代和亲文化馆为基础,以全国重点文物保护单位王昭君墓遗址为依托的一座遗址型博物院,先后被评为全国民族团结进步教育基地、国家4A级旅游景区等。

王昭君墓遗址是内蒙古地区现存规模最大、延续时间最长、内容最丰富、保存最完整的汉代墓葬遗址,蕴含着丰富的文化内涵。2024年8月的相关统计数据显示,博物院有文物藏品3486件(套),其中珍贵文物463件(套)。博物院基本陈列以"昭君出塞""交往交流交融"为主题,以"铸牢中华民族共同体意识"为主线,设有"昭君出塞展""匈奴与中原展""中国古代和亲文化展"三大陈列展览,展陈文物类型多样、独具特色,从草原文化、农耕文化、长城文化、黄河文化、和亲文化的世界传播等多个角度,全方位阐释各民族交往交流交融的历史事实,彰显了昭君文化形成和发展进程中的多样性、包容性、互助性。

(二)呼伦贝尔市

呼伦贝尔市,人文历史悠久,是中国北方狩猎、游牧民族的重要发祥地、全国仅有的草原旅游重点开发地区、中国优秀旅游城市,曾当选"中国十佳冰雪旅游城市"。呼伦贝尔市的最佳旅游时间为5—10月。

1. 呼伦贝尔草原

呼伦贝尔草原位于内蒙古自治区东北部,地处大兴安岭以西的呼伦贝尔高原上,因呼伦湖、贝尔湖而得名,是世界著名的天然牧场、"世界四大草原"之一,入选"全国旅游二十胜景",被称为"世界上最好的草原"。大草原上3000多条河流纵横交错,500多个湖泊星罗棋布、四季分明,被世人誉为"世界上美丽的花园"。此外,呼伦贝尔草原是众多古代文明、游牧民族的发祥地,被史学界誉为"中国北方游牧民族摇篮",在世界史上占据较高地位。大草原不仅可以欣赏秀丽风光,还可以体验祭敖包、摔跤、射箭、斡日切舞、吕日格仁(舞蹈)等民俗风情。

2. 世界反法西斯战争海拉尔纪念园

世界反法西斯战争海拉尔纪念园位于呼伦贝尔市海拉尔城区,是全国中小学生研学实践教育基地、国家4A级战争主题公园。纪念园是在原侵华日军海拉尔要塞遗址上建立的,是集爱国主义、国际主义、革命英雄主义于一体的军事主题红色旅游景区,也是国内少有同类题材主题公园之一。这里是日本侵华和我国各族人民反抗斗争的历史见证,同时也是第二次世界大战日本关东军在中国所犯罪行的有力证据之一,还是中国劳工修建工事的血泪史。纪念园通过大量文字、图片、实物,运用高科技的布展手段,生动形象地控诉了日本关东军在我国东北犯下的滔天罪行;通过东北沦陷时期中俄蒙抗日的史实,赞颂了东北抗联、东北军爱国将士和呼伦贝尔各族人民反抗日本侵略的爱国主义精神,赞颂了苏联共产党、苏联红军及蒙古国军队支援中国革命、与日本侵略军英勇作战的国际主义精神。

(三)鄂尔多斯市

鄂尔多斯市,蒙古语意为"众多的宫殿",是中国最佳民族风情旅游城市、中国优秀旅游城市。鄂尔多斯市的最佳旅游时间为5—10月。

1.成吉思汗陵旅游区

成吉思汗陵简称"成陵",是蒙古帝国第一代大汗成吉思汗的衣冠冢,位于鄂尔多斯市伊金霍洛旗草原上,是全国重点文物保护单位、国家5A级旅游景区。陵园宫殿由三座蒙古式的大殿和与之相连的廊房组成,建筑雄伟,具有浓厚的蒙古族风格。正殿正中摆放成吉思汗的雕像,背后的弧形背景是"四大汗国"疆图,标示着700多年前成吉思汗统率大军南进中原、西进中亚和欧洲的显赫战绩。后殿为寝宫,摆放着成吉思汗生前用过的马鞍等。正殿的东西廊中有大型壁画。成吉思汗陵参观景点包括成吉思汗陵宫、展览馆、苏勒德祭坛、碑亭、伊希哈屯祭祀殿、阿拉坦甘德尔敖包等。

2.响沙湾旅游区

响沙湾旅游区位于鄂尔多斯市达拉特旗,是国家5A级旅游景区。景区地处中国著名的库布齐沙漠最东端,是集观光与休闲度假于一体的综合型沙漠休闲度假地。在蒙古语中,响沙湾被称为"布热芒哈",意为"带喇叭的沙丘"。沙子干燥时,游客攀着软梯,或乘坐缆车登上"银肯"沙丘顶,往下滑溜,沙丘会发出轰隆声,轻则如青蛙"呱呱"的叫声,重则像汽车、飞机轰鸣,又如惊雷贯耳,更像一曲激昂澎湃的交响乐。但响沙湾的沙鸣奇迹至今仍是一个未解之谜。响沙湾的主要景点包括莲沙度假岛、福沙度假岛、一粒沙度假村、悦沙休闲岛、仙沙休闲岛等。

(四)赤峰市

赤峰市,原称"昭乌达盟""乌兰哈达",名为"红山之意",因城区东北部赭红色山峰而得名。赤峰有多处国家级文物保护单位,是中国优秀旅游城市。

1.克什克腾石阵旅游区

克什克腾石阵位于赤峰市克什克腾旗东北部,是国家5A级旅游景区。克什克腾石阵地处高山草甸草原与原始白桦林的交汇地带,植被种类繁多,四季各异。克什克腾石阵又称"冰石林",岩石纹理呈横向分布,如千层饼般。克什克腾石阵由三个核心景区组成:一景区最大,集石林秀、美、灵、形于一身,是石林中的代表性景区,主要景观有月亮城堡、鱼尾塔、将军床、平衡石等;二景区最具代表性的有拴马桩、三结义等景观;三景区主要景点有草原鲲鹏和试剑石等。

2.黑里河道须沟旅游景区

黑里河道须沟旅游景区位于赤峰市宁城县黑里河国家自然保护区西南角的实验区内,地处内蒙古宁城县、河北省承德县、河北省隆化县两省三县交界地带,是国家4A级旅游景区。黑里河道须沟旅游景区为典型的沟谷地形,有我国面积最大的花岗岩石塘林,景区内古木林立,百花争艳;沟谷中流水潺潺,瀑布迭起,烟波浩渺,养育着众多珍贵的动植物。有人曾这样赞美道:"道须沟里几多泉,汇流成溪更甘甜。奔腾东去济沧海,堪称'辽河第一源'。"

3.红山遗址群

红山遗址群位于赤峰市城东北的红山北麓,是新石器时代至青铜器时代文化遗址群,为中国北方新石器时代重要遗存,距今约5000年。红山遗址群共发现有红山文化遗址500余处,规模大小不一,包括聚落古遗址和古墓葬等,主要有牛河梁遗址、敖汉旗西台遗址、巴林右旗那斯台遗址等,多年的调查和发掘已经出土了大量遗迹、遗物,包括陶器、石器、玉器、骨器、蚌器等。其中,"C"形玉龙是中国已发现的时代较早的龙的形象之一,被誉为"中华第一龙"。

（五）阿尔山市

阿尔山市,全称"哈伦·阿尔山",系蒙古语,意为"热的圣水"。阿尔山市自然资源十分丰富,矿泉资源享誉中外,是全国优秀文明旅游城市。

1.阿尔山地质公园

阿尔山地质公园位于阿尔山市境内,地处大兴安岭西南麓,森林覆盖率超80%,是全国科普教育基地、国家生态旅游示范区、国家5A级旅游景区。公园属于火山熔岩地貌,是亚洲最大的火山熔岩台地、世界第二大功能型矿(温)泉群,拥有原始森林、火山遗迹、高位火山口湖、熔岩堰塞湖、温泉矿泉、高山湿地、河流湖泊、峡谷奇峰等地质资源。根据地质遗迹的类型和分布,阿尔山地质公园划分了天池火山群、温泉群、玫瑰峰花岗岩石林、三角山口岸及好森沟等保护区(景区)。

2.阿尔山海神圣泉旅游度假区

阿尔山海神圣泉旅游度假区位于阿尔山市温泉街,因阿尔山温泉而得名,是全国著名的旅游疗养胜地、国家4A级旅游景区。度假村中有多处天然矿泉泉眼,有"圣泉"之称。整个温泉景区分为两处不同类型的泉水:一处是位于景区南方的冷水泉,主要以放射性氡泉和偏硅酸泉为主,泉水的水温偏低;还有一处是位于景区北方的综合泉,有冷水泉、温水泉、高热和热泉等,间隔排列,以重碳酸钠泉等为主。

（六）二连浩特市

二连浩特市,位于内蒙古自治区正北部。二连浩特系蒙古语,意为"斑斓的城市"。

二连浩特市是中国对蒙古国开放的最大陆路口岸，入选国家全域旅游示范区名单。

二连盆地白垩纪恐龙国家地质公园：位于二连浩特市区东北的盐池附近，是国家地质公园、国家4A级旅游景区。地质公园以闻名中外的晚白垩世恐龙化石群遗迹为主体景观，辅以重要的地层遗迹和花岗岩石林景观，是一个集科学研究、科学普及、观光游览和边境贸易于一体、科学内涵丰富的景区。公园内地质遗迹类型丰富多样，包括二连盐池恐龙化石群遗迹景区、二连浩特口岸文化景区和宝德尔花岗岩石林景区。截至2024年，已发现恐龙化石20余种，2005年发现的世界上最大的窃蛋龙类恐龙——二连巨盗龙，改变了国际科学界对于恐龙向鸟类演化的传统理论，是中国古生物界对于鸟类起源研究领域的巨大贡献。此外，公园内还有洪（红）格尔岩画群、宝德尔朝鲁岩画群、查干敖包喇嘛庙等人文景观。

（七）锡林浩特市

元上都遗址：位于锡林郭勒盟正蓝旗草原，是中国历史政权元王朝的首都遗址、蒙元文化的发祥地、全国重点文物保护单位、世界文化遗产。元上都遗址以宫殿为中心，呈分层、放射状分布，既有以土木为主的宫殿、庙宇建筑群，又有游牧民族传统的蒙古包式建筑的总体规划形式，是农耕文明与游牧文明相融合的产物、古代城市规划与生态文明建设结合的突出代表。元上都遗址主要文物遗存包括外城、皇城、宫城、关厢、墓群等。

第五节　宁夏回族自治区

一、旅游概况

宁夏回族自治区，简称"宁"，总面积6.64万平方千米。截至2023年末，宁夏回族自治区常住人口729万人。

宁夏地处黄土高原与内蒙古高原的过渡地带，地势南高北低。地貌复杂，山地迭起，盆地错落。南部为暖温平原，中部属于中温带半荒漠地区，北部是中温带荒漠区。从地貌类型看，南部以流水侵蚀的黄土地貌为主，中部和北部以干旱剥蚀、风蚀地貌为主，是内蒙古高原的一部分。

宁夏历史悠久。元朝灭西夏后，以平定西夏、稳定西夏、西夏"安宁"之意，取名"宁夏"，宁夏因此而得名。宁夏是中华民族远古文明发祥地之一，早在3万年前的旧石器时代就有人类在这里生息繁衍，党项族首领李元昊在此建立了西夏王朝，并形成了西夏文化。此外，宁夏还有"中国长城博物馆"之称，从战国长城到明长城的古长城遗址，在此都有分布。

宁夏是一片红色的土地,遗址遗迹丰富多样,有长征、西征、解放宁夏时的红色印记,更有习近平总书记视察宁夏时所走过的足迹,这些红色文物、红色景区等重要的红色资源,承载着一个个闪光的历史记忆,是重温党的辉煌历程、传播革命文化、传承红色基因、培育家国情怀的重要载体和平台。

宁夏既有秀美的风光,又有深厚的历史文化底蕴,素有"塞上江南"之美誉。截至2024年8月,宁夏有国家5A级旅游景区5个、红色旅游路线数十条等。

二、主要旅游城市和景点

(一)银川市

银川市,简称"银",古称"兴庆府",别称"凤凰城",为古丝绸之路商贸重镇,被评为"中国十大新天府"之一,是全国文明城市、中国优秀旅游城市。银川市的最佳旅游时间为4—10月。

1. 水洞沟遗址旅游区

水洞沟遗址旅游区位于灵武市临河镇,是中国最早发掘的旧石器时代文化遗址,是国家重点文物保护单位、国家地质公园、国家5A级旅游景区,被誉为"中国史前考古的发祥地""中西方文化交流的历史见证"。水洞沟地处鄂尔多斯台地南缘,雅丹地貌发育,经历了千万年风沙侵蚀,形成了魔鬼城、卧驼岭、摩天崖、断云谷、柽柳沟等20多处土林奇绝景观。1923年,法国古生物学家德日进、桑志华在这里发现了史前文化遗址。80多年来,出土3万多件石器和60余件古动物化石。水洞沟遗址记录了远古人类繁衍生息,同大自然搏斗的历史,蕴藏着丰富而珍贵的史前资料,是一个集旅游观光、科学考察、休闲娱乐、军事探秘于一体的旅游区。

2. 镇北堡西部影城

镇北堡西部影城位于银川市西夏区镇北堡,是"中国十大影视基地"之一、国家5A级旅游景区。镇北堡西部影城以其古朴、原始、粗犷、荒凉、民间化为特色,主要景点由明城、清城、老银川一条街等影视拍摄景观组成,是电影《大话西游》《东邪西毒》《红高粱》等的拍摄地。

3. 贺兰山岩画

贺兰山岩画位于银川市贺兰县贺兰山东麓,入选首批《中国国家自然遗产、国家自然与文化双遗产预备名录》,是全国重点文物保护单位、国家4A级旅游景区。贺兰山岩画记录了远古人类3000—10000年前放牧、狩猎、祭祀、征战、娱舞等生产生活场景,成为研究远古人类文化史、原始艺术史的文化宝库。贺兰山岩画分布成点成片,在黑石峁、贺兰口、苦井沟、大麦地等27处都有岩画遗存,总计约有组合图画5000组、单体

慎思笃行
▼
《山海情》里的原型人物林占熺,远比你想象中更了不起!

图像 2.7 万幅,已被记录的岩画单体图像有 19752 幅,题材、内容丰富。

4. 西夏王陵

西夏王陵又称"西夏陵""西夏帝陵""西夏皇陵",位于银川市西,是西夏历代帝王陵以及皇家陵墓,为国家 4A 级旅游景区。西夏王陵营建年代为 11 世纪至 13 世纪,受佛教建筑的影响,是汉族文化、佛教文化、党项族文化的有机结合,构成了中国陵园建筑中别具一格的形式,有"东方金字塔"之称。

王陵考古调查与发掘工作开始于 20 世纪 70 年代初期,现存 9 座帝王陵、271 座勋臣贵戚的陪葬墓和数处砖瓦、石灰窑址及 1 座大型建筑遗址(数据截至 2023 年 11 月)。西夏陵是目前留存的规模最大、等级最高、保存最完整的西夏时期文化遗存,为研究两宋时期民族文化交往、交流、交融提供了重要资料。2012 年,西夏王陵被列入中国世界文化遗产预备名单;2017 年,被评为国家考古遗址公园。

(二)石嘴山市

石嘴山市,位于宁夏最北端,因贺兰山与黄河交汇处"山石突出如嘴"而得名。石嘴山市历史悠久,人文古迹众多,旅游资源丰富。

沙湖生态旅游区:位于石嘴山市平罗县境内,被誉为"世间少有"的文化旅游胜地,是国家 5A 级旅游景区。宁夏沙湖生态旅游区是一处融江南水乡之灵秀与塞北大漠之雄浑于一体的"丝路驿站"上的旅游明珠。沙湖西眺,巍巍贺兰山山峰高耸,重峦叠嶂,山上山下温差大,在初秋仲春微雨即成雪,雪积成山,日照不融,山上阳光明媚,山下常如披絮,形成"贺兰晴雪",为"宁夏古代八景"之一。沙湖生态旅游区的主要景点有沙湖国际沙雕园、毛主席像章馆、鸟岛(百鸟乐园)、湖东湿地(鸟类观测站)、农垦博物馆、新门区广场、沙湖题字石等。每年的 3—5 月,沙湖都会举办国际观鸟节。鸟岛有许多鸟类,其中不乏白鹤、中华秋沙鸭、白尾海雕等国家珍稀保护鸟类,鸟岛是鸟类摄影爱好者的天堂。沙湖生态旅游区的最佳旅游时间为 5—10 月。

(三)固原市

固原市,位于中原农耕文化和北方游牧文化的交汇处,是丝绸之路东段北道必经之地,是历史上西北地区的经济重地、交通枢纽和军事重镇,被誉为"最美中国目的地城市"。

1. 六盘山红军长征旅游区

六盘山红军长征旅游区位于固原市隆德县境内的六盘山上,为国家 4A 级旅游景区,是为纪念红军长征翻越六盘山暨长征胜利 70 周年而建的红色旅游景点。六盘山红军长征旅游区的主要景点包括红军长征纪念广场、纪念馆、纪念碑、纪念亭、吟诗台、红军小道、六盘山长征精神研学基地、"红军村"农家乐等。

2. 将台堡红军长征会师纪念园

将台堡红军长征会师纪念园位于固原市西吉县,古称"西瓦厅",是古丝绸之路上的一处重要军事要地。继1936年10月9日红一、红四方面军在甘肃会宁会师之后,10月22日,红一、红二方面军共一万多人会师将台堡,标志着中国工农红军长征胜利结束。纪念碑坐落在将台堡外东侧,坐西朝东,碑高26.36米。碑的顶部雕有三尊红军头像,象征红军三大主力胜利会师,碑身下部浮雕共有8组,代表中国工农红军长征的历史图案。

(四)吴忠市

吴忠市,历史源远流长,古代是丝绸之路重要通道,也是新丝绸之路经济带重要节点城市。吴忠市风光独特,景色秀美,有着"塞上明珠"之称,拥有丰富的旅游资源。

1. 青铜峡黄河大峡谷旅游区

青铜峡黄河大峡谷旅游区位于吴忠市青铜峡市青铜峡镇,入选"中国黄河50景",是黄河上游最后一道峡谷,有"黄河小三峡"之称,是国家5A级旅游景区。旅游区以黄河为轴线,围绕河、峡、塔、寺、山、湿地、古道、古镇等优质资源,以黄河文化为主题,融入当地民俗风情,景区内的青铜峡拦河大坝、宁夏水利博览馆、一百零八塔、大禹文化园、十里长峡、鸟岛、牛首山西寺、中华黄河坛等众多景点坐落在黄河两岸,集中展现了黄河文化、西夏文化、回族文化以及塞上江南风光。

2. 中国工农红军西征纪念园

中国工农红军西征纪念园坐落于吴忠市同心县南郊,建成于2006年10月纪念红军长征胜利暨陕甘宁省豫海县回民自治政府成立七十周年之际,是国家4A级旅游景区。中国工农红军西征纪念园是国内唯一一家以红军西征为主题的纪念场所、全国红色旅游经典景区。

教学互动

选择古丝绸之路沿线的一个景点撰写一份导游讲解词。

本章小结

在线答题

第六章

本章主要介绍西北旅游区,包括新疆维吾尔自治区、甘肃省、内蒙古自治区和宁夏回族自治区的旅游资源概况,重点讲解丝绸之路沿线遗留的古迹和文化,以及独具风情的塞北美景。多元文化的融合让本区的旅游增添了几分神秘的色彩。

Note

第七章
华中旅游区

本章概要

华中旅游区不靠海,无国境线,但区内楚文化特色鲜明,三国遗迹众多,山水风光特色,河湖胜景遍布,还拥有众多现代革命纪念地,旅游资源十分丰富。

学习目标

知识目标

1. 熟悉华中旅游区的地理环境。
2. 掌握华中旅游区旅游资源的基本特征和重要旅游点概况。

能力目标

1. 能够简要概述华中旅游区的地理环境和旅游资源类型。
2. 能够根据华中旅游区的总体特征,合理设计旅游路线。

素养目标

1. 了解楚文化的特色,体会中华文明的底蕴。
2. 踏寻伟人的足迹,感受中国近现代革命的艰辛。

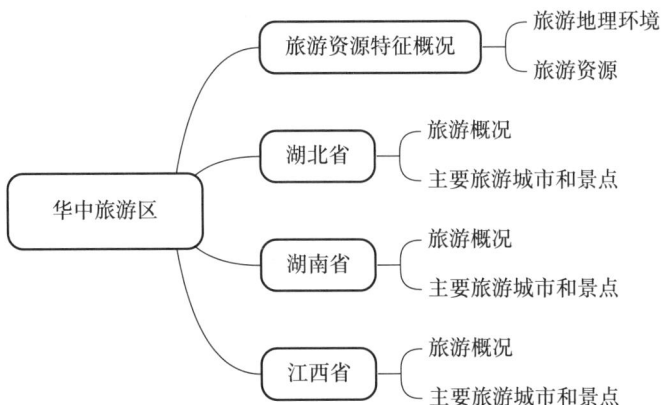

知识导图

章节要点

1. 华中旅游区独具风情的原始山水风光。

2. 华中旅游区独特的楚文化。

3. 华中旅游区重要的红色旅游资源。

章首案例

探秘楚文化

在源远流长、灿烂辉煌的中华文明史上,楚文化因其独特的魅力而熠熠生辉,让人神往。

楚文化是春秋时期南方诸侯国楚国的物质文化和精神文化的总称,是我国先秦时期出现的一种独具特色的地域文化。2000多年前,楚文化达到了可以与古希腊、古罗马文化相媲美的文化成就。楚文化的时间分布主要是楚国存续的800多年时间,空间分布主要是楚国曾经管辖过的地区,包括湖北、湖南、安徽、河南南部等地。

楚国先民最初生活在黄河流域的中原地区(河南新郑),南迁后给楚地带来了先进的中华文明因素,并以中原商周文明,特别是姬周文明为基础向前发展楚文化。从文化性质来看,楚文明更多地保留了中原姬周文明的特色,同时也吸收了少量蛮夷文化的特点,时间愈晚,自身的风格突显则相对较多,沿着整个楚文明"始则模仿,继则变异,终则别创"的发展路径前进。在物质层面,楚文化成就的三大支柱分别是:第一,青铜冶铸技术;第二,丝织与刺绣;第三,竹木漆器。在精神文明方面,楚文化取得的三大主要成就则分别是:屈宋文学、老庄哲学与音美艺术。

Note

讨论：深入了解楚文化的内涵和发展历程，讨论楚文化在华中地区旅游业发展过程中的重要作用。

第一节　旅游资源特征概况

华中旅游区包括湖北、湖南和江西三省，位于长江中下游地区。本区地形复杂、河湖密布，底蕴深厚，形成了丰富的旅游资源。

一、旅游地理环境

（一）自然地理

1.地理位置适中，水陆交通便利

华中旅游区位于我国中部、长江中下游地区，属内陆性旅游区域，沟通东、南、西、北，联系沿海与内地。长江干流横贯全区东西，并有岷江、嘉陵江、乌江、沅江、湘江、汉水和赣江等支流汇集，成为我国最大内河航运网络。同时，该区有京九、京广、焦柳、宝成、成昆、成渝、川黔等铁路干线与长江干流相交，以及浙赣、湘黔、汉丹、襄渝、石长等东西铁路干线，形成该区铁路运输网骨架。便利的交通为中外旅游者进出境和该区旅游业的发展提供了有利的条件。

2.地表结构复杂，峡谷地貌突出

本区地处我国第二、第三级地形阶梯的交界地带，形成了一系列复杂多样的地貌单元。总体地貌以平原为主，四周低山丘陵环抱，包括鄂西、鄂北山地与两湖平原（湖北的江汉平原和湖南的洞庭湖平原），以及湘西、湘中丘陵和南岭山地等。鄂西山地地势最高，分布有巫山、神农架、武当山等著名山脉；长江避开巫山山脉，成就举世闻名的长江三峡；长江和汉水冲击而成的两湖平原，土壤肥沃，是著名的"鱼米之乡"，也是三国名胜集中之地；湘西、湘南丘陵是江南丘陵的一部分，周围排列有东北—西南走向的山岭，包括南岳衡山、岳麓山等。此外，湘西、鄂西地区还发育有喀斯特地貌。

3.河网稠密，湖泊众多

区内河网密布、湖泊众多、水景资源极其丰富。河流水量大、汛期长、泥沙少、无冰期、水流稳定，为开展水上旅游创造了有利的条件。境内主要河流为长江及其支流，如嘉陵江、乌江、汉水、湘江等。而该区湖泊主要集中在两湖平原，著名的大湖有鄱阳湖、洞庭湖等，但数量上以"千湖之省"的湖北最多。这些河网湖泊形成了丰富的自然旅游资源，孕育了各具特色的人文旅游资源。

（二）人文地理

1. 楚文化特色鲜明

楚文化是中国春秋时期南方诸侯国楚国的物质文化和精神文化的总称，是中华文明的重要组成部分。楚文化继承了许多商周文化特点，其辉煌灿烂的文化成就举世瞩目。在物质文化（如青铜器铸造工艺、丝织与刺绣、髹漆工艺等）、民俗文化（如美术、乐舞、文学等），以及精神文化、社会制度等方面展现出惊人的成就，代表了当时高度发达的社会文明。

2. 三国遗址众多

区内拥有大量的三国遗址、古迹以及纪念性建筑，尤其以湖北为代表。湖北是古代兵家必争之地，曾发生过赤壁之战、夷陵之战等著名的战役。现存三国遗迹众多，主要分布在襄阳、宜昌、荆州、鄂州等地，代表性景点包括荆州古城、赤壁古战场、襄阳古隆中、鄂州吴王城遗址、宜昌夷陵古战场、黄帝庙等。

3. 红色文化底蕴深厚

华中地区在中国近现代历史中有举足轻重的地位，发生了许多重大的革命历史事件，对整个中国历史都产生了深远的影响，如推翻封建帝制的辛亥革命武昌起义、探索出以农村包围城市最后夺取政权的全新道路的秋收起义，以及大别山、洪湖革命根据地的建立等。同时，这里也诞生了一大批革命伟人，如毛泽东、刘少奇、彭德怀、贺龙等。

二、旅游资源

1. 山水旅游资源

华中地区复杂的地貌类型孕育了秀丽的自然风光。不仅有张家界、神农架、庐山、衡山等国家重点风景名胜区，还有三清山、武当山以及龙虎山等道教、佛教圣地。山脉之间穿行和夹杂的大江大湖，如长江三峡、清江画廊和东湖、洞庭湖、仙女湖等，与名山大川交相辉映，形成一幅幅水墨画卷。

2. 三国遗迹

历史上，魏、蜀、吴三国鼎立，相互斗争，演绎了无数扣人心弦的故事。其中，有很多发生在本区内，尤其是湖北。《三国演义》120回中有70多回描述的故事发生在湖北，因此留下了大量的三国遗址，如襄阳古隆中、赤壁古战场等。

3. 楚文化遗迹

华中地区是楚文化分布的重要区域，今湖北大部分地区是早期楚文化分布的中心地区，湖南与江西是春秋中期以后楚文化分布的中心区域。因此，区内保存了大量的楚文化遗存。湖南有楚文化所代表的文物、书院等，出土了铜剑、兵器、青铜乐器以及长沙马王堆汉墓的素纱蝉衣等，还出土了四羊方尊。湖北随州战国曾侯乙墓出土了曾侯乙编钟、曾侯乙青铜尊盘和曾侯乙铜冰鉴等。

4.红色旅游资源

本区红色文化底蕴深厚，红色旅游资源十分丰富。其中，江西全省各地分布着大量的革命旧址和纪念物；湖北是中国红色革命的摇篮，武汉有八七会议会址，大别山下有"将军县"——红安，孕育了李先念、董必武两位国家主席以及200多位将军；湖南有毛泽东的故乡——韶山，等等。

第二节   湖　北　省

一、旅游概况

湖北省，简称"鄂"，别名"楚""荆楚"，总面积18.59万平方千米，占中国总面积的1.94%。截至2023年末，湖北省常住人口5838万人。湖北省少数民族众多，呈"大分散、小聚居"的分布格局，万人以上的少数民族主要有土家族、苗族、回族、侗族、满族、蒙古族、维吾尔族和彝族等。

湖北处于中国地势第二级阶梯向第三级阶梯过渡地带，地貌类型多样，山地、丘陵、岗地和平原兼备。东、西、北三面被武陵山、巫山、大巴山、武当山、桐柏山、大别山、幕阜山等山地环绕，山前丘陵岗地广布，中南部为江汉平原，地势平坦。境内河湖众多，素有"千湖之省"之称，除了长江、汉江干流，5千米以上的河流超过4000条，湖泊主要分布在江汉平原上。

湖北历史悠久，早在公元前3300—前2600年，长江中游史前文化已经空前统一和繁荣，形成屈家岭文化，为后续楚文化的发展提供了重要基础，也留下了众多文化古迹和民间艺术。此外，湖北红色旅游资源丰富，是中国工人运动、农民运动和大革命运动的中心区域，又是中国革命武装夺取政权的重要策源地、中国工农红军的主要诞生地和中国革命胜利的主要根据地，众多革命烈士在此建立了不朽功勋。

湖北旅游资源丰富，截至2024年，已拥有国家5A级旅游景区15家、国家4A级旅游景区198家。

二、主要旅游城市和景点

（一）武汉市

武汉市，别称"江城"，是中国经济地理中心，素有"九省通衢"之称，是中国内陆最大的水陆空交通枢纽,是华中地区唯一可直航全球五大洲的城市。武汉是国家历史文化名城、楚文化的重要发祥地,明清时期被誉为"楚中第一繁盛处"和"天下四聚"之一。此外,武汉还是辛亥革命首义之地。武汉入选首批中国优秀旅游城市,拥有极为丰富的旅游资源,吸引四方游客。

知识关联
▼
"走近大国
重器 感受
中国力量"

1. 黄鹤楼公园

黄鹤楼公园位于武汉市武昌区蛇山西山坡特1号,因唐代诗人崔颢题写《黄鹤楼》一诗而闻名于世,与江西南昌滕王阁、湖南岳阳楼并称为"江南三大名楼",是国家5A级旅游景区。三国吴黄武二年(223年),东吴孙权始建黄鹤楼,初为军事瞭望所用,历史上的黄鹤楼屡毁屡建,于1985年重建并对外开放。黄鹤楼以清代"同治楼"为原型设计,楼高5层,总高度51.4米,底层边宽30米,顶层边宽18米,屋面用10多万块黄色琉璃瓦覆盖构建而成。公园内分为东、西、南、北四个景区:东区主要景点有岳飞亭、岳飞铜雕、岳飞功德坊等;西区主要景点有胜像宝塔、云衢轩、"黄鹤归来"铜像、千禧钟等;南区主要景点有跨鹤亭、《崔颢题诗图》浮雕、搁笔亭、毛泽东词亭、《九九归鹤图》浮雕、黄鹤古肆等;北区主要景点有涌月台、白云阁、留云亭、梅园等。

2. 武汉东湖生态旅游风景区

武汉东湖生态旅游风景区简称"东湖风景区",位于武汉市中心城区东部,是全国文明风景旅游区示范点、国家重点风景名胜区、国家5A级旅游景区。景区由听涛、磨山、落雁、吹笛、白马和珞洪等片区组成。曾经屈原泽畔行吟,刘备磨山郊天,李白湖边放鹰;毛泽东主席一生钟爱东湖,称其为"白云黄鹤的地方",曾先后多次来此视察。2016年开放的东湖绿道为国内最长5A级城市核心区环湖绿道。此外,东湖湖畔还坐落有武汉大学、华中科技大学、中国地质大学(武汉)等全国重点大学,共同组成一道亮丽的风景线。主要景点包括磨山楚城、东湖樱花园、东湖梅园、东湖鸟语林、东湖海洋世界、武大建筑、磨山轨道、东湖之眼等。

3. 湖北省博物馆

湖北省博物馆坐落于武汉东湖之滨,成立于1953年,是中央与地方共建国家级博物馆之一、国家一级博物馆、国家5A级旅游景区。湖北省博物馆由综合陈列馆、楚文化馆、编钟馆等组成,构成一个硕大无比的"品"字,馆区总体布局高度体现了楚国建筑的中轴对称、"一台一殿""多台成组""多组成群"的高台建筑布局格式。2023年2月的相关统计数据显示,馆内有藏品46万余件(套),其中国家一级文物1095件(套),尤以商周青铜器、战国秦汉漆木器、楚秦汉简牍、先秦及明代藩王墓出土的金玉器为特色。其中,郧县人头骨化石、石家河玉人像、崇阳铜鼓、越王勾践剑、曾侯乙编钟、曾侯乙尊盘、虎座鸟架鼓、彩绘人物车马出行图、云梦睡虎地秦简、元青花四爱图梅瓶为湖北省博物馆十大"镇馆之宝"。湖北省博物馆先后举办曾侯乙等基本陈列,以及意大利乌菲齐博物馆珍品展等200余个特展,是全国爱国主义教育示范基地、全国科普教育基地、全国首个海峡两岸考古教学交流基地。

Note

4.黄陂木兰文化生态旅游区

黄陂木兰文化生态旅游区位于武汉市黄陂区,由木兰山、木兰天池、木兰草原、木兰云雾山四大景区组成,被誉为"中部最美的生态文化休闲之都",是国家5A级旅游景区。木兰山因木兰将军得名,古有"南瞻鄂渚通王气,北顾中原锁帝乡"之誉,明代诗人屠达称其为"西陵最盛,盖三楚之极观",既是黄陂历史文化和对外形象的重要标识,也承载着黄陂千百年来厚重的历史文化积淀。相传木兰天池是木兰将军的外婆家及其成长地,由"浪漫山水""高峡人家"和"森林公园"三大主题景区连接成一个南北走向、长达十余千米的森林山水大峡谷,是国家森林公园。木兰草原是华中地区唯一的以草原风情为主题的国家5A级旅游景区,是木兰骑马射箭、演兵练武之地,可以欣赏到"风吹草低见牛羊"的草原美景。木兰云雾山坐拥"十里花山",是木兰将军归隐之地,享有"西陵胜地、楚北名景、陂西隆障、汉地祖山"之美誉。景区四季皆适合游玩,春秋更佳。

5.首义文化区

首义文化区位于武汉市武昌区武珞路,是国家4A级旅游景区,是湖北省武汉市在纪念辛亥革命100周年之际打造的经典文化旅游项目,由辛亥革命武昌起义纪念馆、首义广场、辛亥革命博物馆、紫阳湖公园、起义门、首义碑林等景点组成,是集教育、观赏、休闲、购物、娱乐于一体的综合性主题文化旅游区。

6.辛亥革命博物院

辛亥革命博物院(辛亥革命武昌起义纪念馆)位于武汉市武昌区武珞路,是湖北省、武汉市为进一步整合辛亥首义文化资源、打造辛亥首义文化品牌,于2022年3月在原辛亥革命武昌起义纪念馆、辛亥革命博物馆基础上组建的公益一类事业单位。辛亥革命博物院(见图7-1)是全国爱国主义教育示范基地、全国青少年教育基地、全国中小学生研学实践教育基地、国家一级博物馆、国家4A级旅游景区。

图7-1　辛亥革命博物院

辛亥革命博物院分南、北两区,占地面积4.2万平方米,展厅面积1.2万平方米,集陈列展示、文物收藏、宣传教育与科学研究等功能于一体,是辛亥革命专题博物馆中展览规模最大、陈列科技含量最高、复原场景最多、参观导览系统最全的博物馆。馆内共有文物藏品3.5万件/套,其中珍贵文物512件/套,含20件/套一级文物。现有基本陈列和专题展览共5个:"为天下先——辛亥革命武昌起义史迹陈列""湖北谘议局史迹陈列""共和之基——辛亥革命历史陈列""红楼鸟瞰·名人留踪""鄂军都督府旧址复原陈列"。

(二)宜昌市

宜昌市,古称"夷陵",是长江三峡起始地,素有"三峡门户""川鄂咽喉"之称。宜昌历史悠久,早在七八千年前,中华民族的祖先就在这块土地上繁衍生息。

1.三峡大坝旅游区

三峡大坝旅游区位于宜昌市夷陵区三斗坪镇江峡大道、西陵峡中段,是国家5A级旅游景区。旅游区以世界上最大的水利枢纽工程——三峡工程为依托,全方位展示工程文化和水利文化,为游客提供集游览、科教、休闲、娱乐于一体的多功能服务,将现代工程、自然风光和人文景观有机结合。三峡大坝旅游区的主要景点有坛子岭、185观景点、截流纪念园等。5—10月雨水较充沛,游客有机会看到泄洪的壮观场景,这一时间段是三峡大坝旅游区的最佳旅游时间。

2.三峡人家风景区

三峡人家风景区位于宜昌市夷陵区三斗坪镇石牌村,是湖北省文明风景旅游区、国家5A级旅游景区。三峡人家地处三峡大坝和葛洲坝之间,依山傍水,风景如画,具有湾急、石奇、谷幽、洞绝、泉甘的特点。景区跨越秀丽的灯影峡两岸,拥有壮丽的峡谷景色,还保存了丰富的人文遗产,集地质文化、巴文化、楚文化、土家文化、峡江码头文化和抗战军事文化于一体。其中,龙进溪是三峡人家景区极具风情的一处景点,溪边吊脚楼一半着陆,一半入水,群山环绕间,伴随纤夫高亢的号子声和幺妹断续的捣衣声,宛如世外桃源。还有巴族先民在三峡流域遗存的璀璨文明、兀立山巅的奇石和幽深狭长的地底岩溶、石牌抗战纪念园等。

3.长阳清江画廊

长阳清江画廊位于宜昌市长阳土家族自治县境内,是国家地质公园、国家5A级旅游景区。清江是长江的一颗明珠,"水色清明十丈,人见其清澄,故名'清江'",有"八百里清江美如画"的盛誉。主要景点有融巴土建筑文化、歌舞文化、名人文化、民俗文化、饮食文化、休闲文化于一体的魅力古城,有土家先祖巴人的发祥地武落钟离山,还有"八百里清江美如画,三百里画廊在长阳"的画廊美景,以及倒影峡、仙人寨、天柱山等。长阳清江画廊的最佳旅游时间为3—5月和9—11月。

4. 三峡大瀑布

三峡大瀑布原名"白果树瀑布",位于宜昌市夷陵区黄花镇,被誉为"中国十大名瀑"的第三大瀑布,是世界上少有的集峡谷、溶洞、山水、化石文化于一体的国家地质公园,也是国家5A级旅游景区。三峡大瀑布溪流全长约5千米,以瀑高、景秀、山险、水清见长,主体瀑布宽数十米,清泉从百余米高的陡峭山崖飞流直下,接天连地,水天雾海,蔚为壮观,被誉为"中国第四、湖北第一"。沿途分布有神女观瀑、纸糊洞、藏经洞、水帘洞、乌龟笑天、金钓桥、饮马岩、四不像、巴人戈洞、野人谷、巴人文字、长桥超渡、佛楠叶、白果树主瀑、珍珠瀑、仙女瀑、古龙潭、仙女潭、泰山大佛、千年鱼化石等自然景观。三峡大瀑布的最佳旅游时间为5—10月。

(三)十堰市

十堰市,别称"车城""中国卡车之都"。十堰地理位置独特,自古有"南跨荆襄、北枕商洛、东抚南阳、西掖汉中"之誉,有"南船北马、川陕咽喉、四省通衢"之称,是中国优秀旅游城市,拥有世界文化遗产、道教圣地武当山。

武当山风景区:位于十堰市丹江口市,是中国道教圣地。武当山又名"太和山""谢罗山""参上山""仙室山",古有"太岳""玄岳""大岳"之称,是世界文化遗产、国家5A级旅游景区。武当山有七十二峰、三十六岩、二十四涧、十一洞、三潭、九泉、十池、九井、十石、九台等胜景,景区以天柱峰为中心,有上、下十八盘等险道,以及"七十二峰朝大顶"和"金殿叠影"等。武当山风景区的主要景点包括太和宫、金殿、紫霄宫、净乐宫、玉虚宫等。武当山是道教名山,明代时被皇帝封为"大岳""治世玄岳",被尊为"皇室家庙",以"四大名山皆拱揖,五方仙岳共朝宗"的"五岳之冠"地位闻名于世。此外,武当山还是武当武术的发源地,素有"北崇少林,南尊武当"之说。

(四)恩施土家族苗族自治州

恩施土家族苗族自治州,首府驻恩施市,地形以山区为主,喀斯特地貌发育,覆盖率近70%,享有"鄂西林海""华中药库""烟草王国""世界硒都"之称号。境内有土家族、苗族、侗族、汉族、回族、蒙古族、彝族、纳西族、壮族等民族,拥有丰富的自然和人文旅游资源。

1. 恩施大峡谷

恩施大峡谷位于恩施市屯堡乡,是国家5A级旅游景区。恩施大峡谷目前开放七星寨景区全线及云龙地缝部分景区。大峡谷冬少严寒,夏无酷暑,生态环境得天独厚,自然风光原始古朴,如诗如画,万米绝壁画廊、千丈飞瀑流芳、百座独峰矗立、十里深壑幽长,奇山、异水、怪洞、珍禽数不胜数,凡天下奇景无不包容。恩施大峡谷是世界上唯一的"地缝—天坑—岩柱群"同时并存的复合型喀斯特地貌"天然博物馆"。恩施大峡谷云龙地缝被称为"地球最美丽的伤痕";其标志性景观"一炷香"被外媒评为"中国最美的40个景点"之一。景区内天坑、地缝、溶洞、暗河、石林、峰丛、岩柱这些喀斯特地质地貌,一应俱全;日出、雪景、云雾、气象景观独具一格;拥有"清江升白云""绝壁环峰丛""天桥连洞群""暗河接飞瀑""天坑配地缝"五大地质奇观,峡谷中瀑布群、一线天、绝壁长廊、迎客松、一炷香、情侣峰、大地山川、母子情深等,步步为景,美不胜收。恩施大峡谷境内是上古巴文化的发祥地之一,这里曾经演绎过上千年的土司文化;是"东方情人节——土家浪漫女儿会"的发源地之一、"土家族歌舞之乡",民风淳朴,风情浓郁。

2. 腾龙洞

腾龙洞位于恩施州利川市,是国家5A级旅游景区、国家地质公园、世界特级溶洞之一。整个洞穴群共有上下5层,目前已探明的洞穴总长度59.8千米,里面有5座山峰、10个大厅、地下瀑布10余处、大小支洞300余个,神秘莫测;洞内石钟乳发育良好,既有体量惊人的奇观,也有众多的形态。腾龙洞由水洞、旱洞、鲤鱼洞、鲇鱼洞、凉风洞、独家寨、三个龙门、化仙坑组成,集山、水、洞、林、石、峡于一体,融雄、险、奇、幽、秀于一炉,已成为湖北省旅游的一张靓丽名片,被《中国国家地理》杂志评为"中国最美的地方"和"中国最美的六大旅游洞穴"之一。

3. 恩施土司城

恩施土司城坐落于恩施市西北,建有恩施州土家族、苗族、侗族三个主要少数民族的传统建筑,是全国唯一一座规模最大、工程最宏伟、风格最独特、景观最靓丽的土家族地区土司文化标志性工程,也是国家4A级旅游景区。土司城包括门楼、侗族风雨桥、廪君祠、校场、土家族民居、土司王宫——九进堂、城墙、钟楼、鼓楼、百花园、白虎雕像、卧虎铁桥等景点。

（五）神农架林区

神农架林区,简称"神农架",1970年经国务院批准建制,直属湖北省管辖,是中国唯一以"林区"命名的县级行政区。

神农架国家森林公园:位于湖北省西北部,由房县、兴山、巴东三县边缘地带组成,是国家5A级旅游景区,区内居住着汉族、土家族、回族等民族。景区以原始森林风光为背景,以神农氏传说和纯朴的山林文化为内涵,集奇树、奇花、奇洞、奇峰与山民奇风异俗于一体,是以猎奇探秘为主题的原始生态旅游区。神农架除了有举世闻名的"野人"之谜,还有神奇的白化动物,吸引着科学考察人员和海内外游客。神农架国家森林公园的主要景点有风景垭、板壁岩、大九湖、神农顶、炎帝祭坛、千年古杉、香溪源、天门垭、燕子垭、植物标本馆、红坪景区等。

第三节 湖 南 省

一、旅游概况

湖南省,简称"湘",总面积21.18万平方千米。2023年末,湖南省常住人口6568万人。据第七次人口普查,湖南省14个市州、122个县市区均分布有少数民族,具有"大杂居、小聚居"的分布格局,少数民族人口约占全省总人口的10%。其中,土家族、苗族、侗族、瑶族、白族、回族、壮族、维吾尔族这8个民族被称为湖南的"世居少数民族"。

湖南省位于我国中部、长江中游,因大部分区域处于洞庭湖以南而得名"湖南",因省内最大河流湘江流贯全境而简称"湘"。湖南地貌类型多样,湘西北山为原山地区,湘西为山地区,湘南是丘山区,湘东是山丘区,湘中是丘陵区,湘北为平原区。境内流水地貌和岩溶地貌发育,构成独特的自然旅游资源。湖南省大陆性亚热带季风湿润气候显著,光、热、水资源丰富,境内河网密布。

湖南是中华文明的重要发祥地之一。相传炎帝神农氏在此种植五谷、织麻为布、制作陶器,坐落于株洲市的炎帝陵成为凝聚中华民族的精神象征。

湖南省旅游资源丰富,截至2024年8月,有世界文化遗产1处(老司城土司遗址),世界自然遗产2处(武陵源风景名胜区、崀山),国家5A级旅游景区12处(武陵源-天门山旅游区、衡山旅游区、韶山旅游区、凤凰古城旅游区等),国家历史文化名城4座(长沙市、岳阳市、永州市和凤凰县)。

二、主要旅游城市和景点

(一) 长沙市

长沙市,别称"星城",是国家历史文化名城,历经3000年城名、城址不变,有"屈贾之乡""楚汉名城""潇湘洙泗"之称。长沙有马王堆汉墓、四羊方尊、三国吴简、岳麓书院、铜官窑等历史遗迹。同时,长沙是清末维新运动和旧民主主义革命策源地之一,也是新民主主义的发祥地之一。

1.岳麓山风景名胜区

岳麓山风景名胜区为国家5A级旅游景区,包括麓山景区、天马山景区、橘子洲景区、桃花岭景区、石佳岭景区、寨子岭景区、后湖景区、咸嘉湖景区八大景区,其中,已经建成的有麓山景区和橘子洲景区,天马山景区景观建设基本完成。

景区植物资源丰富,以典型的亚热带常绿阔叶林和亚热带暖性针叶林为主,并有大量珍贵的濒危树种和年代久远的古树名木。岳麓山融中国古文化精华的儒、佛、道于一体,包容了历史上思想巨子、高僧老道、骚人墨客共同开拓的岳麓山文化内涵。山下是被列入"中国古代四大书院"之首的岳麓书院。

位于麓山景区山腰的麓山寺,被誉为"汉魏最初名胜,湖湘第一道场",距今已有1700多年的历史,是湖南省佛教的发源地和中心。位于麓山景区山顶的云麓道宫距今也有500多年的历史。爱晚亭之幽、岳麓书院之深、麓山寺之古、云麓道宫之清,以及白鹤泉、禹王碑、二南诗刻、隋舍利塔、印心石屋等无不引人入胜。麓山景区还有黄兴、蔡锷、蒋翊武、陈天华等烈士名人的墓葬,在苍松翠柏之中更显庄严、肃穆。

2.橘子洲景区

橘子洲景区是湘江下游众多冲积沙洲中面积最大的沙洲,被誉为"中国第一洲",为全国红色旅游经典景点、"潇湘八景"之一(见图7-2)。景区以自然风光为主题,以"生态、文化、旅游、休闲"为主题,以探访伟人踪迹,凸显红色旅游,展示湖湘文化,有以生态休闲为主要游赏内容的"生态之洲""文化之洲""生命之洲"。橘子洲景区的主要景点有洲头颂橘亭、汉白玉诗词碑、铜像广场、藤架广场、毛主席畅游湘江纪念点、揽岳亭、枕江亭、盆景园、大门广场等。

图7-2　橘子洲头

3.花明楼景区

花明楼原名"花门楼",是革命伟人、前国家主席刘少奇同志的故居,也是国家5A级旅游景区、全国爱国主义教育基地。花明楼景区的主要景点包括以全国重点文物保护单位刘少奇故居、刘少奇故里门楼广场、铜像广场、生平业绩陈列馆、刘少奇工运历程专题馆、刘少奇文物保护中心、炭子冲学校旧址为主要内容的纪念场馆,以及以花明楼、修养亭、万德鼎、刘少奇同志专机、一叶湖、柳叶湖、花明园为主要内容的旅游景观。

4.长沙世界之窗

长沙世界之窗坐落于长沙市东北郊区浏阳河畔、金鹰影视文化城内,是一个融先锋时尚活动、大型器械游乐、世界各国建筑奇观、五洲风情歌舞表演、影视拍摄基地于一体的综合性大型主题公园。目前,长沙世界之窗已实现陆乐园、水公园、儿童乐园三园一体。世界顶尖游乐代表摩托过山车、云霄双塔、冲天大摆锤、高空飞翔、海盗船、星移斗转、比翼齐飞、豪华双层旋转木马等一票通玩。长沙世界之窗积极引入VR滑雪射击馆等高科技设备,游乐类型多样化发展。

5.湖南博物院

湖南博物院位于长沙市开福区东风路50号,是一级博物馆、中央地方共建的八个国家级重点博物馆之一、湖南省最大的综合性历史艺术类博物馆,始建于清光绪年间。湖南博物院共设长沙马王堆汉墓陈列和湖南人——三湘历史文化陈列2个基本展览,以及青铜、陶瓷、书画、工艺4个专题展馆,并定期举行特别展览和交流展览。现有馆藏文物57万余件(套),尤以长沙马王堆汉墓出土文物、商周青铜器、楚文物、历代陶瓷和书画,以及近现代文物等最具特色。

(二)张家界市

张家界市,原称"大庸",是中国重要的旅游城市。张家界既有"武陵之魂"天门山国家森林公园、"世界罕见的物种基因库"八大公山国家级自然保护区,还有道教圣地"南武当"五雷山、"百里画廊"茅岩河、万福温泉等名胜,同时也是湘鄂川黔革命根据地的发源地和中心区域。

1.武陵源风景名胜区

武陵源风景名胜区由张家界市的张家界国家森林公园(见图7-3)、索溪峪自然保护区、天子山自然保护区和杨家界自然保护区四部分组成,被称为"自然的迷宫""地质的博物馆""森林的王国""植物的百花园""野生动物的乐园",入选国家世界地质公园,被评为世界自然遗产、国家5A级旅游景区。景区地貌类型丰富,以张家界石英砂岩峰林地貌和索溪峪河谷北侧及天子山东南缘的"湘西型"岩溶景观为代表。

图7-3　张家界

武陵源风景名胜区森林覆盖率达77.9%(2024年9月统计数据),有野生动物、木本植物多种,其中不乏大鲵、云豹、珙桐、南方红豆杉等珍贵的野生动植物,是"生物的天堂"。此外,云雾、云海、云涛、云瀑和云彩等气象奇观也是武陵源风景名胜区的一绝,让人仿佛置身于人间仙境。武陵源风景名胜区的最佳旅游时间为4月和10月。

2. 湘鄂川黔革命根据地纪念馆

湘鄂川黔革命根据地纪念馆位于张家界市城区解放路,是全国爱国主义教育示范基地。1934年,为发展根据地,策应中央红军长征,任弼时、贺龙、关向应、萧克、王震等率领红二、红六军团发动湘西攻势,解放大庸(今张家界市永定区),在城内建立湘鄂川黔省委、省革委、省军区,开创了湘鄂川黔革命根据地,并领导革命根据地的反"围剿"斗争,沉重地打击了国民党反动派和地方封建势力,为中华民族的解放事业做出了贡献,在中国人民革命斗争史上写下了光辉灿烂的一页。

湘鄂川黔革命根据地纪念馆为四合院建筑,东头是任弼时、贺龙旧居,南面是展览陈列厅,西头是湘鄂川黔省委礼堂旧址,北面是湘鄂川黔省委、省革委、省军区各部门办公室旧址。纪念馆主楼设三个展室,陈列着许多大型图片和革命文物,再现了根据地的光辉斗争史,反映了根据地军民艰苦卓绝的革命历程和高尚情操。萧克将军为纪念馆题写了馆名。

3. 贺龙故居

贺龙故居位于张家界市桑植县洪家关村,是全国红色旅游经典景区,院内修建了贺龙生平事迹陈列室。故居为湘西常见的木架毛瓦平房,贺龙在这里度过了他的童年和青少年时期。故居内现陈列贺龙不同时期的照片和文物。旧居门前还有一座风雨桥,原名"永安桥",是贺龙曾祖父贺廷宰首倡修建的,只为方便行人通行。贺龙成名后改称为"贺龙桥"。该桥为木质结构,造型古朴,富有民族特色。

(三)岳阳市

岳阳市,古称"巴陵",又名"岳州",北枕长江,南纳三湘四水,怀抱洞庭,江湖交汇。岳阳为江南较早的一座古城,有2500多年的悠久历史,是一座人文底蕴深厚、风景秀丽,集名山、名水、名楼、名人、名文于一体的旅游名城。

1. 岳阳楼-君山岛景区

岳阳楼-君山岛景区地处岳阳古城西门城墙之上,紧靠洞庭湖畔,俯瞰洞庭,前望君山,是国家5A级旅游景区。岳阳楼是"中国十大历史文化名楼"之一,自古有"洞庭天下水,岳阳天下楼"之美誉,与湖北武汉黄鹤楼、江西南昌滕王阁并称为"江南三大名楼",世称"天下第一楼"。岳阳楼始建于东汉,历代屡加重修,北宋滕宗谅重修岳阳楼时,邀好友范仲淹作《岳阳楼记》,使得岳阳楼著称于世。君山岛是八百里洞庭湖中的一个小岛,与千古名楼岳阳楼遥遥相对。君山岛由大小72座山峰组成,峰峰灵秀,被

知识关联
▼

岳阳楼记

"道书"列为"天下第十一福地"。"烟波不动影沉沉,碧色全无翠色深。疑是水仙梳洗处,一螺青黛镜中心。"这一灵景让无数文人墨客为之陶醉。

2. 屈子文化园

屈子文化园位于岳阳市汨罗市屈子祠镇新义村,又名"屈原庙",为祭祀战国时楚国大夫屈原神位之祠庙,是"世界四大名人"之一屈原的重要纪念地,也是龙舟竞渡的发源地、国家4A级旅游景区。景区分为屈子祠核心景区、端午文化体验区、端午文化产业区、端午文化民俗区、屈原墓保护区、汨罗江湿地保护区,还有独醒亭、骚坛、濯缨桥、招屈亭、屈原故居遗址等景点,集屈学研究、龙舟竞渡、艺术欣赏、民俗展示、休闲娱乐于一体。

3. 平江起义纪念馆

平江起义纪念馆位于岳阳市平江县城关镇东兴大道,成立于1985年,是全国爱国主义教育示范基地、国家4A级旅游景区。平江起义纪念馆由平江起义旧址、彭德怀铜像广场、史料陈列馆组成。1928年7月22日,彭德怀与滕代远、黄公略等共产党人一起组织发动了著名的平江起义,反抗国民党的镇压,这是继南昌起义、秋收起义和广州起义之后,我党领导的又一次著名的武装起义。目前,馆内辟有"平江起义历史陈列""平江县红色廉政文化展""彭德怀元帅生平业绩""天岳书院历史沿革""共和国不会忘记——平江籍失散老红军摄影展"等展览和国学讲堂,展品包括珍贵实物200余件、图片1200余张,资料翔实,内容丰富,真实地反映了彭德怀元帅及其领导的平江起义对创建人民军队、开辟湘鄂赣革命根据地、保卫中央苏区、建立中华人民共和国所做出的卓越贡献。

4. 任弼时纪念馆

任弼时纪念馆位于岳阳市汨罗市弼时镇,馆区占地169亩,馆舍占地2万平方米,馆藏珍贵历史文物资料222件。它是全国唯一一座全面反映任弼时同志生平业绩的专题纪念馆,是全国爱国主义教育示范基地、国家4A级旅游景区。纪念馆由展览区、纪念区、服务区、休闲区四大部分组成。任弼时纪念馆基本陈列展现了任弼时同志在建团、建党、建军、建国时期的革命事迹,旨在引导观众追忆红色故事,感受任弼时同志忧国忧民、不辞重负的骆驼精神和为革命事业不息奋斗、光辉灿烂的一生。

(四)湘西土家族苗族自治州

湘西土家族苗族自治州,是国家全域旅游示范区、国家级文化生态保护区。州内人文古迹众多,也是武陵文化的发源地之一,旅游资源丰富。

1. 老司城遗址

老司城遗址位于湘西土家族苗族自治州永顺县城东灵溪镇老司城村,与湖北恩施唐崖土司城遗址、贵州遵义海龙屯土司遗址联合代表的中国土司遗产被列入世界文化遗产名录,是国家4A级旅游景区。老司城遗址被誉为"中国的马丘比丘",完整地反映了土司及土司制度的产生、发展和消亡全过程,填补了中国土司制度考古学的空白,是中国古代民族区域自治制度发展的活标本。老司城遗址地表上保留了体积庞大的城墙和建筑,城址包括宫殿区、衙署区、街巷区、墓葬区、宗教区、苑墅区等。老司城遗址集山石、水景、林木、河流、洞穴、墓葬于一体,又包含古朴独特的少数民族风情和悠远凝重的历史文化,具有很高的观赏价值。

2.凤凰古城

凤凰古城位于湘西土家族苗族自治州的西南部,旧称"镇算城",是中国历史文化名城、国家5A级旅游景区、湖南十大文化遗产之一(见图7-4、图7-5)。凤凰古城因地处武陵山脉南部、云贵高原东侧,因背倚的青山酷似一只展翅欲飞的凤凰而得名,被誉为"中国最美的小城",境内居住20余个民族,是典型的少数民族聚居区。凤凰古城始建于唐,繁荣于明清,古城街巷自由舒展,空间灵活多变,文化底蕴厚重。城内青石板街道、江边木结构吊脚楼,以及朝阳宫、古城博物馆、杨家祠堂、沈从文故居、熊希龄故居、天王庙、大成殿、万寿宫等建筑,均展现出古城特色。城内现保存古遗址116处,特色民居120多栋,珍贵馆藏文物和各类珍稀化石1万多件,是西南地区现存文物古迹较多的县市。其中,楚文化与凤凰文化的结合、苗文化与汉文化的交融,形成了独具一格的地域文化。

图7-4　凤凰古城建筑

图7-5 凤凰古城夜景

第四节 江 西 省

一、旅游概况

江西省,简称"赣",因唐玄宗设江南西道而得省名,又因省内母亲河为赣江而得简称,总面积16.69万平方千米。截至2023年末,江西省常住人口4515万人。

江西省的地形地貌以江南丘陵、山地为主,盆地、谷地广布,地势南高北低,境内东、西、南三面环山地。其中,东部有沿赣闽省界延伸的武夷山脉;南部为大庾岭和九连山;西部主要是幕阜山脉、九岭山和罗霄山脉等;中部丘陵和河谷平原交错分布;北部则为鄱阳湖平原;赣中南以丘陵为主,丘陵之间夹有盆地,多沿河呈带状延伸,较大的有吉泰盆地、赣州盆地等。

江西属亚热带季风湿润气候,植被以常绿阔叶林为主,动植物资源丰富;河湖众多,水网稠密,降水充沛,是中国多雨省份之一。鄱阳湖作为中国第一大淡水湖,连同其外围一系列大小湖泊,成为天然水产资源宝库,并对航运、灌溉、养殖和调节长江水位及湖区气候均起到重要作用。

江西省开发的历史可以上溯到距今1万多年以前的旧石器时代,是人文渊薮之地、文章节义之邦,孕育了红色文化、山水文化、陶瓷文化、书院文化、戏曲文化、农耕文化、商业文化、中医药文化等特色文化,以及临川文化、庐陵文化、豫章文化、客家文化等地域文化。此外,江西还是古代书院的起源地,唐代德安义门东佳书院和高安桂岩书院都是中国设立较早的书院。

江西不仅名山大川遍布,历史古迹众多,而且还是著名的革命老区、红色沃土。其中,井冈山是中国革命的摇篮,南昌是中国人民解放军的诞生地,瑞金是中华苏维埃共和国临时中央政府成立的地方。江西是开国将军最多的省份,毛泽东、周恩来、刘少奇、朱德、邓小平等老一辈无产阶级革命家在江西留下了光辉足迹。

江西省旅游资源丰富,截至2024年8月,江西共有世界遗产5处(包括世界自然与文化双遗产地1处、世界自然遗产3处、世界文化遗产1处),国家级风景名胜区18处,世界地质公园3个;其中,国家5A级旅游景区14处,国家4A级旅游景区213处等。

二、主要旅游城市和景点

(一)南昌市

南昌市,简称"洪"或"昌",别称"洪州",古称"豫章",有"粤户闽庭,吴头楚尾""襟三江而带五湖""控蛮荆而引瓯越"之称,是国家历史文化名城,"初唐四杰"之一的王勃在《滕王阁序》中称其为"物华天宝、人杰地灵"之地,旅游资源丰富。

1. 滕王阁

滕王阁位于南昌市东湖区沿江路,是南昌市地标性建筑、豫章古文明的象征。滕王阁始建于唐永徽年间,因初唐诗人王勃所作《滕王阁序》而闻名于世,与湖南岳阳岳阳楼、湖北武汉黄鹤楼并称为"江南三大名楼",是"中国十大历史文化名楼"之一,世称"西江第一楼",也是国家5A级旅游景区。滕王阁主体建筑高57.5米,内部共有七层,分为三个明层、三个暗层及阁楼,其组织空间、布置空间和扩大空间方面,创造性地解决了声、影、光、色的一系列难题,从而产生了一种特殊的艺术意境,充分地体现了中国古典建筑审美的特点,利用意境将虚景与实景融为一体,交织出一幅绚丽多姿而又变幻莫测的风景图画。

2. 南昌八一起义纪念馆

南昌八一起义纪念馆位于南昌市中山路,是为纪念南昌起义而设立的专题纪念馆,也是国家一级博物馆、全国爱国主义教育示范基地、国家4A级旅游景区。

南昌八一起义纪念馆基本陈列陈展分为两层,一层为主要展览区域,二层主要为专题展区和多媒体互动展区。展览分为"危难中奋起""伟大的决策""打响第一枪""南征下广东""转战上井冈""群英耀中华"等部分;展览以"伟大的开端"为主题,以"强军之路"为主线,展示了自八一南昌起义开始,中国人民解放军从小到大、由弱到强的光辉历程,增加了"中国共产党早期军事探索""江西省委及民众对起义的支援"等方面的内容展示。纪念馆现有各类图表、文物展品、艺术品、大型景观、多媒体展示,以及南昌起义时贺龙使用过的精美瓷器;还有周恩来佩戴过的手表、南昌起义时期使用过的汉阳造步枪、八二式迫击炮、重机关枪、大刀、手雷等文物。

(二)九江市

九江市,简称"浔",古称"浔阳""柴桑""江州",是一座有着2200多年历史的江南名城,历史上曾是"中国三大茶市"和"中国四大米市"之一,号称"三江之口,七省通衢""天下眉目之地",有"江西北大门"之称,素有"九派浔阳郡,分明似画图"之美誉,人文底蕴深厚,自然风光秀丽。

1. 庐山

庐山又名"匡山""匡庐",是世界文化遗产、世界地质公园、国家5A级旅游景区。庐山以雄、奇、险、秀闻名于世,被誉为"人文圣山",素有"匡庐奇秀,甲天下山"之誉。自古命名的山峰有170多座,群峰间散布着冈岭、壑谷、岩洞、怪石等多处。水流在河谷发育裂点,形成许多急流与瀑布、湖潭。著名的三叠泉瀑布,落差达155米,有"不到三叠泉,不算庐山客"之美誉。庐山地貌景观复杂,是依次由断块山构造地貌景观、冰蚀地貌景观、流水地貌景观叠加而成的一种多成因复合地貌景观。庐山的主要景点有锦绣谷、三叠泉、含鄱口、美庐别墅、五老峰等,最佳旅游时间为春、夏、秋三个季节。

2. 白鹿洞书院

白鹿洞书院位于九江市庐山市五老峰南麓,是世界文化遗产。白鹿洞书院"始于唐、盛于宋,沿于明清",已有1000多年的历史。白鹿洞书院与湖南长沙的岳麓书院、河南商丘的应天书院、河南登封的嵩阳书院合称为"中国四大书院",白鹿洞书院为"中国四大书院"之首,因朱熹和陆九渊等曾在此讲学或辩论而成为理学传播的中心。

白鹿洞书院建筑群沿贯道溪自西向东串联式而筑,布局相当考究,内有御书阁、明伦堂、白鹿洞和思贤台等建筑景点。白鹿洞书院现有宋元以来的摩崖石刻50余处,有明清以来的碑刻150余块,有先贤编纂的《白鹿洞书院志》8种版本,保留有名人匾额、楹联50多副,留下诗词歌赋等1000多首,有文物藏品130多件(其中国家一级文物7件);有近代名人字画400多件,以及各类藏书3000多册。

(三)上饶市

上饶市,古称"信州""广信",传说以"上乘富饶"得名。上饶市是道教的发祥地之一,是朱熹、詹天佑、方志敏的故乡,辛弃疾也曾长期在此居住,同时有优良的革命传统,旅游资源极为丰富。

1.三清山风景名胜区

三清山风景名胜区位于上饶市玉山县三清乡,是世界自然遗产、世界地质公园、国家5A级旅游景区,因玉京、玉虚、玉华"三峰峻拔,如道教'三清'(玉清、上清、太清)列坐其巅",故名。

三清山地质构造复杂,在一个相对较小的区域内展示了独特花岗岩石柱与山峰,丰富的花岗岩造型石与多种植被、远近变化的景观及震撼人心的气候奇观相结合,创造了世界上独一无二的景观美学效果,被认为是"西太平洋边缘最美丽的花岗岩"。三清山风景名胜区的主要景点有南清园、西海岸、三清福地、玉京峰、阳光海岸、玉灵观等。三清山更是道教名山,景观景点达1500余处,集自然景观与人文景观于一身。

2.龟峰风景名胜区

龟峰风景名胜区位于上饶市弋阳县城区西南部,是全国爱国主义教育示范基地、国家5A级旅游景区,因景区内有无数形态酷似乌龟的象形石和整个景区远远看去像一只硕大无比的巨龟而得名,享有"中华丹霞精品,东方神龟乐园"之美誉。

龟峰发育于距今1.35亿年的白垩纪晚期,属于典型的丹霞地貌,发育峰林、峰丛、石柱、孤峰、残石、残丘,以及石梁、石墙、穿洞、天生桥、宽阔谷地、准平化的湖泊等丹霞地貌景观,素有"三十六峰七十二景"之说,集"奇、险、灵、巧"于一身,素有"江上龟峰天下稀"和"天然盆景"誉称。龟峰以其独特的"无山不龟,无石不龟"的自然景观和深厚的文化底蕴成为"游圣"徐霞客、电视剧《西游记》等众多名家名剧的推荐景点。在历史上,龟峰是佛、道、儒三教会集之地,佛、道、儒三教在龟峰交融,是龟峰佛教禅宗的发祥地之一。

3.江湾景区

江湾景区位于上饶市婺源县江湾镇,是国家5A级旅游景区。江湾是一座具有丰厚的徽州文化底蕴的古村落,村中保存着三省堂、敦崇堂、培心堂、滕家老屋等一大批徽派古建筑和江湾牌楼、萧江宗祠、鼓吹堂、梨子巷、江永纪念馆等特色景观,具有历史价值和观赏价值。为展示婺源的文化特色,江湾景区新建了百工坊等景点,让游客体会旧时手工艺匠人的传统技艺,观赏徽剧、婺源民歌等传统剧目。

(四)鹰潭市

鹰潭市,因"涟漪旋其中,雄鹰舞其上"而得名,是长江中游城市群重要成员,地处武夷山脉向鄱阳湖平原过渡的交接地带,自然风光独特。

龙虎山风景名胜区:被列为世界自然遗产,是世界地质公园、中国国家自然与文化双遗产地、国家5A级旅游景区。龙虎山是中国典型的丹霞地貌风景,最早形成于2亿年前的三叠纪,根据成因类型可以分为水流冲刷侵蚀型、崩塌残余型、崩塌堆积型、溶蚀风化型、溶蚀风化崩塌型,形成了石寨、石墙、石梁、石崖、石柱、石峰、峰丛、峰林、一线天、单面山、猪背山、蜂窝状洞穴、竖状洞穴、天生桥、石门等独特地貌景观。龙虎山还是中国道教的发祥地,被公认为"道教第一山",其道教圣地、碧水丹山与古崖墓群被誉为"三绝"。

（五）瑞金市

瑞金市,位于武夷山脉南段西麓、赣江东源。瑞金历史悠久,是"红色故都""共和国摇篮"、中央苏区时期党中央驻地、中华苏维埃共和国临时中央政府诞生地、中央红军二万五千里长征出发地。

瑞金共和国摇篮景区:位于瑞金市沙洲坝镇金都大道,由叶坪景区、红井景区、二苏大景区、中华苏维埃纪念园组成,是全国爱国主义教育示范基地、国家5A级旅游景区。瑞金共和国摇篮景区既保留了"形体"的简朴,又展现出内涵的"身价"。其中,叶坪景区包括毛泽东和朱德的旧居、临时中央政府旧址、红军广场、红军检阅台、红军烈士纪念亭、博生堡、公略亭等;红井景区包括红井、中央审计委员会旧址;二苏大景区包括中国共产党中央局旧址、中华苏维埃共和国临时中央政府大礼堂旧址、中央革命军事委员会旧址、中国工农红军总政治部旧址等;中华苏维埃纪念园主要有中央革命根据地历史博物馆。

（六）吉安市

吉安市,古称"庐陵""吉州",境内有佛教圣地——青原山,产生了禅宗青原派,吉安因此名扬海内外,是中国优秀旅游城市。全市革命人文景观遍布,其中被列为国家重点文物保护单位的有10处(2024年11月统计数据)。此外,这里还有井冈山革命博物馆、烈士纪念塔、北山碑林、红四军军部旧址,以及毛泽东、朱德、陈毅旧居,还有大小五井及黄洋界、桐木岭、双马石、八面山、朱砂冲五大哨口等革命文物景观和自然景物景观可供参观。

井冈山风景旅游区:1927年秋,毛泽东、朱德等老一辈无产阶级革命家在井冈山创建了第一个农村革命根据地,为中国革命开辟了一条以农村包围城市最后夺取胜利的正确道路,因而井冈山以"革命摇篮"的盛誉,载入了中国革命的光辉史册,被朱德称为"天下第一山"。

教学互动

选择华中旅游区楚文化或红色革命资源的一个景点进行详细介绍,阐述其意义并思考如何更好地在海内外弘扬。

本章小结

在线答题
▼
第七章

　　本章主要介绍华中旅游区,包括湖南、湖北、江西三省的旅游资源概况。区内有独特的楚文化和重要的红色旅游资源,同时还拥有众多名山大川,构成了独具特色的旅游资源。

Note

第八章
华东旅游区

本章概要

　　华东旅游区包括上海市、浙江省、江苏省和安徽省一直辖市三省。本区以平原、丘陵为主,河流、湖泊众多,气候温和、雨量充沛、植被茂密、山明水秀,旅游景点众多,四季风景皆可游赏。

学习目标

知识目标

1. 掌握华东旅游区的地理环境特点、旅游资源的特征。
2. 熟悉华东旅游区主要的旅游城市与旅游景区的特色。
3. 熟悉华东旅游区主要的旅游线路。

能力目标

1. 能够分析华东旅游区的地理环境与旅游资源的关系。
2. 能够依据华东旅游区旅游资源的特点,设计有特色的华东旅游区旅游线路。
3. 能够撰写华东旅游区特色旅游景区的讲解词。

素养目标

1. 通过学习,激励学生探究中国各地文化,强化学生对中国传统文化的热爱。
2. 通过教育和引导,培养学生的爱国主义情感,使之具备民族自豪感和自信心。

知识导图

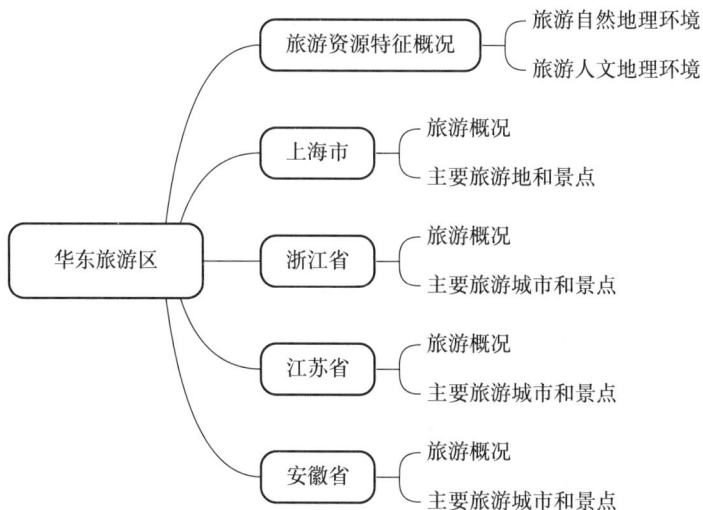

章节要点

1. 华东旅游区旅游资源特征。

2. 华东旅游区主要的旅游城市。

3. 华东旅游区主要的旅游景区及其特色。

章首案例

上海迪士尼主题乐园

万众瞩目的上海迪士尼主题乐园工程于2011年正式开工建设,2016年正式开园,经营至今,给上海、长三角乃至全国经济带来了诸多影响。就"迪士尼效应"问题,有关专家学者表示其产生了"四大效应":一是直接拉动了相关产业和周边经济;二是填补了国内旅游产业空白;三是有助于刺激本土文化产业和旅游产业加速发展;四是有助于上海和长三角地区的经济结构转型。

讨论:根据你对华东旅游知识的了解,分析迪士尼选址上海的原因有哪些,以及迪士尼落户上海对华东旅游发展带来哪些影响。

第一节　旅游资源特征概况

一、旅游自然地理环境

（一）平原、低山、丘陵相间分布

本区地貌类型复杂多样,平原、低山、丘陵相间排列,以平原、丘陵为主,海拔一般在5—100米,大部分在50米以下。地貌构成有黄淮平原、皖中丘陵、江南丘陵、长江三角洲等,平原多为带状,较为狭长。本区虽地势低缓,但也不乏傲然耸立的山峰分布其中,主要有黄山、九华山、雁荡山等,均是旅游名山。

（二）气候温热湿润

华东地区大多处于我国东南沿海,属于典型的亚热带湿润季风气候,四季分明,降水丰沛,季节分配均匀,夏季高温多雨,冬季温和湿润。7月平均温度为25℃左右,1月平均温度在0℃以上,春季、秋季是旅游活动的最佳季节。本区内有丰富的气象气候旅游资源与避暑胜地,名山、海滨等均是理想的旅游地。

（三）河网密布,湖泊众多

本区河网密布,湖泊众多,主要有长江及其支流、淮河、钱塘江等。其中,上海、江苏、安徽境内有长江流过,浙江境内有钱塘江,孕育有丰富的水体旅游资源。本区湖泊资源丰富,中国五大淡水湖中有三个位于华东地区,分别是江苏太湖、洪泽湖、安徽巢湖。此外,杭州西湖、扬州瘦西湖、嘉兴南湖等,均是著名风景名胜区。

二、旅游人文地理环境

（一）经济发达,物产丰富

华东旅游区是中国经济发展较快的地区,上海是全国最大的商业中心城市。本区形成了以上海为中心的长江三角洲地区,其中杭州、宁波、南京、苏州等均在全国城市中占有重要的地位。本区开发历史早,经济发达,物产丰富,盛产水稻、小麦、油菜、茶叶等,素有"鱼米之乡"之称。独具特色的地方特产,包括浙江的西湖龙井、丝绸、金华火腿、嘉兴粽子、东阳木雕,以及江苏的苏绣、安徽的祁门红茶、上海的松江鲈鱼等。

（二）区位良好，交通便利

本区位于长江沿岸，地理位置优越，水、陆、空等交通设施完善，旅游交通网络四通八达。水路既有内河航运，也有海运。内河航运包括长江航运、黄浦江及苏州河等重要航道，海运以上海为中心，有连云港、宁波、温州等港口。铁路网发达，有京广线、京沪线、沪杭线等。公路网密度大，国道、省道相互连接。航空运输发达，与国内重要城市与国外等均有航班互通，均为区域旅游业的发展提供了重要的保障。

（三）吴越文化特色鲜明

吴越文化又称"江浙文化"，是汉文明的重要组成部分，也是江浙的地域文化。本区是吴越文化的主要分布地，分布在今天江苏南部、安徽南部、浙江、上海等地。在吴越文化影响下，区域人们既崇尚武术，也重视书生气质，同时形成了丰富的吴越文化旅游资源。

（四）誉满全球的古典私家园林

本区古典园林众多，特色鲜明，素有"江南园林甲天下，苏州园林甲江南"的说法。江南园林的创造要求园林设计者具有较高的才思，能够巧妙地运用对比、衬托、层次配合以及以小见大等造园技巧和手法，将亭、台、楼、阁、廊、泉、石、池、花、木等元素有机结合，构成曲折多变、妙趣横生的人生哲理，从而使形式美与意境美达到高度融合。

这里有"中国四大名园"中的留园、拙政园，有"苏州四大名园"沧浪亭、狮子林、拙政园和留园，有上海豫园、绍兴沈园、网师园、怡园等。众多园林中，以苏州园林为代表，苏州有多座园林被列入《世界遗产名录》，被誉为"咫尺之内再造乾坤"，是中华园林文化的典型。

（五）密集的旅游城镇

本区自然环境优越，开发历史早，经济发达，孕育有众多的旅游城镇。其中，上海是中国最大的经济中心、贸易港口与重要的购物中心；无锡是著名的风景旅游城市；常州是著名的文化旅游名城；扬州、镇江等是国家历史文化名城。浙江城市旅游资源丰富，区域地位突出，有中国文化旅游名城杭州、中国文化旅游名镇乌镇和名人辈出的绍兴等。

（六）历史悠久的曲艺文化

优美的自然环境和悠久的历史文明孕育出了本区独具特色的戏剧和音乐艺术，无论是昆曲、越剧等戏剧，还是民间器乐合奏或说唱等，都具有细腻、婉转、圆润、悠扬等特色，深受中外游客的喜爱。

1. 昆曲

昆曲发源于江苏昆山,至今已有600多年的历史。昆曲被称为戏曲百花园中的"兰花",寓意清新典雅。其特点为唱腔婉转、圆润、悠扬,表演动作细腻,歌唱与舞蹈结合得巧妙而和谐,伴奏乐器以曲笛为主,辅以笙、箫、唢呐、三弦或琵琶等。昆曲有"百戏之祖、百戏之师"之誉。我国许多地方的剧种,如晋剧、蒲剧、湘剧、川剧、赣剧、桂剧、邕剧、闽剧、婺剧、滇剧等,都曾受到过昆曲艺术的哺育和滋养。昆曲于2001年被联合国教科文组织列入世界第一批"人类口述和非物质遗产代表作"名单。

2. 越剧

越剧发源于浙江嵊县(现嵊州),发祥于上海,繁荣于全国,流传于世界。越剧在发展中汲取了话剧、绍剧等特色剧种之精华,以优美抒情的唱腔而赢得观众的喜爱。越剧以唱为主,长于抒情,声音优美动听,表演真切动人,唯美典雅,极具江南灵秀之气,并且多以"才子佳人"题材为主。20世纪五六十年代前期是越剧的黄金时期,出现了一批有重大影响的艺术精品,如《梁山伯与祝英台》《西厢记》《红楼梦》《祥林嫂》等,这些作品在国内外都获得了极高声誉。

3. 江南丝竹

江南丝竹是在江浙沪一带广为流传的优秀民间器乐合奏形式,素有"人间仙乐"之美誉。有诗云:"一曲丝竹心已醉,梦听余音夜不寐。其中奥妙谁得知,仙乐霓裳人间回。"江南丝竹曲调优美淳朴、清新悦耳、绮丽幽雅,听了江南丝竹,仿佛看到了江南美景,各种乐器时隐时现、时断时续。这种合奏既不强调节奏的一致性,也不讲求"巨浪拍岸""惊雷万钧"之势,正是它有别于其他丝竹乐种的显著特点。

4. 苏州评弹

苏州评弹是苏州评话和弹词的总称,发源于江苏苏州地区,盛行于江浙沪的长江三角洲一带。其中,评话一般用来讲武侠、公案之类的故事,以醒木、折扇、手帕为道具;弹词是使用三弦、琵琶等乐器弹唱以才子佳人为主题的故事,均为自弹自唱。经过400多年的流传和发展,苏州评弹现已形成了以"说、噱、弹、唱、演"和"理、味、趣、细、奇"为主要特点的表演体系,产生了几十种风格各异的流派唱腔,积累了一大批堪称精品的传世书目,拥有了专门的演出场所——书场,诞生了一大批知名艺人。苏州评弹是江南文化的一面镜子,是江南文人精神的重要载体。它除了具有文学艺术价值,还具有语言学、历史学、民俗学、伦理学、社会学等多学科研究价值。苏州评弹不仅成了汉语吴方言区的文化象征,也因其深厚的文化积淀和艺术积累,成为中国民间曲艺的杰出代表。

第二节　上　海　市

一、旅游概况

上海市,简称"沪",位于长江入海口、我国大陆海岸线的中点。上海气候温暖湿润、四季分明,属于亚热带海洋性季风气候。每年春、秋两季是最佳的旅游季节。上海地势低平,处于长江三角洲冲积平原上,北部的长江口有我国第三大岛崇明岛。

上海是一座具有光荣革命传统的城市,留下了许多珍贵历史遗迹。有小刀会起义总部遗址、中共一大纪念馆、"五卅"运动旧址,还有鲁迅、邹韬奋等近代文化名人和孙中山、宋庆龄、周恩来等革命家的故居与陵墓。

上海是中西文化的交会点。在中西文化交融中所形成的民俗风情和传统旅游产品,对国内外游客具有极大的吸引力。上海的城市建筑群享有"世界建筑博览会"之誉,尤其是"万国建筑"的外滩,已成为国内外游客慕名向往之地。

上海著名的风景名胜古迹有豫园、玉佛寺、龙华寺、龙华塔、古猗园、秋霞圃、淀山湖、大观园等,近年来又兴建了许多新景观,如南京路步行街、新外滩、人民广场、南浦大桥、杨浦大桥、上海东方明珠广播电视塔、金茂大厦、国际会议中心、上海野生动物园、上海世纪公园、上海大剧院、上海博物馆、上海科技馆等,吸引了广大中外游客前往观光游览。

上海是一座历史文化名城,又是一座高速发展的现代化城市。随着世界财富论坛、第九届APEC会议,以及世界性的博览会、电视节、电影节、音乐节频频在上海举行,上海国际大都市的地位已经确立。近年来,上海加大发展旅游业的力度,先后推出都市旅游、会展旅游、生态旅游等旅游相关项目,产生了很大的经济效应和社会效应。上海已经成为国外游客向往的观光游览地。

二、主要旅游地和景点

（一）黄浦区

1. 豫园

豫园坐落于上海黄浦区,紧邻城隍庙、豫园商城,是有着400多年历史的古典园林,为全国重点文物保护单位。豫园布局奇特,设计精巧、虚实互映、疏密有致、前后呼应、以小见大,充分展现了中国古典园林的建筑与设计风格。豫园有40多处亭台楼阁,由造型奇特、栩栩如生的龙墙将它分隔为多个景区,每个景区都各有特色。豫园是上海地区极具吸引力的园林庙市旅游区,也是上海较大的旅游商业中心。

2. 外滩

外滩位于黄浦江西岸,全长千余米。外滩又名"中山东一路",是为了纪念中国民主革命的先驱孙中山先生而命名的。外滩是上海的标志,是极具上海特征的景观。在近代史上,外滩曾是西方列强在上海的政治、金融、商务和文化中心,集中了世界各国各种风格的建筑,因此,外滩被称为"近代世界建筑博览会"。外滩的江面、长堤、绿化带及万国建筑群所构成的街景,是极具特色的上海景观(见图8-1)。

图8-1　上海外滩

3. 中国共产党第一次全国代表大会会址纪念馆

中国共产党第一次全国代表大会会址纪念馆位于上海市兴业路76号。该会址是一座具有20世纪20年代上海民居风格的石库门式的二层楼房,原是出席中共"一大"的上海代表李汉俊之兄李书城的住所,大会在底层的一间客堂中召开。客堂中间放置着一张铺着白色台布的长方形会议桌,会议桌四周放着十几把木椅,靠墙还有两张茶几,陈设十分简单、俭朴。在会址的两旁有历史资料陈列室,陈列着许多珍贵文物。

(二)普陀区

玉佛寺:我国著名佛教禅宗寺院,位于上海市普陀区安远路170号。玉佛寺殿堂楼阁仿宋代建筑形式,飞檐耸脊,布局紧凑,有前后三进院落。中轴线上的建筑包括照壁、山门、天王殿、大雄宝殿等。大雄宝殿为佛式建筑,高大疏朗,殿内正中供奉着释迦、药师、弥陀三尊佛像,两侧为二十诸天,主像背面有海岛观音壁塑。玉佛楼为二层

慎思笃行

中共一大纪念馆的镇馆之宝,默默见证那段革命岁月

建筑,楼下是方丈室,楼上供奉由整块白玉精雕而成的释迦牟尼坐像。佛像玉色莹洁,形象生动逼真,表情温柔和善,为佛教艺术中少见的珍品。卧佛殿内有一尊巨型大玉卧佛,是由缅甸汉白玉雕成的,造型优美慈和。玉佛寺不仅是上海地区佛教信徒举行宗教活动的中心,也是上海佛教界对外友好往来和佛教学术研究的中心,还是上海著名游览点之一。

(三)浦东新区

浦东得名于黄浦江,浦东新区位于黄浦江以东、长江口西南。根据1990年中共中央和国务院的战略决策,开发浦东成为中国20世纪90年代改革开放的重点,使上海尽快发展成为一个国际金融和贸易中心,进而带动整个长江流域乃至全国经济的发展。经过20世纪90年代以来的艰苦创业,一批现代化、功能性的建筑拔地而起,如东方明珠电视塔、金茂大厦、上海海洋水族馆、上海科技馆、杨浦大桥、南浦大桥、奉浦大桥、徐浦大桥、浦东国际机场、滨江大道、世纪大道、中央公园等,这些都成为上海现代化大都市的新景观。

1.上海东方明珠广播电视塔

上海东方明珠广播电视塔简称"东方明珠",为国家5A级旅游景区,位于上海市浦东新区陆家嘴世纪大道,地处黄浦江畔,背拥陆家嘴地区现代化建筑楼群,与隔江的外滩万国建筑博览群交相辉映,是集都市观光、时尚餐饮、购物娱乐、历史陈列、浦江游览、会展演出、广播电视发射等多功能于一体的上海市标志性建筑之一。东方明珠塔高468米,巧妙地融合了宇宙空间、飞船火箭和原子结构的形象,创造了"大珠小珠落玉盘"的意境,体现了现代科技和东方文化的完美结合。

2.上海野生动物园

上海野生动物园位于上海市浦东新区南六公路,是我国较大的国家级野生动物园、国家5A级旅游景区。上海野生动物园率先倡导动物健康运动,园内有多座功能各异的动物健康运动表演练习场馆,人与兽大型广场艺术表演精彩纷呈。同时,建有当今世界上先进的哺乳动物浸入式展区多个,拉近了人与动物的距离,营造了人与动物充分和谐的环境。

3.上海迪士尼乐园

上海迪士尼乐园是中国第二个、世界第六个迪士尼主题公园。整个园区由米奇大街、奇想花园、探险岛、宝藏湾、明日世界、梦幻世界等多个部分组成。米奇大街主要可以分为欢乐广场、花园广场、市集区、剧院区等街区,主要有大钟塔、小米大厨烘焙坊、甜心糖果等。奇想花园主要包括7座风格各异的花园,有故事家雕塑、米奇童话专列、十二朋友园等。梦幻世界是迪士尼乐园中最大的主题园区,有7个小矮人矿山车、旋转疯蜜罐、爱丽丝梦游仙境迷宫、小飞侠天空奇遇、冰雪奇缘等。探险岛充满了古老神秘的色彩,有《人猿泰山:丛林的呼唤》演出、古迹探索营、部落丰盛堂等项目。宝藏湾是全球迪士尼乐园中第一个以海岛为主题的园区。

(四)青浦区

1.淀山湖风景区

淀山湖是上海最大的淡水湖泊,自然环境优美,富有江南水乡风光。它位于上海市青浦区,是上海市规模最大的具有游览、休闲、疗养、野营等多功能的旅游区。淀山湖的西岸兴建了以"大观园"仿古建筑群为主体的风景区,整个风景区分东、西两个景区,东区以自然风光和植物造景为主,西区是以古典名著《红楼梦》所描述的"大观园"为蓝本修造的仿古建筑群大观园,体现了明末清初的古典园林风貌。

2.上海市青少年校外活动营地

上海市青少年校外活动营地——东方绿舟位于淀山湖畔,由知识大道区、勇敢智慧区、国防教育区、生存挑战区、科学探索区、水上运动区、运动训练区、生活实践区等八大园区组成。其中,知识大道区由162位世界文明发展史上著名人物的雕塑组成,是目前世界上较大的雕塑公园。东方绿舟已成为与上海现代化国际大都市相匹配的青少年素质教育的重要场所、中外青少年交流的重要窗口,是上海市民休闲旅游的新景点。

第三节　浙　江　省

一、旅游概况

浙江省,地处中国东南沿海长江三角洲南翼,东临东海,简称"浙",省会杭州市。浙江省陆域面积10.55万平方千米。2023年末,全省常住人口6627万人。

浙江属于亚热带湿润季风气候,气候温和湿润,四季分明,冬季受北方高压控制,盛行西北风,以晴冷干燥天气为主,低温少雨;夏季受太平洋副热带高压控制,以东南风为主。全省年平均气温15—18 ℃,1月平均气温3—7 ℃,7月平均气温28 ℃左右。年平均降水量1100—2000毫米。沿海有2000多个岛屿,是我国岛屿最多的省份。

浙江山清水秀、人杰地灵,素有"鱼米之乡""丝茶之府""文物之邦""旅游胜地"之称。省内国家重点风景名胜区有杭州西湖、富春江-新安江、雁荡山、普陀山、天台山、嵊泗列岛、楠溪江、莫干山、雪窦山、双龙洞、仙都等。

浙江有杭州西湖风景区、温州雁荡山风景区、舟山普陀山风景区、杭州淳安千岛湖风景区、嘉兴桐乡乌镇古镇、嘉兴南湖旅游区、宁波奉化溪口-滕头旅游景区、金华东阳横店影视城景区、杭州西溪湿地旅游区、绍兴鲁迅故里·沈园景区、衢州开化根宫佛国文化旅游区、湖州南浔古镇景区等国家5A级旅游景区。2010年,浙江江郎山景区作为"中国丹霞"的重要组成部分入选《世界遗产名录》。2011年,杭州西湖文化景观被列入《世界遗产名录》。

二、主要旅游城市和景点

(一)杭州市

杭州市,位于中国东南沿海、浙江省北部、钱塘江下游、京杭大运河南端,是中国"七大古都"之一,素有"人间天堂"的美誉。杭州市内人文古迹众多,西湖及其周边有大量的自然及人文景观遗迹。杭州是吴越文化的发源地之一,历史文化积淀深厚,其中具有代表性的独特文化有良渚文化、丝绸文化、茶文化等。杭州的旅游资源有西湖、灵隐寺、西溪国家湿地公园、雷峰塔、苏堤、宋城、千岛湖等。

1. 杭州西湖风景名胜区

杭州西湖风景名胜区位于杭州市西湖区,由西湖自然山水、"三面云山一面城"的城湖空间特征、"两堤三岛"景观格局、"西湖十景"题名景观、西湖文化史迹和西湖特色植物六大要素组成。西湖景观秉承"天人合一"哲理,在10个多世纪的持续演变中日臻完善,成为景观元素特别丰富、设计手法极为独特、历史发展特别悠久、文化含量特别厚重的"东方文化名湖"。整个景区由"一山"(孤山)、"两堤"(苏堤、白堤)、"三岛"(阮公墩、湖心亭、小瀛洲)和"西湖十景"(苏堤春晓、曲苑风荷、平湖秋月、断桥残雪、柳浪闻莺、花港观鱼、雷峰夕照、双峰插云、南屏晚钟、三潭印月)构成。

2. 灵隐寺

灵隐寺又名"云林寺",地处杭州西湖以西,是全国重点文物保护单位,始建于东晋,开山祖师为西印度僧人慧理和尚。灵隐寺建筑布局采用典型的中轴对称,中轴线上主要有天王殿、大雄宝殿、药师殿、法堂、华严殿等,两边附以五百罗汉堂、济公殿、联灯阁、华严阁、大悲楼、方丈楼等建筑构成。

3. 千岛湖风景区

千岛湖位于浙江省西北部淳安县境内,是浙江最大的人工水库,比杭州西湖大103倍,有大小岛屿1078个,故称"千岛湖",以山青、水秀、洞奇、石怪而著称。千岛湖四周峰峦叠翠,山峦中生长着茂密的森林,林木秀丽挺拔,湖水碧波荡漾,青山倒影清晰,兼有太湖之浩瀚、西湖之秀丽。千岛湖东南湖区以怪石、茂林、修竹等自然景观为主,中心湖区有鹿、猴、蛇、鸟等动物,妙趣纷呈。岛上还有惊而不险、刺激回味的跳伞、滑板、飞艇、空飘等水上娱乐项目。非常引人入胜的著名岛屿有龙山岛、密山岛、羡山岛、猴岛、鹿岛、桂花岛、蛇岛、天池岛等。密山山巅有密山泉,四季不竭,岛上有三个和尚圆寂塔,相传"三个和尚没水喝"的故事就发生在这个山上的一座庙里。

(二)绍兴市

绍兴市,古称"会稽""山阴",是世界文化名城,也是春秋越国、吴越、南宋等朝代的古都。绍兴的主要景点有鲁迅故里、沈园、兰亭、西施故里等。

1. 鲁迅故里

鲁迅故里位于绍兴市越城区鲁迅中路,是国家5A级旅游景区。这里曾是鲁迅先生早年的住处,现在是鲁迅博物馆。鲁迅故居原来是两进院落,前一进已非原貌,后一进的主体建筑是当年的老宅。后园是百草园,原是周家与附近住房共有的菜园,也是《从百草园到三味书屋》中描写的百草园。鲁迅故里的主要景点有鲁迅祖居、三味书屋、鲁迅故居、百草园、鲁迅笔下风情园、鲁迅纪念馆、土谷祠等。

2. 沈园

沈园又称"沈氏园",是国家5A级旅游景区、宋朝著名园林,至今已有800多年的历史。沈园原为南宋时一位沈姓富商的私家花园,初成时规模很大,陆游曾在此留下著名诗篇《钗头凤》。沈园分为古迹区、东苑和南苑三大部分,古迹区是游览的重点。古迹区左侧墙上有许多诗词的碑刻,往里有六朝井亭,这口井和旁边的葫芦形水池是园中仅存的六朝遗物。孤鹤轩是沈园的中心,它的南面是《钗头凤》碑。

3. 兰亭

兰亭位于绍兴城西南的兰渚山下。这里群山合抱,曲水环弯,茂林修竹,映带左右,风光优美。《越绝书》记载,兰亭最早是越王勾践种兰花的地方,汉代又设有驿亭,故称"兰亭"。东晋永和九年(公元353年),王羲之与好友谢安、孙绰等集于兰亭,吟诗饮酒,后汇集诸人诗文,王羲之写了《兰亭集序》这篇序文,此序为古今称道的书法精品,兰亭也因此更加出名。现建筑和园林是明嘉靖年间重建,有流觞亭、王右军祠、墨池、鹅池等建筑。其中,"父子碑"(鹅池碑,传为"二王"合璧)、"君民碑"(康熙书"兰亭"碑,民众抚摸)和"祖孙碑"(康熙、乾隆合书一御碑)被称为"兰亭三绝"。亭旁即鹅池,驻足池畔,倚栏观赏群鹅戏水,能尽情体验"鹅鹅鹅,曲项向天歌,白毛浮绿水,红掌拨清波"的野趣逸韵。

4. 西施故里

在古代,沿浦阳江有"上诸暨"和"下诸暨"之分,西施出生在下诸暨,下诸暨即浦阳江下游之地,后改名为"萧山",一直沿用至今,但人们还是习惯称西施为诸暨人。西施生活的地方在萧山临浦苎萝村(历史上称作苎萝乡西施里),萧山有苎萝乡西施里的建制。苎萝山在萧山苎萝乡施家渡(现临浦施家渡)附近,山仅数丈,临江而立。江边有一大石,名"浣纱石",相传是西施当年浣纱之处。石上有"浣纱"两个大字,笔势飞腾,字迹能辨,传为晋代"书圣"王羲之所书。山西边有范蠡岩,传西施入宫时,范蠡在此山脚下扶她上香车,故得此名。相传当年西施入吴时,由范蠡陪同,舟从越国会稽出发,顺西小江而行,过苎萝山来到这里。此时已近黄昏,西施望着夕阳西下的家乡,想着自己背井离乡,前往吴国,将委身于吴王,便泪流不止。范蠡深知西施的心情,于是决定在此停泊一宿。当时正值夏末秋初,江南天气依然炎热,俗称"秋老虎",西施便在两水交汇的潭中沐浴。从此,这里的潭、桥、路都冠上了"浴美施"三个字。现今这里仍然保留了"古浴美施闸"刻石,西施其人其事在当时已经流传甚远。此处山清水秀,景色极佳。

(三)嘉兴市

嘉兴市,地处浙江省东北部、长江三角洲杭嘉湖平原腹地,东接上海,北临苏州,西邻杭州,与宁波、绍兴隔江相望;东临大海,南濒杭州湾钱塘江,京杭大运河夹城而过,扼太湖南走廊之咽喉,处江河湖海交汇之位。嘉兴是新石器时代马家浜文化发祥地、江南文化发源地,自古为繁华富庶之地,素有"鱼米之乡""丝绸之府"美誉。嘉兴名人辈出,涌现出茅盾、金庸、金学曙、徐志摩、陈省身等名家大师。嘉兴自然风光以潮、湖、河、海并存驰誉江南,拥有南湖旅游区、乌镇古镇、西塘古镇三个国家5A级旅游景区,以及海宁盐官旅游度假区、南北湖、绮园等国家4A级旅游景区,构成江南水乡特色。嘉兴是中国共产党诞生地,中共一大在嘉兴南湖闭幕。

1. 乌镇

乌镇是一个具有1300年建镇史的江南古镇。"十"字形的内河水系将全镇划分为东、南、西、北四个区块,当地人分别称为东栅、南栅、西栅、北栅。全镇以河成街,桥街相连,依河筑屋,深宅大院,重脊高檐,河埠廊坊,过街骑楼,穿竹石栏,临河水阁,古色古香,水镇一体,呈现一派古朴、明洁的幽静,是江南典型的"小桥流水人家"(见图8-2)。如今的乌镇大致分类为传统商铺区、传统民居区、水乡风貌区、传统餐饮区、传统文化区、传统作坊区。

2. 西塘

西塘历史悠久,是古代吴越文化的发祥地之一、"江南六大古镇"之一,为吴地方文化的千年水乡古镇。在春秋战国时期是吴越两国的交壤之境,素有"吴根越角"和"越角人家"之称。西塘是中国历史文化名镇,已被联合国教科文组织列入"中国世界文化遗产保护预备清单"。老镇区内有保存完好的25万平方米明清建筑群,规模之大和保存之完好是江南少有的。古老的江南水乡风貌形成了西塘丰富的自然景观资源,街衢依河而建,民居临水而筑,1.01平方千米的老镇区内有27座石桥、122条古弄和千余米长的廊棚,拥有西园、种福堂、石皮弄、根雕馆、纽扣博物馆、圣堂、七老爷庙、倪天增祖居等景点近20处。"春秋的水,唐宋的镇,明清的建筑,现代的人",是对西塘历史沿革的写照。

图 8-2　乌镇

（四）舟山市

舟山市,是浙江省辖地级市、长江三角洲中心区城市,位于浙江省东北部,东临东海,西靠杭州湾与宁波市,北接上海市。舟山市四面环海,属亚热带季风气候;地势由西南向东北倾斜,南部大岛海拔高、排列密集,北部小岛地势低、分布稀疏。舟山市拥有普陀山、嵊泗列岛两个国家级风景名胜区,岱山、桃花岛两个省级风景名胜区以及海岛历史文化名城定海。

1. 普陀山风景名胜区

普陀山风景名胜区位于舟山岛东面的莲花洋中,为我国四大佛教名山之一。相传为观世音菩萨的道场,素有"海天佛国"之称。佛教名胜有三大禅寺,即普济寺、法雨寺和慧济寺。普陀山的自然风光可以概括为"一境"（梅岭仙境）、"三洞"（朝阳洞、潮音洞、梵音洞）、"三沙"（金沙、百步沙、千步沙）。普陀山山峰秀丽,洞幽岩奇,云涛莫测,海景变幻,海滨宽阔,气候宜人,历来为游览避暑胜地。

2. 嵊泗列岛风景名胜区

嵊泗列岛位于舟山群岛北部,由近400个大小岛屿组成,是全国独一无二的国家级列岛风景名胜区。嵊泗列岛气候宜人,具有滩多、礁多、石奇的特色。景观较集中的有泗礁、黄龙、枸杞、嵊山、花鸟等岛。尤其是其中的泗礁岛,是一个清凉世界,碧海、蓝天、青山、白云和金黄色的沙滩构成了一幅绚丽多姿的海景画卷。嵊泗列岛夏季凉爽如秋,海产品丰富,是避暑度假的理想之所。

3. 桃花岛

桃花岛位于舟山本岛沈家门渔港的南面。其中,南部的对峙山为舟山群岛的最高峰,山脉向四周延伸,形成了群峰起伏、层峦叠嶂的山海风景。相传前秦隐士安期生在岛上白云山修道炼丹,"尝以醉,墨洒于山石上,遂成桃花纹",桃花岛岛名由此而来。传说天上有位神仙下凡巡视,路过东海,因迷恋桃花岛的旖旎景色,不愿返回天府,化身为石,长住于此。岛上悠悠高山,礁奇石怪,碧海金沙,幽幽溪洞,山花烂漫,岗峦密布,山势起伏,林木葱翠,风光旖旎,植被覆盖率达75%以上,有"海岛植物园"之称。桃花岛上的水仙与兰花,是岛上的"土特产",尤其是水仙花,名列"中国三大水仙"之一。

(五)海宁市

海宁市,地处钱塘江北岸,为人文荟萃之城。海宁之名,寓"海洪宁静、海涛宁谧"之义。海宁的潮文化、名人文化、灯文化独具特色。海宁有非物质文化遗产121项,其中,硖石灯彩、海宁皮影戏、潮神祭祀三项为国家级。硖石灯彩有1000多年历史,手工针刺技艺天下独绝,是中国灯彩文化产业示范基地。截至2024年8月,海宁已成功举办30届钱江(海宁)观潮节,央视15次直播钱江潮,奔腾不息的钱江潮铸就了"敬业奉献、猛进如潮"的海宁精神。此外,数学家李善兰、国学大师王国维、军事理论家蒋百里、新月派诗人徐志摩、书法家张宗祥、红学家吴世昌、电影艺术家史东山、实业家查济民、小说家金庸等影响中国的海宁人有100多位。

海宁盐官观潮:钱塘江潮自古以来被称为"天下奇观",涌潮袭来时,潮头壁立,声如雷鸣,形似万马奔腾,被称为"怒潮"。曾有大潮把3000多斤重的"镇海铁牛"抛出10多米,有"翻江倒海"之势。钱塘江潮以阴历八月十五至十八最为壮观,有"八月十八潮,壮观天下无"之说,此时称为"观潮节"。"钱江秋涛"以盐官镇观潮最佳。观潮风气最盛的时候在南宋,钱塘观潮是南宋时期的盛大节日。每逢阴历八月十八即"潮神生日",南宋定于该日在钱塘江上检阅水师,以后相沿成习,把这一天作为传统的观潮佳节。海宁观潮已成为"一潮三看赏四景"的追溯游线。位于盐官以东的八堡,可以看到东潮、南潮汇合相吻的碰头潮,其声如山崩地裂,潮似冰山雪峰,十分壮观。在这里,还可以看到举世闻名的"一线潮",即潮至盐官海塘,连成南北雪白一线,十分奇特。

(六)乐清市

乐清市,地处浙江东南沿海的瓯江口北岸,是旅游资源大市。乐清市境内的雁荡山景区是迄今为止第一个以中生代火山地质地貌为主题的世界地质公园。此外,这里还有乡村旅游、民宿旅游、工业旅游、红色旅游等独具特色的休闲旅游产品,吸引着大批海内外游客前来观光旅游。

雁荡山风景区:为国家重点风景名胜区、国家5A级旅游景区,素有"海上名山""寰中绝胜"美誉。景区包括北雁荡山、中雁荡山和南雁荡山,其中尤以北雁荡山为人熟识。雁荡山以奇峰、怪石、幽洞、飞瀑为主要特色,尤其是奇峰怪石造型独特,且移步换景、晨昏有别,以"造型地貌博物馆"闻名遐迩。雁荡山有300多个风景点,分为灵峰、灵岩、大龙湫、雁湖、显胜门、羊角洞和仙桥等景区。其中,灵峰、灵岩、大龙湫为"雁荡三绝"。灵峰拔地而起,高接云天,满山奇石林立,洞壑曲折幽深。大龙湫瀑布自悬崖倾泻,凌空起舞,为四季绝妙景观,古今游人莫不为之倾倒。

(七)台州市

台州市,位于浙江省东部,素有"七山二水一分田"之称,其地形地貌是浙江省的缩影。台州拥有台州湾、三门湾、乐清湾3个海湾和12个岛群691个岛屿,是中国拥有岛屿数量较多的地级市。截至2024年,台州拥有4处国家级森林公园和2处国家级湿地公园。

天台山风景名胜区:位于台州市天台县城北。天台山主峰华顶山是济公的故乡、佛教天台宗的发祥地、日本佛教天台宗的"祖庭"。山中有隋代古刹国清寺,是佛教天台宗祖寺,是一个拥有约600间殿宇的大型建筑群。景区内悬崖峭壁,峰峦连绵,植被繁茂,飞瀑流泉遍布,以"幽、奇、清、古"闻名四海。天台山的主要景点有"华顶秀色""石梁飞瀑""铜壶滴漏""赤城栖霞""琼台夜月""桃源春晓"和隋塔、隋梅、唐樟、宋柏等。

(八)湖州市

湖州市,是一座有着100万年人类活动史、2300多年建城史的国家历史文化名城,也是环太湖地区唯一因湖得名的江南城市。湖州是丝之源、笔之源、茶之源、瓷之源、酒之源,素有"丝绸之府、鱼米之乡、文化之邦"的美誉,宋代便有"苏湖熟,天下足"之说。列为"文房四宝"之首的湖笔就产于湖州;钱山漾遗址开启了4000多年的世界养蚕织丝史,被命名为世界丝绸之源;湖州所产的"湖丝"曾获得1851年英国伦敦首届"世博会"金奖,迈开了中国参与世博的第一步;"茶圣"陆羽在湖州完成了世界首部茶学巨著《茶经》。

莫干山风景名胜区:位于湖州市德清县西部,为国家级风景名胜区,主峰塔山海拔700多米。相传春秋末年,干将、莫邪夫妇在此为吴王阖闾铸剑而得名莫干山。莫干山以"凉、绿、清、静"著称,素有"清凉世界"之美誉。山区林木繁茂,空气纯净,景物清新,泉水洁净,环境幽静,是一片绿色的海洋,犹如世外桃源。200余幢式样各异、外观秀丽的别墅掩映于茂林修竹之中,是理想的避暑、疗养胜地。莫干山与北戴河、庐山、鸡公山并称为"全国四大避暑胜地",有剑池、塔山、莫干湖、旭光台、芦花荡等20多处景点。

(九)金华市

金华市,位于浙江省中部,以境内金华山得名。金华古称"婺州",拥有2200多年的悠悠历史,是我国历史文化名城、国家旅游名城,素有"历史文化之邦""山清水秀之乡"

等美誉。值得一提的是,金华的义乌小商品城闻名海内外,是全球最大的小商品集散中心。

横店影视城:位于金华市东阳市横店镇,是一个集影视旅游、度假、休闲、观光于一体的大型综合性旅游区。自1996年以来,已建成广州街、香港街、明清宫苑、秦王宫、清明上河图、梦幻谷、大智禅寺、明清民居博览城等影视拍摄基地和多座超大型的现代化摄影棚。横店影视城现已成为亚洲规模较大的影视拍摄基地,被称为"中国好莱坞"。

第四节 江 苏 省

一、旅游概况

江苏省,简称"苏",是以旧江宁、苏州两府首字得名,位于我国东部沿海,全省面积10.72万平方千米,省会为南京市。2023年末,全省常住人口8526万人。

江苏气候温暖湿润,四季分明,淮河以北属暖温带气候,其他大部分属亚热带湿润季风气候,夏季全省气温普遍较高,冬季长江以北地区气温较低,每年春、秋两季是最佳的旅游季节。

江苏历史悠久,是山水园林、名胜古迹和旅游城市高度集中的地区,旅游资源极为丰富。有"天堂"之称的苏州、"淮左名都"扬州,以及镇江、淮安、徐州、常熟分别被列入中国历史文化名城,使江苏成为中国历史文化名城最多的省份。江苏的文化古迹也比较丰富,包括:南京的"石头城"、明孝陵、中山陵;徐州的汉代兵马俑、刘邦"大风歌碑";常州的"东南第一丛林"天宁禅寺;苏州的虎丘塔、寒山寺,更有作为文化遗产被列入《世界遗产名录》的苏州古典园林及中国大运河(江苏段)。

江苏的国家5A级旅游景区有苏州园林景区、苏州周庄古镇景区、中央电视台无锡影视基地景区三国水浒景区、南京(钟山—中山陵园)景区、无锡灵山大佛景区、苏州吴江同里古镇景区、南京(夫子庙—秦淮河)旅游区、常州恐龙城休闲旅游区、扬州瘦西湖景区、南通濠河景区、泰州姜堰溱湖旅游景区、苏州金鸡湖景区、镇江金山·焦山·北固山(简称"三山")风景区、无锡鼋头渚景区、苏州吴中太湖旅游区、常熟沙家浜·虞山尚湖旅游区、常州天目湖景区、镇江句容茅山景区、淮安周恩来故里景区等。

二、主要旅游城市和景点

(一)南京市

南京市,是江苏省的省会,地处中国东部地区、长江下游,濒江近海。这里是"中国四大古都"之一,有"六朝古都"之称,是中华文明的重要发祥地。南京旅游资源丰富,旅游业发达,既有世界文化遗产景区,又有国家5A级旅游景区和全国重点文物保护单位等。

1. 中山陵

中山陵位于南京钟山风景名胜区,被誉为"中国近代建筑史上的第一陵"。主要建筑有牌坊、墓道、陵门、石阶、碑亭、祭堂和墓室等,排列在一条中轴线上。墓地全局呈"警钟"形图案。陵墓入口处有高大的花岗石牌坊,上有孙中山先生手书的"博爱"两个金字。祭堂为中山陵主体建筑,祭堂中央供奉孙中山先生的坐像。祭堂南面三座拱门为镂花紫铜双扉,门额上分别刻有"民族""民生""民权"。中门上嵌有孙中山先生手书"天地正气"匾额。

2. 明孝陵

明孝陵是明代开国皇帝朱元璋和皇后马氏的合葬陵墓,因皇后谥"孝慈",故名孝陵。明孝陵是南京最大的帝王陵墓,其周边有常遇春墓、仇成墓、吴良墓、吴桢墓及李文忠墓等功臣墓。明孝陵的"前朝后寝"和前后三进院落的陵寝制,突出反映了皇权和政治。其陵寝遵循"依山为陵",又通过改方坟为圜丘,开创了陵寝建筑"前方后圆"的基本格局。明孝陵的帝陵建设规制,一直规范着明清两代500余年20多座帝陵的建筑格局。

3. 钟山

钟山位于南京东部,因山顶常有紫云萦绕,又称"紫金山"。钟山自古被誉为"江南四大名山"之一,是南京名胜古迹荟萃之地、国家重点风景名胜区。钟山既是佛教圣地,也是道教名山,山中名胜古迹众多,代表性的有头陀岭、桃花坞、灵谷寺、孙陵岗、明孝陵、中山陵等景点。

4. 秦淮河风景区

秦淮河风景区位于南京东南郊,是流经南京最长的一条河流,分为内秦淮和外秦淮两支。内秦淮长约5千米,人称"十里秦淮"。从六朝起,秦淮河两岸就是南京历史上繁华的商业区,被称为"六朝烟月之区、金粉荟萃之所",歌楼舞榭,骈列两岸;画舫游艇,纠集其间;桨声灯影,纸醉金迷,一派奢华景象。古往今来,无数文人墨客都曾到此游历寻迹,为"十里秦淮"留下了不少动人诗篇。

夫子庙是秦淮河畔的明珠,也称"文庙"或"孔庙",是供奉和祭祀孔子的地方。庙前以秦淮河为泮池,南岸的砖墙就是当年的照壁,照壁全长110米,是我国现存最长的一座照壁。夫子庙广场东侧的贡院曾是科举时代的考场。中华人民共和国成立后,秦淮河风光带经过重新整修,目前商贸发达,古建汇集,已成为庙、市、景合一,集游览、购物、品尝小吃于一体,展现古都南京特有风貌和民俗风情的重要旅游景区,是游人必到之地。

（二）苏州市

苏州市,位于太湖东侧,因有姑苏山而得名,始建于春秋末年,是当时吴国的国都。这里是物产丰富的"鱼米之乡",素享"丝绸之乡"之美誉,丝织品产量、质量在全国均名列前茅。属于"中国四大名绣"之一的"苏绣"驰名中外,有"东方之珠"之誉。

苏州是我国著名的江南水乡,小桥流水遍布全市,是全国河、桥较多的城市,历史上全城共有大小桥梁380多座。这种"小桥流水人家"的水乡风貌,使苏州有"东方威尼斯"之称。

苏州是中国历史文化名城之一,素来以山水秀丽、园林典雅而闻名天下,有"江南园林甲天下,苏州园林甲江南"的美称,被评为"中国十大风景名胜"之一。据记载,苏州城内有大小园林将近200处,是一座名副其实的"园林之城"。其中,沧浪亭、狮子林、拙政园和留园分别代表着宋、元、明、清四个朝代的艺术风格,被称为"苏州四大名园"。1997年,以拙政园、留园、网师园、环秀山庄为代表的苏州古典园林被列入《世界遗产名录》。2000年,苏州艺圃、耦园、沧浪亭、狮子林、退思园作为苏州古典园林的扩展项目被列入《世界遗产名录》。

1. 拙政园

拙政园位于苏州市楼门内东北街,是"苏州四大名园"之一。拙政园是苏州最具有代表性和最大的名园,堪称"苏州园林之冠"。同时,它又与北京的颐和园、承德的避暑山庄和苏州的留园合称为"中国四大名园"。拙政园以江南水乡为特色,全园以水为主,具有朴素开朗的自然风格。园内分东、中、西三部分,中园为全园精华所在,其以"远香堂"为主体,以纵长的水面为中心,一重池水一重山,环以林木花卉,间以厅榭亭轩,疏朗自然。

2. 留园

留园位于苏州阊门外留园路,是"中国四大名园"之一,具有清代园林建筑风格。留园始建于明嘉靖年间,园内有宏伟宽敞的楠木厅、精美华丽的鸳鸯厅(均为中国古典园林厅堂建筑精品)、江南最大的湖石冠云峰等。留园是将中国的古代建筑艺术与山水花木融为一体的代表作,以结构严谨、精巧典雅、变化多端著称,具有移步换景、引人入胜的特点。全园曲廊长达700多米,随形而变,顺势而曲。留园分为四部分,中部以山水为主,东部以建筑见长,北部系田园景色,西部是山林风光。

3. 狮子林

狮子林位于苏州城区园林路,因园中石峰林立,多状似狮子,故名。狮子林是苏州古典园林的代表之一,拥有国内尚存最大的古代假山群,被誉为"假山王国",创建于元代。狮子林将山川的壮丽融入苏州园林特有的秀美,在苏州园林中独树一帜。园中假山重峦叠嶂,群峰起伏,气势雄浑。最高的狮子峰,是元代遗物。全园结构紧凑,长廊四面贯通,廊壁上嵌有石刻,摹刻前代名家书法。游狮子林可以欣赏到宋代四大书法家苏轼、黄庭坚、米芾、蔡襄的书法艺术,园中还有文天祥诗碑、御碑等古迹。历史记载,康熙皇帝南巡狮子林赐额"狮林寺"后,乾隆皇帝六游狮子林,并赐有多块匾额,现存"真趣"等匾额。

4. 周庄古镇景区

周庄古镇景区是国家5A级旅游景区,位于苏州城东南,古称"贞丰里",北宋改称为"周庄"。元代中期,传奇巨商沈万三利用河道与外商做生意,使周庄的经济迅速发展起来,成为江南的一座重镇。全镇依河成街,桥街相连,深宅大院,重脊高檐,河埠廊坊,过街骑楼,穿竹石栏,临河水阁,一派古朴幽静,是典型的江南"小桥流水人家"风格。周庄著名的景点有富安桥、双桥、沈厅等。富安桥是江南仅存的立体形桥楼合璧建筑;双桥则由两桥相连为一体,造型独特;沈厅为清式院宅,整体结构严整,局部风格各异。全镇桥街相连,依河筑屋,小船轻摇,绿影婆娑。

5. 同里

同里位于苏州市吴江区东北,是一个具有悠久历史和典型水乡风格的古镇,也是"江南六大名镇"之一。这里风景优美,镇外四面环水,镇内家家临水,户户通舟。古镇里的明清民居鳞次栉比,古代桥梁保存完好,以"小桥流水人家"的格局赢得了"东方小威尼斯"的美誉。同里现存著名的有退思园、耕乐堂、环翠山庄、三谢堂、侍御第、卧云庵、城隍庙、尚义堂、嘉荫堂、崇本堂等园林和古建筑。退思园是古镇同里有名的私家园林,是江南古镇中唯一的世界文化遗产,因亭台楼阁及山石均紧贴水面,如出水上,所以又有"贴水园"之称,在建筑史上堪称一绝。

6. 寒山寺

寒山寺位于苏州城西的枫桥镇,始建于六朝时,又称"枫桥寺"。相传唐贞观年间高僧寒山、拾得曾在此当住持,遂更名"寒山寺"。该寺曾多次毁于战火,现存殿宇多为清代重建。该寺碑刻艺术天下闻名,碑廊陈列着历代名人,如岳飞、唐伯虎、董其昌、康有为等人的诗碑。唐代大诗人张继游寒山寺,写有《枫桥夜泊》一诗,寒山寺因此诗而更加闻名。现存清代巨钟高悬钟楼,寺庙除夕听钟声活动至今已举办多届。

（三）扬州市

扬州市,地处江苏省中部、长江下游北岸、江淮平原南端,自古就有"苏北门户"之称。扬州是中国历史文化名城,已有2500多年历史,始于春秋时期,当时称为"广陵"。扬州素来是人文荟萃之地、风物繁华之城,有众多的名胜古迹和古典园林。

1. 瘦西湖

瘦西湖位于扬州市西北部,湖身狭长,因而称"瘦西湖"。瘦西湖的旅游景点较多,主要有小金山、五亭桥、二十四桥等。五亭桥的风亭就像五朵冉冉出水的莲花,亭上有一个宝顶,亭内绘有天花,亭外挂着风铃。

2. 个园

个园位于扬州古城东北隅,是一处典型的私家住宅园林。全园分为中部花园、南部住宅、北部品种竹观赏区。从住宅进入园林,首先看到的是月洞形园门,门上石额书写"个园"二字,园门后是春景,夏景位于园之西北,秋景在园林东北方向,冬景则在春景东边。个园主要景点有抱山楼、清漪亭、丛书楼、住秋阁、宜雨轩、觅句廊等。

(四)无锡市

无锡市,位于长江三角洲中部、太湖北岸的京沪铁路线上,是一座具有3000年历史的江南名城。早在春秋战国时期,无锡已是当时的经济、文化中心。无锡又是一座风景秀丽的旅游城市,城市特色以自然风光和近代园林为主。自然风光以水取胜,尤以太湖为主,其名胜大多与太湖景色相联系,因而被誉为"太湖明珠"。无锡的主要名胜有鼋头渚、蠡园、锡惠公园等。此外,三国城、唐城、水浒城等景观也颇具影响力。

1. 鼋头渚

鼋头渚位于无锡市西南郊的太湖之滨,是观赏太湖风光的最佳所在。鼋头渚是一块伸入太湖中的矶石,三面环水,背倚高山,如同一只伸头痛饮太湖水的大鼋,故名。鼋头渚公园是一个以天然山水为主、人工修饰为辅的园林,整个园林布局依山傍水,别具一格。山上有广(光)福寺、澄澜堂、飞云阁等。湖中有三山岛,三山岛以孤见奇、以小取胜,置身岛上,似有漂浮海上之感。

2. 蠡园

蠡园位于无锡市西南五里湖畔,相传因春秋时越国大夫范蠡偕美女西施泛舟于此而得名。蠡园三面临湖,园内有一半面积是水面,以水饰景,亭、廊、堤均傍水而筑,精致纤巧,色彩和谐。园中以太湖石堆垒的假山著称。蠡园将人工修饰与自然风光相结合,将北方园林的宏伟与南方园林的秀美融为一体,独具一格,为江南名胜之一。

3. 锡惠公园

锡惠公园位于无锡市,由惠山和锡山组成。惠山为江南名山之一,山上有惠山寺、香花桥、大同殿等古迹;东麓有明代所建的寄畅园,为江南名园。惠山多清泉,故俗称"惠泉山",著名的"天下第二泉"惠山泉就坐落在这里。盲人阿炳谱写的《二泉映月》更是为惠山增色不少。锡山是惠山东峰脉断处凸起的小山峰,相传周秦时这里产锡,故名。汉初锡竭,因此县名为"无锡"。山顶有龙光塔和龙光寺,山底有龙光洞等名胜。现在惠山与锡山之间开凿了映山湖,将两山连成一片,辟为锡惠公园。

第五节　安　徽　省

一、旅游概况

安徽省,地处中国东部、华东地区西北部,兼跨长江、淮河两大流域,因境内有皖山、春秋时期有古皖国而简称"皖",土地面积14.01万平方千米。2023年末,全省常住人口6121万人。

安徽地处暖温带与亚热带过渡地区,气候温暖湿润,四季分明。淮河以北为暖温带半湿润季风气候,淮河以南属亚热带湿润季风气候。安徽省地形分为淮北平原、江淮丘陵和皖南山区三大自然区域。北部地形平坦,人口密集,能源矿产资源丰富;中部地区丘陵起伏,人口适度,建材矿产丰富;西南部多为山地,人口较少,拥有丰富的森林资源、自然风景、历史文化旅游资源。

安徽是中国旅游资源较丰富的省份,名山胜水遍布境内,自然景观与人文景观交相辉映。截至2024年,安徽省有国家A级旅游景区697家。其中,有国家5A级旅游景区13家(黄山风景区、九华山风景区、天柱山风景区、皖南古村落、绩溪县龙川景区、天堂寨风景区、颍上县八里河旅游区、古徽州文化旅游区、肥西三河古镇、芜湖方特旅游区、万佛湖景区、采石风景区、琅琊山景区)。

安徽作为中国史前文明的重要发源地之一,文化底蕴深厚,源远流长,曾培育出道教文化、建安文学、桐城派、北宋理学、徽文化等,涌现出老子、庄子、管子、曹操、华佗、包拯、朱元璋、李鸿章、胡适等一批著名历史人物。产生于淮河流域的老庄道家学派,与儒家学说一起构成我国传统文化两大支柱。徽文化是明清时期极有影响的文化流派。徽剧是京剧的主要源流之一,黄梅戏是中国四大戏曲门类之一,池州的傩戏号称"戏剧活化石"。淮河两岸流行的花鼓灯被誉为"东方芭蕾"。

二、主要旅游城市和景点

(一)黄山市

黄山市,位于安徽省最南端,是一个"八山一水一分田"的山区,属于亚热带季风湿润气候区。世界闻名的黄山横贯歙县、黄山区、休宁、黟县之间;最高峰莲花峰峰峦峻峭,劈地摩天,重岩叠嶂,宏博富丽,是著名的风景胜地。

1. 黄山风景区

黄山位于安徽南部,最高峰为莲花峰。黄山是中国以自然景观为主要特色的重要名山,为国家级风景名胜区、国家5A级旅游景区,被联合国教科文组织作为自然和文化双重遗产列入《世界遗产名录》。奇松、怪石、云海、温泉,被称为"黄山四绝"。

黄山有七十二峰,如莲花峰、始信峰、光明顶等,其中以莲花峰最高,以天都峰最险。黄山怪石,巧夺天工,如"童子拜观音""猴子观海""梦笔生花"等。位于玉屏楼附近的"蓬莱三岛",为三座参差不齐的石峰,峰上奇松挺拔,峰下云海荡漾,宛如人间仙境,是黄山代表性的旅游点之一。在黄山1000米以上的高度,可以观赏黄山云海奇观,如身临仙境,令人陶醉。黄山瀑布景观中,著名的有人字瀑、百丈瀑、九龙瀑等。黄山的松树,生长在悬崖峭壁上或扎根在基岩裂缝中,虽受陡崖峭壁的生境限制,姿态却十分优美、独具特色(见图8-3)。玉屏楼附近有一株"迎客松",是黄山松的代表,树龄有1300多年。黄山风景区可以分为温泉、玉屏楼、北海、云谷寺等游览观赏区,以玉屏楼、北海两个观赏区旅游点最集中、最精彩。

图 8-3　黄山迎客松

2. 皖南古村落

皖南古村落是指分布在中国安徽、江西境内,长江以南的一些传统村落。这些村落有着古徽州地域的特色文化,最具代表性的有被列为世界遗产的西递村和宏村。西递村、宏村古民居村落集中体现了工艺精湛的徽派民居特色,村落形态保存完好。2000年,联合国教科文组织将中国皖南古村落西递村、宏村列为世界文化遗产,这是联合国教科文组织首次将民居列入《世界遗产名录》。

图8-4　安徽西递村

西递村位于黟县东南部、黄山市西北处，是典型的徽派古村(见图8-4)。景区有目前保存最完整的徽派建筑群，有"世界上最美的村庄"的美誉。至今尚保存完好的明清民居有近200幢，始建于北宋皇祐年间，距今已有近千年的历史。西递村中的居民多姓胡，相传为唐太宗李世民的后裔，为躲避战乱而改姓胡。整个村落呈船形，被誉为"中国传统文化的缩影""中国明清民居博物馆"，所有街巷均以青石铺地，古建筑多为木结构、砖墙维护，木雕、石雕、砖雕丰富多彩，巷道和建筑的设计布局协调，是中国徽派建筑艺术的典型代表。

宏村位于黟县东北部，始建于南宋绍兴年间，从明朝永乐年间开始，逐步发展成了神奇的"牛形村"的样子。由于这里地势较高，因此常常被云雾笼罩，被誉为"中国画里的乡村"。宏村是徽派古村中的代表，现存明清时期古建筑100多幢。宏村的古建筑均为粉墙青瓦，分列规整，被誉为"民间故宫"。宏村是一座"牛形村"：村口的古树是"牛角"，村中的明清徽派建筑是"牛身"，半月形的池塘称为"牛胃"，一条400余米长的溪水盘绕在"牛腹"内，被称作"牛肠"；村西溪水上架起四座木桥作为"牛脚"。宏村的古建筑是当今建筑史上一大奇观。

3. 齐云山

丹崖耸翠的齐云山景区，位于黄山市休宁县，因其"一石插天，与云并齐"，故名。齐云山古称"白岳"，与黄山南北相望，是一处以道教文化和丹霞地貌为特色的国家重点山岳风景名胜区。齐云山风光绮丽动人，有名观遍布全山，以山奇、石怪、水秀、洞幽称胜。齐云山为我国四大道教名山之一，全山道观林立，以太素宫、玉虚宫、真仙洞府最负盛名，历代雕刻佛像、道家绘画、各种碑记无数，自然与人文景观交相辉映。清乾隆皇帝誉之为"天下无双胜境，江南第一名山"。

（二）池州市

池州市，位于安徽省西南部、长江中下游南岸，是中国优秀旅游城市、国家园林城市、国家森林城市、中国人居环境奖城市、全国双拥模范城、全国文明城市提名城市，以"名山、秀水、富硒地、好空气"而著称，中国佛教四大名山之一九华山、杜牧笔下"牧童遥指"的杏花村、享有"中国鹤湖"之称的升金湖、"华东地区最后一片原始森林"牯牛降都坐落于此。

九华山风景区：是国家重点风景名胜区、国家5A级旅游景区、国家自然与文化双遗产地，位于池州市境内，为花岗岩高山雄奇景观。其十王峰、莲花峰等九大主峰如莲花盛开。九华山原名"九子山"，因李白诗句"妙有分二气，灵山开九华"而得名"九华"。九华山山雄水秀，境内群峰竞秀、怪石嵯峨、谷幽潭深、银瀑飞泉，景色绚丽迷人，更有云海、日出、佛光、雾凇等自然景观，令人称奇。九华山佛教历史悠久，史料记载，九华山在南北朝时期便有僧人结庵修行；唐开元年间，新罗国（今韩国）王子金乔觉出家为僧，渡海来到九华山修行七十五载，圆寂时，成为地藏菩萨应世，九华山遂辟为地藏菩萨道场。九华山现存寺庙99座，佛像万余尊，藏有与佛教有关的珍贵文物1300多件，宗教胜迹之多为我国四大佛教名山之首。

（三）滁州市

滁州市，位于安徽最东部，是南京都市圈和合肥经济圈中心城市，也是长三角一体化发展核心区城市之一。滁州是一座历史悠久的城市，承载着千年的文化积淀，因欧阳修的《醉翁亭记》闻名全国。

1.琅琊山风景名胜区

琅琊山风景名胜区位于滁州市西南部，城山一体，历史人文资源丰富、自然景观优美，是"天下第一亭"醉翁亭的所在地、国家5A级旅游景区、国家级风景名胜区和国家森林公园。琅琊山风景名胜区包括"一山"（琅琊山）、"二湖"（城西湖、姑山湖）和"三古"（古关隘、古驿道、古战场）等景点。琅琊山自然风光优美，其峰"耸然而特立"，其谷"窈然而深藏"，"九洞十八泉"风韵天成，城西湖烟波浩渺。琅琊山人文景观也十分丰富，山中有唐建琅琊寺、宋建醉翁亭等古建筑，以及唐宋以来历代名人留下的大量诗词歌赋和数百处摩崖碑刻。琅琊山隐伏山际，茂林深树，景色清幽，古有"蓬莱之后无别山"称誉，为历史上有名的风景区。

2.琅琊寺

琅琊寺修建于唐大历年间，寺内有大雄宝殿、藏经楼、无梁殿、拜经台、念佛楼等建筑，寺外有归云洞、濯缨泉等胜迹，唐、宋、明、清各朝代摩崖碑刻遍布其间，为全国重点寺观之一。

3.醉翁亭

醉翁亭位于琅琊山中，是北宋文学家欧阳修被贬为滁州太守时命僧人智仙建亭于酿泉旁，以为游憩之所。欧阳修常到此饮酒游乐，"饮少辄醉"，自号为醉翁，故名"醉翁亭"。醉翁亭布局严谨小巧，曲折幽深，富有诗情画意。亭为方形古亭，飞檐斗角，四周有红柱围绕。亭周有二贤堂、冯公祠等古迹；有六一泉，泉上建有古梅亭等；九曲流筋中，泉水流入亭内沟中，曲曲弯弯，涓涓不断，潺潺有声，令人心旷神怡，乐而忘返。

知识关联

▼

徽派建筑

（四）安庆市

安庆市,位于安徽省西南部,现为国家历史文化名城、国家园林城市、中国优秀旅游城市,市境有国家历史文化名城2座以及世界地质公园天柱山。

天柱山:位于安庆市西潜山市境内,汉武帝南巡时,登祭天柱山,封号"南岳"。天柱山主峰高耸挺立,如巨柱擎天,因而称为"天柱峰",山也因此称为"天柱山"。天柱山群峰兀立,危峰罗列,怪石嵯峨,这里秀竹奇松,流泉飞瀑遍布其间,奇花异草弥漫山谷,雾潮云海苍茫无际,风月烟云瞬息万变,雄、奇、灵、秀兼而有之。天柱山还有渡仙桥、五指峰、飞来峰、佛光寺等自然风光和人文景观,闻名遐迩,为旅游者所向往。

教学互动

请同学们讨论该区地理环境特征为旅游业发展提供了哪些条件。

本章小结

在线答题
▼
第八章

华东旅游区包括上海、浙江、江苏、安徽等地。通过对华东旅游区概况、各省市旅游概况、主要旅游城市、旅游景点的学习,一方面使学生熟悉华东旅游区主要的旅游城市和旅游景点,另一方面提升学生景点导游词撰写和线路设计的能力,也激发他们强烈的爱国情感。

第九章
华南旅游区

本章概要

　　华南旅游区位于我国东南沿海,包括福建、广东、海南等省份,濒临南海,与东南亚国家隔海相望。华南旅游区具有热带、亚热带季风气候,拥有丰富的自然景观资源,是一个集海岛、海滩、山岳、湖泊、溶洞等多种旅游资源于一体的综合性旅游区域。

学习目标

知识目标

1. 掌握华南旅游区的地理环境特点、旅游资源特征。
2. 熟悉华南旅游区主要的旅游城市与旅游景区的特色。
3. 熟悉华南旅游区主要的旅游线路。

能力目标

1. 能够分析华南旅游区地理环境与旅游资源的关系。
2. 能够依据华南旅游区旅游资源的特点,设计有特色的华南旅游区旅游线路。
3. 能够撰写华南旅游区特色旅游景区的讲解词。

素养目标

1. 通过学习,激励学生探究中国各地文化,强化学生对中国传统文化的热爱。
2. 通过教育和引导,培养学生的爱国主义情感,使之具备民族自豪感和自信心。

知识导图

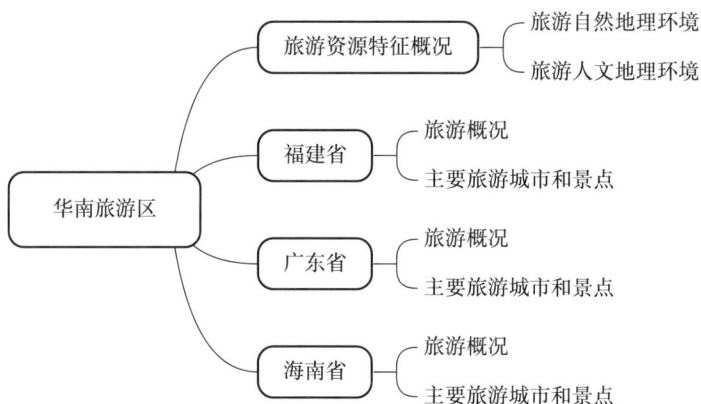

华南旅游区
- 旅游资源特征概况
  - 旅游自然地理环境
  - 旅游人文地理环境
- 福建省
  - 旅游概况
  - 主要旅游城市和景点
- 广东省
  - 旅游概况
  - 主要旅游城市和景点
- 海南省
  - 旅游概况
  - 主要旅游城市和景点

章节要点

1. 华南旅游区旅游资源的特征。
2. 华南旅游区主要的旅游城市。
3. 华南旅游区主要的旅游景区及其特色。

章首案例

美丽的小岛鼓浪屿

鼓浪屿是厦门旅游景点中极具魅力的景观之一,是全国重点文物保护单位、厦门风景名胜的杰出代表,凡到厦门旅游的人无不到鼓浪屿游览的。鼓浪屿全岛都是景,景中之景则为日光岩、菽庄花园、皓月园。

鼓浪屿是一个美丽的小岛,面积只有1.78平方千米,与厦门市区隔海相望,约600米宽的鹭江把鼓浪屿与厦门本岛隔开。来到厦门的人,如想参观鼓浪屿,主要依靠渡轮上岸。鼓浪屿海岛景观秀丽多姿,素有"海上花园"的美誉。岛上海岸线蜿蜒曲折,坡缓沙细的天然海水浴场环布四周,鬼斧神工的礁石奇趣天成,令人遐思万千。岛上山峦起伏,错落有致,最高峰日光岩是厦门的象征,有"不登日光岩,不算到厦门"之说。岛上四季如春,气候宜人,树木茂密,空气清新,繁花似锦,鸟语环绕。小岛山海相拥,自然造化与人工雕琢相映成趣,日光岩、菽庄花园、皓月园更是园中胜景。

讨论: 从厦门鼓浪屿的景区介绍中你能概括出该景区主要的地理环境及旅游资源特征吗?

第一节　旅游资源特征概况

一、旅游自然地理环境

（一）地理位置优越，经济发达，交通便利

华南旅游区位于我国东南沿海，接近东南亚，地理位置优越。该区是华侨、华人归国回乡的必经之地，有利于中外合资开发旅游资源，是我国发展对外旅游条件非常优越的地区。

华南旅游区社会经济发展迅猛，商贸业十分繁荣，对外贸易十分发达。我国的港、澳、台地区经济发达，中国台湾、香港地区曾被列入"亚洲四小龙"之列。闽、粤两省开放已久，经济发展速度较快。海南作为全国最大的经济特区，其经济、交通发展迅速。商贸的繁荣促进了该区商务旅游和购物旅游的发展。

华南旅游区旅游交通相当便捷，以航空、铁路和海运为骨干与外区联系，依靠公路和内河运输联系区内各地。区内国际海港众多，海上运输发达，公路四通八达。闽、粤航空连接国内外主要城市，铁路运输有京广线、京九线等全国主干线，有以福州、厦门、广州等大港口为支撑的海上运输和内河运输。优越的地理位置和便利的交通，不仅可以吸引国内大量游客，而且能招徕大量国外游客。

（二）海岸、丹霞、岩溶等地貌类型多样

华南旅游区拥有漫长的海岸线，沿海各地海岸旅游资源十分丰富。特别具有旅游意义的是平原砂砾质海岸和山地丘陵海岸。本区沙岸主要分布在海南岛南部海岸、东部沿海各岛屿。这里基岩临海，岬湾相间，水深湾大，多成为天然良港。有些海岸段受断层控制，形成危岩峭立的断层海岸。福建东山岛沙滩等是较为典型的砂砾质海岸地貌。

闽西、粤北山区是我国丹霞地貌典型发育地区，形成了不少秀丽的丹霞风景区，其中尤以福建的武夷山、广东的丹霞山和金鸡岭为代表。丹霞山位于粤北山区仁化盆地锦江一带，风光奇秀，与西樵山、罗浮山、鼎湖山合称为"广东四大名山"。

此外，华南旅游区的粤北、粤西、闽西等地区均有岩溶地貌分布，其中较为著名的有广东肇庆的星湖、福建永安的鳞隐石林、福建将乐的玉华洞等。

（三）极具特色的热带及亚热带自然景观

华南旅游区属典型的热带、亚热带季风气候，为典型的长夏无冬、春秋相连、季节更替不明显的气候类型，一年四季皆适于旅游，以春、秋两季最宜，冬季更是我国避寒、冬泳的好地方。全区终年气温较高，大部分地区年平均气温大于20 ℃，最冷月的均温也在10 ℃以上。由于夏季时间长，因而旅游季节较长，旅游淡、旺季差别较小。

（四）丰富的地热资源

高温多雨的气候，形成了华南旅游区河流密度大的水系特征，再加上地质构造运动，使本区成为地热资源丰富和温泉密集的地区。广东境内几乎各县都有温泉，以从化、中山、台山、丰顺、博罗、惠阳、龙川、和平等地较为著名。福建则以福州、古田、长汀等地的温泉较为著名。

二、旅游人文地理环境

（一）中外交融的岭南特色文化

华南旅游区开发较晚，明清以前为流放之地。一些名人如韩愈、苏轼等对当地文化艺术发展有重要影响，使中原文化与本地文化相融，促进了岭南文化的形成与发展。该区的人文旅游资源还表现出本土文化和外国文化相结合的痕迹，形成了中外交融的岭南文化。这主要表现在以下几个方面。

一是园林建筑，常吸收中原文化和江南园林艺术，也借助国外构园手法，如广州的庭园、惠州的西湖等。民居、纪念性建筑也表现出以我国民族形式为主、兼容外国风格的特点，在客家人集中居住地区和侨乡常可看到不同形式的小型楼房竞相斗巧的景象。其中，以梅县侨乡白宫的联芳楼为典型代表。宗教建筑亦不例外，泉州开元寺始建于唐代，其建筑及雕像包容了埃及、希腊、印度的造型艺术。泉州城内现在还保留着大量海上丝绸之路的文物。

二是独具特色的文化艺术和特种工艺。福建梨园戏是我国古代的剧种之一，有"宋元南戏活化石"之誉。广东粤剧为我国主要剧种之一。

三是地方文化和民族风情十分突出。例如语言文化，本区包括我国汉语方言中的闽北话、闽南话、客家话、广州话等地方方言；又如饮食文化，本区兼容全国八大菜系中的粤菜、闽菜两种菜系。民俗风情也十分动人，比如海南吹奏"八音"，流行"采青""跳柴"等风俗；广东有特色过年和元宵花灯、广州花市，潮汕地区有"过纸"扫墓等；福建莆田的妈祖文化也很有特色。

（二）特色鲜明的侨乡文化

我国的华侨、华裔、旅外华人，其中90％分布在东南亚各国，其祖籍和籍贯以粤、闽居多。广东省占全国华侨一半以上，福建次之，海南也是我国著名的侨乡。华侨热爱祖国，热爱家乡，常回祖籍追根寻源，寻亲访友，并提供资金、技术和先进的管理经验支援祖国建设，这对我国旅游业及其他事业的发展都有促进作用。同时，他们也是华南区入境旅游者的两大客源之一，他们在内地停留时间长，购物支出大，对本区的旅游业产生很大的影响。拥有众多侨胞是华南旅游区乃至全国旅游事业发展的有利条件。

（三）现代文明与传统文化的完美融合

华南旅游区凭借面临海洋和对外联系方便的优势，早在宋元时期，福建省的泉州和广东省的广州便是著名的东方大港，泉州也成为我国南方海上丝绸之路的起点。随着近代资本主义的兴起，本区最早接受了西方资本主义的工业文明。自20世纪80年代初，以珠江三角洲、闽南金三角等为代表的东南沿海地区，一跃成为我国经济发达的地区。区内拥有林立的高楼大厦、特色建筑、特色饮食和丰富的传统文化。例如，广东粤菜、粤剧、粤绣和骑楼街，以及海南椰雕和椰酒，还有福建客家土楼和武夷乌龙茶等，均是极具地域特色的传统文化内容。

第二节 福 建 省

一、旅游概况

福建省，简称"闽"，省会福州，地处中国东南沿海，毗邻浙江、江西、广东，与我国台湾隔海相望，是中国大陆距离东南亚和大洋洲海上距离较近的省份，历来是中国与世界交往的重要门户。全省陆地面积12.4万平方千米，海域面积13.6万平方千米。截至2023年末，全省常住人口4183万人。境内温暖湿润，年平均气温17—21℃。福建是以汉族为主、多民族聚居的省份，又是著名侨乡和台胞祖籍地。

福建有"江南山国"之称，丘陵、山地约占全省面积的85％，沿海福州、厦门一带为平原。福建省海岸曲折，多岛屿，兼有山海优势，农林海产资源丰富。全省森林覆盖率连续多年居全国首位，是我国四大林区之一。

福建对外交流历史悠久，经济外向度高，是我国对外通商较早的省份。早在宋元时期，泉州就是世界知名的商港，为海上丝绸之路的起点；福州是郑和下西洋的驻泊地和开洋地。福建拥有经济特区、自由贸易试验区、综合实验区、21世纪海上丝绸之路核心区、两岸融合发展示范区等多区叠加优势。

福建山明水秀，人文荟萃。著名的武夷山、湄洲岛、太姥山、鼓浪屿、桃源洞、玉华洞以及古寺庙、古塔、古桥、古城堡和王审知、郑成功、林则徐、陈嘉庚等名流英杰的旧居遗迹等，都是独具特色的旅游胜地。截至2023年6月，福建拥有世界遗产5处，分别为武夷山、福建土楼、中国丹霞——泰宁丹霞、"鼓浪屿：历史国际社区"以及"泉州：宋元中国的世界海洋商贸中心"。

二、主要旅游城市和景点

（一）福州市

福州市，别称"榕城""三山"，简称"榕"，温泉出露点多，因此又称"温泉城"。福州既是中国东南沿海重要的贸易港口和海上丝绸之路的门户，又是重要的文化中心，宋代以来文化教育兴盛，是培育进士、状元较多的城市。

1. 三坊七巷

三坊七巷位于福州市鼓楼区，是对依次排列的十条坊巷的简称。三坊七巷是我国现存规模最大、保护最完整的历史文化街区，也是"中国城市里坊制度活化石"。三坊七巷的空间布局、围墙、雕饰、门面等具有显著的特色。厅堂与天井融为一体，且在厅堂前方无任何的障碍物。因这里的围墙形状像马鞍，所以又称"马鞍墙"。

2. 鼓山

鼓山位于福州市东部、闽江北岸，是著名的国家级风景名胜区。鼓山山顶有一块巨石如鼓一般，且风雨撞击时会发出如鼓一样的响声，故名。鼓山山体是典型的花岗岩地貌，在其节理发育的地方易受到外力的作用，从而形成了蟠桃林、刘海钓蟾、玉笋峰、八仙岩和喝水岩等花岗岩景观。鼓山一带信奉佛教文化，景区中心处建有涌泉寺，寺庙内建有天王殿、大雄宝殿等。

3. 三山两塔

三山包括于山、屏山和乌山。于山位于福州城区中心，战国时期有于越族居住在此，故名"于山"。到汉代，相传有何氏兄弟九人在此修仙炼丹，故又称"九仙山"。于山名胜古迹甚多，主要景点有平远台、戚公祠、九仙观、天君殿、大士殿、白塔等，山上还有自宋代以来的摩崖石刻。于山西麓的定光塔，因塔身为白色，故俗称"白塔"。屏山又名"平山"，俗称"样楼山"。其山如屏，拱卫州城，因而得名。乌石山简称"乌山"，从唐朝至今，一直是榕城闻名的风景胜地，被称为"三山之首"。

乌山古时多寺庙，有名的有乌山寺等。乌山、于山之麓的乌塔、白塔东西相对，一乌一白合称"榕城双塔"，是福州市的标志。福州城内三山鼎立、双塔对峙，闽江横贯城区,构成"三山两塔一条江"的独特城市格局。

4.上下杭历史文化街区

福州市台江区的上杭路和下杭路及其附近街区,俗称"双杭",指的是从小桥头到大庙路之间的两条平行的横街,这里早年是福州的商业中心和航运码头。"杭"其实是从"航"音演化的,这里有一个地理变迁的历史过程。古时闽江水绕过大庙山,上下杭便是上下航的津口埠头。这片曾经以商业的繁华而闻名的古老街区,一直以来是民俗、史学专家们研究福州商业发展历程的重要地方。上下杭历史文化街区是福州历史文化名城明确保护的历史文化街区之一、福州"闽商精神"的重要发祥地,也是海上丝绸之路的重要节点之一。

(二)泉州市

泉州市,地处福建省东南部,属亚热带海洋性季风气候,古诗称泉州"四季有花常见雨,一冬无雪却闻雷",故泉州有"温陵"之雅称。泉州是海上丝绸之路的重要节点之一、国务院首批公布的24个国家历史文化名城之一、首届"东亚文化之都"。其中,"泉州:宋元中国的世界海洋商贸中心"被列入《世界遗产名录》。

1.清源山景区

清源山景区是国家级重点风景名胜区,与泉州市山城相依,相互辉映,犹如名城泉州的一颗璀璨明珠,闪烁着耀眼的光芒,有"闽海蓬莱第一山"之称。清源山历史上因有诸多乳泉从石间流出,又名"泉山",城因山得名"泉州"。清源山因山高入云,又名"齐云山";因位于市区北郊,又称"北山";因山峰鼎峙,故又称"三台山"。《泉州府志》记载,清源山最早开发于秦代,唐代"儒、道、释"三家竞相占地经营,兼有伊斯兰教、摩尼教、印度教的活动踪迹,逐步发展为多种宗教兼容并蓄的文化名山。自古以来,清源山就以三十六洞天、十八胜景闻名于世。

2.开元寺

开元寺位于泉州市鲤城区西街,始建于唐,是福建省内规模最大的佛教寺院(见图9-1、图9-2)。开元寺的主要景点有紫云屏、山门(天王殿)、拜亭、大雄宝殿、甘露戒坛、藏经阁等。天王殿内石柱为梭柱,两侧是密迹金刚与那罗延金刚。大雄宝殿是开元寺的主体建筑。藏经阁收藏有各种版本经书,有《大藏经》《法华经》《贝叶经》等佛学典籍。

3.洛阳桥

洛阳桥又名"万安桥",位于泉州市东,是由北宋时期泉州太守蔡襄主持兴建,是举世闻名的梁式海港巨型石桥,规模宏伟、工艺精湛。洛阳桥因地处江海交汇处,水深江阔,桥的建造者独具匠心地采用筏形基础造桥墩,又养殖牡蛎以加固桥基,这是我国乃至世界造桥史上的创举。

图 9-1　开元寺建筑

图 9-2　开元寺建筑特写

（三）厦门市

厦门市,别称"鹭岛",简称"鹭",是东南沿海重要的中心城市、风景旅游城市(见图 9-3)。厦门是闽南地区的主要城市,与漳州、泉州并称厦漳泉闽南金三角经济区。

图 9-3　俯瞰厦门(海沧大桥)

1. 鼓浪屿

鼓浪屿位于厦门岛西南隅,宛如一颗璀璨的海上明珠,镶嵌在厦门湾的碧海绿波之中。鼓浪屿是一座由花岗岩构成的小岛,原名"圆沙洲",别名"圆洲仔",明朝改称"鼓浪屿"。因岛西南方有一礁石,每当涨潮水涌,浪击礁石,声似擂鼓,称为"鼓浪石",鼓浪屿因此而得名。鼓浪屿由于长期经受风化浪蚀,球状风化、形态奇特的石蛋地貌遍布。岛上林木茂密,别墅幢幢,碧波、白云、绿树交相辉映,处处给人以整洁幽静的感觉。鼓浪屿气候宜人,四季如春,无车马喧嚣,处处鸟语花香,素有"海上花园"的美称。岛上居民喜爱音乐,人才辈出,钢琴拥有密度居全国前列,被赞为"钢琴之岛""音乐之乡"。

此外,这里完好地保留着许多具有中外各种建筑风格的建筑物,有"万国建筑博览"之誉。鼓浪屿的主要观光景点有日光岩、菽庄花园、皓月园、钢琴博物馆、毓园、环岛路、鼓浪石、郑成功纪念馆、海底世界和天然海滨浴场等,融历史、人文和自然景观于一体,为国家级风景名胜区、福建"十佳"风景区之首。

2. 南普陀寺

南普陀寺在厦门岛南部五老峰下,始建于唐代,为闽南佛教圣地之一。寺内天王殿、大雄宝殿、大悲殿建筑精美,雄伟宏丽,各殿供奉弥勒佛、三世尊佛、千手观音、四大天王、十八罗汉等,妙相庄严,海内外善男信女络绎不绝,香火鼎盛。千手观音工艺精绝,千手千眼,金光闪耀。藏经阁珍藏佛教文物丰富多彩,有经典、佛像、宋代铜钟、古书等,明万历年间的血书《妙法莲华经》和何朝宗的名作《白瓷观音》等最为名贵。寺宇周围保留众多题刻,著名的有明万历陈第、沈有容题名石刻和清乾隆御制碑。寺后五峰屏立,松竹翠郁,岩壑幽美,号"五老凌霄",是"厦门大八景"之一。登临远眺,山风海涛,尽收眼底。

3. 万石植物园

万石植物园位于厦门市区东南部的狮山北麓,山清水秀,林木繁茂。万石湖(原万石岩水库)一泓碧水,漫山遍野的奇花异木,寺庙殿宇、亭台水榭点缀其间,别有一番天地。该景区以山岩景观和亚热带植物景观为主,同时也有不少人文景观,厦门原二十四景中的"天界晓钟""万笏朝天""中岩玉笏""太平石笑""紫云得路""高读琴洞"等均在该景区内。

4. 环岛路

环岛路是厦门国际马拉松比赛的主赛道,被誉为"世界最美的马拉松赛道",是厦门市环海风景旅游干道之一。这里体现了亚热带风光和厦门特色,是一条集旅游观光和休闲娱乐于一体的滨海走廊。环岛路上有蓝色的大海、金色的沙滩、绿色的草地、红色的跑道、灰色的公路等,沿途有胡里山炮台、椰风寨、国际会展中心、五缘湾等众多景点。

（四）武夷山市

武夷山市，位于福建省北部，地处闽、赣两省交界处，属中亚热带季风湿润气候区，是一个以名山命名的新兴旅游城市。

武夷山：位于武夷山市南部，是一个以丹霞地貌为特征的景区，素有"碧水丹山"之美誉，1999年被评为世界自然与文化双遗产，是国家重点风景名胜区、国家级自然保护区、国家级旅游度假区。武夷山景区以九曲溪为中心，以赤壁、奇峰、曲流、幽谷、险壑、洞穴、怪石为主要特色，著名景点有九曲溪、玉女峰、大王峰、三仰峰、天心岩、虎啸岩、鹰嘴岩、桃源洞等。此外，还有架壑船棺、古汉城遗址、朱熹纪念馆、兴贤书院等人文景观。景区所在的武夷山自然保护区是地球同纬度地区保护最好、物种最丰富的生态系统，有"动物乐园""蛇的王国""昆虫世界""鸟的天堂""世界生物之窗""天然植物园"等美称。

（五）漳州市

1. 福建土楼

福建土楼是客家人世代相袭的传统住宅，以悠久的历史、奇特的风格、巧妙的构筑、恢宏的规模，被誉为世界民居建筑的奇葩。现存土楼有圆楼、方楼、五角楼、八角楼、吊脚楼等30多种不同类型的楼23000多座。福建土楼多建于明清两代，以夯土为承重墙，可达五层之高，多呈群落分布，如永定初溪土楼群、南靖书洋田螺坑土楼群（见图9-4）等。

图9-4　南靖土楼

2.埭美古村落

埭美古村落位于福建省漳州市龙海区东园镇九龙江南溪下游,始建于明朝景泰年间,距今已有570多年的历史。埭美古村落有着闽南地区最大、保存最完整的古代民居建筑群,村民代代坚守着"房屋建制不逾祖制",建房全部统一坐向、统一造址、统一风格、统一配套、统一排水。276座古厝按"九宫"格局呈轴对称排列,其格局、形态、大小几乎一致,横竖对齐、整齐划一。埭美古村落水系发达,被誉为"闽南水乡"。明末清初,村民们利用自家门前水路,把农副产品运输到外地进行贸易往来,这一贸易活动成为海上丝绸之路贸易网络的重要组成部分。

3.漳州滨海火山国家地质公园

漳州滨海火山国家地质公园位于漳州市漳浦、龙海滨海一带。景区内遍布独特的火山地貌奇观,如鱼鳞石、穹形褶皱、海蚀洞、海蚀崖、串珠状火山喷气口、熔岩"珊瑚"、气孔柱"梅花桩"等,可谓天然的火山地质博物馆。其清晰的火山构造展现了1700万年前西太平洋惊心动魄的火山喷发场景,同时也反映了地质构造的历史进程,具有极高的观赏性、科普性、趣味性。

(六)三明市

三明市,地处福建中北部,位于武夷山脉和戴云山脉之间,是中国绿都、国家森林城市、国家生态文明建设示范区,全市森林覆盖率77.12%,空气、水、土壤质量均居全国前列,拥有泰宁世界自然遗产、泰宁世界地质公园等3个世界级和200多个国家级旅游品牌。

泰宁世界地质公园:位于福建省西北部的三明市泰宁县,主要由金湖、上清溪、寨下大峡谷、泰宁古城等景区组成。金湖其丹山和碧水的完美组合,造就了国内罕见、景象万千的水上丹霞奇观。金湖丹霞地貌面积大、类型全,峰林、峰柱、方山、尖峰、洞穴众多,是我国东南最高、最古老的丹霞地貌,主要景点有水上一线天、水上大赤壁、虎头岩、玉柱峰、甘露寺等。甘露寺始建于南宋,坐落于甘露岩洞中,只用一根大木作为主要支撑,有"南方悬空寺"之称,是我国建筑史上的杰作。泰宁古城与金湖相邻,这里不仅有江南保存最为完好的明代民居建筑珍品、全国重点文物保护单位尚书第建筑群,还有保存较为完好的明清街巷和民居。

(七)莆田市

莆田市,地处福建省沿海中部,北连省会城市福州,南接历史名城泉州,西依戴云山,东南濒临台湾海峡,与台湾隔海相望,历史底蕴深厚,史称"兴化",素有"海滨邹鲁""文献名邦"之美称。

湄洲岛:位于福建中部的湄洲湾口,在莆田市中心东南处,因地处海陆之交,形如眉宇,故名。蓝天、碧海、阳光、沙滩构成湄洲岛旖旎的滨海风光。湄洲岛是妈祖文化的发祥地,岛上妈祖信仰闻名海内外。湄洲岛的主要景点有妈祖祖庙、鹅尾山、黄金沙滩等。妈祖祖庙创建于北宋年间,此后历代得以扩建。妈祖祖庙后岩石上,有"升天古迹""观澜"等石刻。黄金沙滩滩平坡缓,沙细如面,被誉为"天下第一滩"。

第三节 广 东 省

一、旅游概况

广东省,简称"粤",因宋朝时大部分属广南东路而得名。广东土地总面积17.98万平方千米,位于中国最南部,东、北、西三面分别与福建、江西、湖南、广西相邻,临南海,珠江三角洲东西两侧分别与香港、澳门特别行政区接壤,西南部雷州半岛隔琼州海峡与海南省相望。截至2023年末,广东省常住人口12706万人。

广东全省地处低纬度,北回归线横贯全省中部。地貌类型主要是山地、丘陵、平原,地势总体北高南低,平原以珠江三角洲平原最大,其次是潮汕平原。

广东旅游资源丰富、类型多样。全省拥有广州长隆旅游度假区、深圳华侨城旅游度假区、韶关丹霞山风景名胜区、广州白云山风景名胜区、佛山清晖园、珠海圆明新园等旅游景区。韶关丹霞山和粤西的湖光岩先后被评为世界地质公园,丹霞山、罗浮山、西樵山、鼎湖山被称为"广东四大名山"。高州木偶戏、潮州菜、客家围屋、潮州工夫茶、舞狮表演等都是颇具地方特色的旅游资源。

二、主要旅游城市和景点

(一)广州市

广州市,又称"羊城",别称"五羊城",是广东省省会,位于广东省的东南部,隔海与香港、澳门相望,因此被誉为中国的"南大门"。广州旅游资源丰富,文物古迹众多。

1. 黄埔军校旧址纪念馆

黄埔军校旧址纪念馆位于广州市黄埔区军校路,是国内唯一以保护黄埔军校历史文化建筑、展示黄埔军校发展历程为核心内容的纪念馆。自1984年成立以来,一直致力于革命遗址、文物资料的收藏保护、展览展示、宣传教育和科学研究,是全国红色旅游经典景区、全国爱国主义教育示范基地、国家国防教育示范基地、海峡两岸交流基地、中国侨联爱国主义教育基地等。

黄埔军校旧址纪念馆现存黄埔军校历史遗迹20余处,主要包括1996年重建的校本部、孙总理纪念室、中山公园、孙总理纪念碑、俱乐部、游泳池、白鹤岗炮台、大坡地炮台、东征阵亡烈士墓园、教思亭、济深公园、北伐纪念碑等。

2. 长隆旅游度假区

长隆旅游度假区位于广州新城,是中国拥有主题公园数量最多和最具规模的综合性主题旅游度假区。度假区内主要有欢乐世界、香江野生动物世界、水上乐园、国际大马戏、鳄鱼公园等主题公园。长隆欢乐世界主要有白虎大街、旋风岛、尖叫地带、中央演艺广场、哈比儿童王国、幻影天地、欢乐水世界、彩虹湾等八大部分。野生动物世界中动物种类繁多,游客可以观赏到大规模的野生动物种群(见图9-5、图9-6)。水上乐园有超级造浪池、超级大喇叭、超级巨兽碗等水上娱乐活动设施。

图9-5 长隆公园里的大熊猫   图9-6 长隆公园里的老虎

3. 白云山风景区

白云山风景区位于广州市的东北部,是国家5A级旅游景区和国家风景名胜区、全国文明风景旅游区,自古就有"羊城第一秀"之称,主峰摩星岭海拔382米。白云山峰峦重叠,溪涧纵横,常有白云在山顶盘绕,故名。白云山山体不太高,森林茂密,小溪潺潺,花团锦簇,是市民周末登山的好去处。

4. 越秀公园

越秀公园位于广州市区越秀山,海拔70余米,是市内最大的综合性公园。园内不仅保存了镇海楼、明古城墙、四方炮台、中山纪念碑等各个历史时期的遗迹和古树名木,还建设了五羊仙庭、成语寓言园、竹林幽闲区、植物观赏区、花卉馆、博物馆、美术馆、游乐场、游泳场、体育场等景观和设施。

5. 广州塔

广州塔又称"海心塔""广州新电视塔",别名"小蛮腰",是广州的新城标,位于广州市中心、城市新中轴线与珠江景观轴交会处,于2009年9月建成,高600米,成为当时世界已建成的第一高塔。

6. 长隆野生动物世界

长隆野生动物世界(香江野生动物世界)以大规模野生动物种群放养和自驾车观赏为特色,集动植物保护、研究、养殖、旅游观赏、科普教育于一体,被誉为"中国最具国际水准的国家级野生动物园",是亚洲最大的野生动物主题公园。园内拥有华南地区亚热带雨林大面积原始生态林;拥有澳大利亚树袋熊(考拉)、大熊猫、洪都拉斯食蚁兽等世界各国国宝在内的珍奇动物;拥有全国首创的自驾车看动物模式;拥有全世界表演阵容强大的白虎表演等动物表演秀。

7. 从化温泉

从化温泉位于广州市从化区温泉镇,分为河东岸和河西岸两部分。该泉水附存于燕山期花岗岩裂隙中,沿流溪河两岸及谷底呈带状分布,多呈上升泉出露,泉水无色无味,水质晶莹,温泉区内目前发现有泉眼多处。从化温泉古代已有开发利用,称为"岭南第一泉"。这里气候宜人,四面山峦重叠,环境幽静,是旅游和疗养胜地。

8. 辛亥革命纪念馆

辛亥革命纪念馆位于广州市黄埔区,占地面积5.8万平方米,是国家一级博物馆、国家级旅游景区。广州是辛亥革命的策源地和主要战场,是革命先行者孙中山先生开展革命活动的地方。为了纪念这一具有历史意义的活动,2011年,恰逢辛亥革命100周年,辛亥革命纪念馆诞生了。这座为纪念孙中山领导的辛亥革命活动而建成的建筑就坐落在黄埔长洲岛,致力于辛亥革命专题研究及相关藏品收集。

(二)深圳市

深圳市,又称"鹏城",位于珠江三角洲东岸。这里气候宜人,风光优美,拥有丰富的自然与人文旅游资源,尤其以主题公园和海滨景色著称。

1. 锦绣中华

深圳锦绣中华是国内建立的第一家文化主题公园,属于实景微缩景区,分为景区和综合服务区两部分。"一步迈进历史,一天游遍中华"是锦绣中华的口号,园中的景点均按它在中国版图上的位置摆布的,以相应的比例进行复制,还有许多栩栩如生的陶艺小人和动物点缀在其中,生动再现了我国的历史文化及民俗风情。

2. 世界之窗

世界之窗位于深圳华侨城,它以弘扬世界文化为宗旨,是一个将世界奇观、历史遗迹、古今名胜、民间歌舞表演融为一体的人造主题公园。公园中的各个景点都按不同的比例仿建。全园分为世界广场、亚洲区、美洲区、非洲区、大洋洲区、欧洲区、世界雕塑园和国际街等主题区,分别展示了法国埃菲尔铁塔、巴黎凯旋门、意大利比萨斜塔、印度泰姬陵、埃及金字塔等世界100多个著名的文化景观和建筑奇迹。

(三)肇庆市

肇庆市,位于广东省中西部,曾是西江流域政治中心和军事重镇。肇庆既是岭南土著文化和广府文化的发祥地,也是中原文化与岭南文化、中国传统文明与西方文明交汇较早的地区。

鼎湖山国家级自然保护区:位于肇庆市鼎湖区,是中国建立的第一个自然保护区,景点有庆云寺、白云寺、飞水潭瀑布、老龙潭等。鼎湖山保存着较完整的南亚热带季风常绿阔叶林,是中国南亚热带典型地带性植被类型。这里保存并繁衍着众多的森林植被类型和珍贵的野生动物。鼎湖山的天然森林是世界上特殊的森林类型之一,具有很高的科学价值。1979年,鼎湖山成为我国第一批加入联合国教科文组织"人与生物圈计划"的保护区。

(四)韶关市

丹霞山:位于韶关市仁化县城南,为"广东四大名山"之一,与罗浮山、西樵山、鼎湖山齐名。丹霞山山岩由红色砂岩组成,"色如渥丹,灿若明霞",故名。丹霞山山势绵直,峰林陡峭,丹霞赤壁,洞壑参差,凝碧秀丽的锦江水萦绕山麓,向来有"桂林山水甲天下,不及广东一丹霞"之说。丹霞山有三十六洞,有主峰宝珠峰、海螺峰、长老峰三峰耸立,如出天表、蜿蜒变化,似船似龙,景观险奇。游客到此,可以饱览丹霞碧水、奇峰异洞、瑶草琼花、松柏参天的美景。山上主要景观有一线天、锦石岩洞、海山门等峰石奇观。此外,还有许多2米见方的大字摩崖石刻等。

(五)江门市

开平碉楼:位于江门市下辖的开平市境内,是中西合璧的多层塔楼式民居建筑,作为文化遗产被列入《世界遗产名录》。开平碉楼最早兴建于16世纪中叶,大规模兴建于20世纪二三十年代,之后逐渐减少,最后一座碉楼建于1949年。开平碉楼最多时达3000多座,现存1800多座。其特色是中西合璧的民居,有古希腊、古罗马及伊斯兰等风格多种,代表性的楼群有雁平楼、开平立园、方氏灯楼、马降龙碉楼群、锦江里瑞石楼、自力村碉楼群等。

Note

第四节　海　南　省

一、旅游概况

海南省,简称"琼",位于中国最南端,地处南海,北隔琼州海峡与广东省相望,西濒北部湾,全省陆地总面积3.54万平方千米。行政区域包括海南岛和西沙群岛、中沙群岛、南沙群岛的岛礁及其海域。截至2023年末,全省常住人口1043万人。

海南岛四周低平、中间高耸,山地和丘陵是其地貌的主要特征,中部有五指山、黎母岭山地及台地,四周有宽窄不等的平原。丘陵主要分布在岛内陆和西北、西南部,环岛多为滨海平原,海岸主要为火山玄武岩台地,海岸生态以热带红树林海岸和珊瑚礁海岸为特点。

海南岛为我国第二大岛屿,其大部分地区属热带海洋性季风气候,终年高温多雨,长夏无冬,素有"天然大温室"的美称。海南是我国唯一的热带岛屿省份,是我国最受欢迎的热带滨海度假胜地,区域旅游基础设施良好,丰富的生态旅游资源和优越的地理区位为旅游业的发展提供了有利的条件。海南一年四季均可旅游,当北国千里冰封的时候,这里依然暖风和煦,可以海浴,是冬季旅游观光的极佳之地。

二、主要旅游城市和景点

（一）海口市

海口市,是海南省的省会,位于海南岛北部,北濒琼州海峡。海口风光秀丽,名胜古迹多,旅游资源非常丰富。

1. 东寨红树林

东寨红树林位于海南岛北岸,有"海上森林"或"海底森林"的美誉,是我国建立的第一个红树林保护区。红树林是分布在热带滨海泥滩上的常绿植物群落,是典型的生物海岸景观。其景观四季常青,终年碧绿。其最大的特色在于潮水涨落时,露出树木的高度规律性地发生变化,涨潮时只见树冠,退潮后可见树干。

2. 海瑞墓

海瑞墓位于海口市西郊,是国家级重点文物保护单位。海瑞有"南包公""海青天"的美名。海瑞墓园始建于明朝,历代都有修复。整个陵园的建筑主要由石牌坊、甬道、海瑞墓、海瑞塑像、海瑞陈列馆及相关建筑构成。石牌坊上刻有"粤东正气"四个大字,甬道两侧有石人、石马、石羊等石像。墓前有石碑,墓室后有"扬廉轩",轩前有海瑞塑像,轩后有"清风阁",展示海瑞的生平事迹和陈列有关文物。

3. 海口火山口国家地质公园

海口火山口国家地质公园位于海口市,是火山爆发所形成的火山口群。其拥有的海口火山群是世界罕见的第四纪火山群,火山锥多达40座,熔岩隧道30多条,以其火山类型多样、熔岩景观丰富、熔岩隧道神奇而闻名。海口火山口公园植物覆盖率85%以上,被誉为"海口市绿肺",这里还蕴藏有丰富的矿泉水和疗养地热水。园区在火山锥、火山口及玄武岩台地上发育热带雨林为代表的生态群落植物有1200多种。火山口国家地质公园地下有火山岩洞群,是火山喷发的产物,被地质专家誉为颇具规模的火山岩洞博物馆。

4. 五公祠

五公祠位于海口市东南部,为纪念被贬来海南的唐朝宰相李德裕和宋朝李纲、李光、胡铨和赵鼎五人而立。五公祠的主体建筑高9米,楼下正门悬"五公祠"匾额,内厅中立有五公石雕像。楼上悬"海南第一楼"横额,正厅设五公灵位,内有清代名书法家、海南人潘存之手书的楹联。楼西陈列有历代名人书画、五公生平事迹石碑和文物等,供游人参观。

(二)三亚市

三亚市,位于海南岛最南端,是海南省第二大城市。三亚处于太平洋经济圈的中心,是我国进出东南亚地区的重要门户。三亚旅游区的主要景点有天涯海角、鹿回头、大东海、亚龙湾等。

1. 天涯海角

在三亚市西面,海边有一座山,叫"下马岭",岭前海岸上有一系列花岗岩巨石突入海中,或浑圆平整,或突兀险峻,形状奇特。距此不远处有两块巨石,分别刻有"天涯""海角"字迹,字大如斗,睹此有站在世界边缘的感慨。在"天涯"巨石旁边,有一块状如钢柱的巨石,上刻有"南天一柱"四字。"天涯""海角"背倚青山,面向大海,风光秀丽。

2. 鹿回头

鹿回头位于三亚港南边,与东南面榆林港仅一山之隔。在遍布珊瑚礁的海滩上,有一座从东北向西南延伸的山岭拔地而起,又折向西北,雄伟峻峭,貌似一只金鹿站在海上回头观望。鹿回头北面的椰庄是理想的避寒度假场所。"鹿回头"这个名字有个美丽的传说:相传从前有一位勤劳勇敢的黎族青年,手持弓箭追赶一只金鹿到海边,金鹿走投无路,猛一回头,瞬时变成一位美丽的黎族少女,对着青年微笑,后来,两人结为夫妻,这座岭就是金鹿的化身。现在山上有一座巨型雕像,就是根据这一美丽的黎族民间传说雕成的。

3. 亚龙湾

亚龙湾在三亚市东面,这里三面环山,一面临水,形成了一个群峰拥抱的半月形大海湾。海面波平如镜,碧蓝的大海和天空,加上如雪的白云、绿色的热带林木,构成了一个澄清无比的神话世界。这里是海南一处条件非常优越的海滨浴场,享有"三亚归来不看海,除却亚龙不是湾""天下第一湾"的美誉,是国家级旅游度假区。

4. 南山文化旅游区

南山文化旅游区位于三亚市南山,是我国著名的福寿文化与宗教景区。人们常说的"福如东海,寿比南山"源于此地。该景区宗教文化内涵深厚,其主要景点有南山寺、南山海上观音、金玉观音阁等。南山寺为中国近几十年来新建的最大佛教道场,也是中国南部最大的寺院。南山海上观音像高108米,底座为108瓣莲花宝座,像体为正观音的一体化三尊造型。南山金玉观音像是目前世界上最大的一尊金玉佛像,据说其内镶有释迦牟尼舍利子,采用黄金、南非钻石、红宝石、蓝宝石、祖母绿、珊瑚、珍珠等各种奇珍异宝建造而成。

(三)五指山市

五指山:横跨五指山市、琼中县,峰峦起伏,呈锯齿状,形似五指,故名。五指山是海南第一高山,是海南岛的象征,也是我国名山之一。五指山是现今世界上仅存的三大片原始热带雨林中地势较高的一座山,是绿色旅游、生态旅游的好去处。五指山地区至今保留着浓郁的黎苗民族风情,因此极具魅力。五指山遍布热带原始森林,层层叠叠,逶迤不尽。海南主要的江河皆从此地发源,山光水色交相辉映,构成奇特瑰丽的风光。

教学互动

请同学们讨论海南的地理位置对其旅游发展有哪些优势。

在线答题
▼
[QR code]
第九章

本章小结

华南旅游区包括福建、广东、海南三省,是我国的旅游热点地区,旅游业发展在全国处于领先地位。华南旅游区地理位置得天独厚,经济发达,交通便利,是华侨之乡,亦是革命圣地与爱国主义教育基地;地貌类型多样,海岸曲折,海域辽阔,岛屿众多;属热带、亚热带季风气候,高温多雨;异域文化色彩浓重,自然保护区众多,特产丰富。应重点掌握福建、广东、海南旅游区中的代表景点及其特征。

第十章
西南旅游区

本章概要

　　西南旅游区包括四川、重庆、广西、贵州、云南等地,位于祖国西南边陲,与老挝、缅甸和越南相邻,并有一部分濒临北部湾。西南旅游区是一个具有广阔的内陆腹地,既临海又沿边的旅游区。本区喀斯特地貌广布,山水风光壮丽奇特,少数民族众多,民俗风情绚丽多彩,旅游资源丰富,是我国极具魅力的旅游区。

学习目标

知识目标

1. 掌握西南旅游区的地理环境特点、旅游资源特征。
2. 熟悉西南旅游区主要的旅游城市与旅游景区的特色。
3. 熟悉西南旅游区主要的旅游线路。

能力目标

1. 能够分析西南旅游区地理环境与旅游资源的关系。
2. 能够依据西南旅游区旅游资源的特点,设计有特色的西南旅游区旅游线路。
3. 能够撰写西南旅游区特色旅游景区的讲解词。

素养目标

1. 通过学习,激励学生探究中国各地文化,强化学生对中国传统文化的热爱。
2. 通过教育和引导,培养学生的爱国主义情感,使之具备民族自豪感和自信心。

知识导图

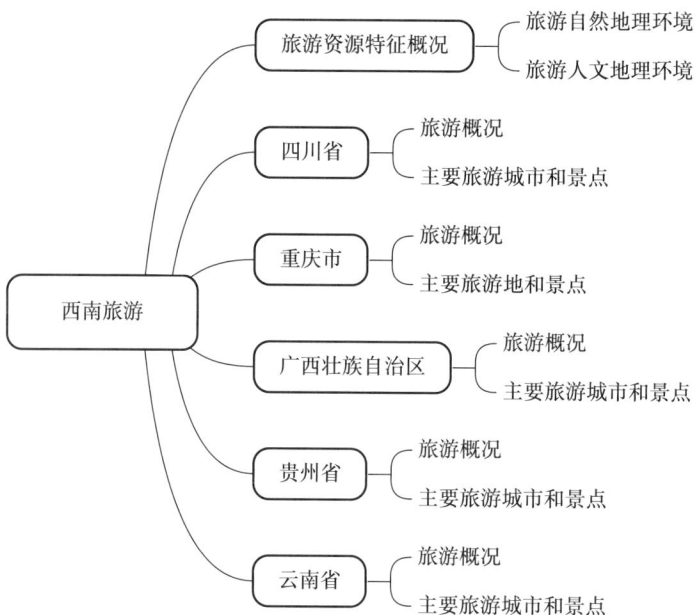

章节要点

1. 西南旅游区旅游资源的特征。
2. 西南旅游区主要的旅游城市。
3. 西南旅游区主要的旅游景区及其特色。

章首案例

云南民族村

云南民族村坐落于昆明市西南部,西临西山风景区,位于滇池北岸的海埂。海埂是一条由东向西嵌入滇池的狭长的半岛沙滩,是天然的浴场和体育训练基地,是消暑娱乐度假的好地方。云南民族村集彝族、白族、傣族、苗族、景颇族、佤族、哈尼族、纳西族、独龙族等25个少数民族的村寨、民族歌舞厅、民族广场,以及激光喷泉、水幕电影等旅游设施于一体,采用复原陈列的手法展示云南的民族风情。走进村里,只见不同风格的民族村寨分布其间,错落有致,各展风姿,各少数民族丰富多彩的村舍建筑、生产习俗、生活习俗、宗教习俗均如实地展现出来,是云南民族文化的缩影。游客在村寨里,除了可以了解云南各民族的建筑风格、民族服饰、民族习俗外,还可以观赏激光喷泉、水幕电影、民族歌舞、大象表演,品尝民族风味小吃,购买民族工艺品。身着民族服饰的导游小姐为游客提供导游服务,讲解各少数民族的习俗。融合各少数民族节日,村里还举行白族的"三月街"、傣族的"泼水节"、彝族的"火把节"、景颇族的"目瑙纵歌"、纳西族的"三多(朵)节"等独具民族特色的节日活动,让人们尽情观赏,沉浸在欢乐的海洋里。该民族村是云南旅游的重要旅游景点。

讨论:通过学习上面案例,试分析云南民族村的特色及在开发民俗文化旅游资源时的注意事项。

第一节　旅游资源特征概况

一、旅游自然地理环境

(一)珍贵独特的生物资源

本区地形复杂、气候垂直和水平分异显著,环境多种多样,为各种动植物提供了良好的生存条件。因此,区内植物资源十分丰富,几乎占全国植物种类的1/2,被誉为"植物王国"。园林植物中,很多为稀有品种。观赏花卉中的山茶、杜鹃、玉兰和报春为"云南四大名花"。西双版纳经济林木,如橡胶、油棕、咖啡、油桐、油茶、漆树、竹等分布广泛。药用植物种类之多,居全区之首,其中许多为珍贵药材,如天麻、杜仲、黄连、当归、党参等,种类繁多的植物为动物提供了适宜的生存环境。因此,区内动物种类约占全国的1/2,其中鸟类约占全国的2/5,区内的大熊猫、金丝猴、羚牛、华南虎、云豹、水獭、小熊猫、金猫、绿孔雀等为国家级保护动物。

(二)复杂多样的气候类型

西南大部分地区属于亚热带、热带气候,由于距海较近,因此,气候普遍温暖湿润,一年四季皆宜旅游。但地域辽阔,地势高低悬殊,使得气候复杂多样,各地区之间差异明显。

云贵高原西部冬季受热带气团影响,气温较高;夏季受海拔影响,天气凉爽,四季如春。昆明是我国著名的"春城",春秋长达9—10个月,冬季长约2个月。广西北部属于亚热带季风气候,温暖湿润;南部为湿热的热带气候,没有真正的冬季,夏季炎热,但下雨就凉。

(三)鬼斧神工的奇山异水

西南旅游区山多且各具特色,号称"山中有山,峰外有峰"。区内既有雄奇的峡谷高山,也有白雪皑皑的雪山,还有世界上发育最完美、分布最广的岩溶地貌。鬼斧神工的奇山造就了本区不同于其他旅游区的水景,著名的湖泊有云南昆明的滇池和洱海、广西桂林的榕湖和杉湖、贵州贵阳的红枫湖等。以瀑布水景著称的有贵州黄果树瀑布、云南九龙瀑布群、广西德天瀑布等,多为其他旅游区罕见的自然奇观。

二、旅游人文地理环境

(一)独特的历史文化,众多的历史古迹

早在170万年前,云南元谋人就在这里繁衍生息。而据考古发掘,200多万年前生活在重庆地区的"巫山人"比元谋人还要早30万年,以重庆为中心的古巴渝地区是巴渝文化的发祥地。相传春秋时期,群舸国(又译"牂柯国")是贵州这片土地上的大国之一,春秋后期被夜郎国取代,夜郎国日渐强大,现在在贵州仍不难寻觅到夜郎文化的遗踪。距今约5000年前,成都平原地区是长江上游区域文化的起源中心,其中三星堆和金沙遗址是古蜀国的政治、经济和文化中心,三星堆文明不仅以其截然不同于同时期中原文明的特色,印证了关于中华民族起源于全国若干地区的"满天星斗说",而且以其明显的西亚文化特征,说明了四川地区是较早开始对外进行文化交流的地区。同时,四川也是道教的发源地和三国历史文物保存最多的省份。本区自古就是我国与东南亚、南亚、中亚、西亚,甚至欧洲各国经济文化交流的通道,2000多年前"西南丝路"之路和唐宋时期以来的"茶马古道"在本区留下了众多的历史遗迹。

(二)众多的少数民族,绚丽的民族风情

该区是我国少数民族聚居地,有世居的少数民族30多个。其中,广西、云南和贵州的少数民族人口数位居我国前三位,云南是我国世居少数民族种类最多的省份。本区的少数民族主要有壮族、苗族、彝族、藏族、布依族、侗族、土家族、白族、哈尼族、傣族、苗族、傈僳族、回族、拉祜族、佤族、纳西族、瑶族、景颇族、布朗族、普米族、怒族、阿昌族、基诺族、独龙族、水族、羌族、毛南族等。

各少数民族的生产方式、服饰、饮食、建筑、婚俗、宗教、节庆等各具特色,建筑形式多样,如傣族的"竹楼"、彝族的"土掌房"、白族的"三坊一照壁"、侗族和土家族的"吊脚楼"等。少数民族的节日气氛热烈,如傣族的泼水节、彝族的火把节、壮族的三月三歌节等。各少数民族能歌善舞,如傣族的孔雀舞、苗族的芦笙舞等。这些构成了一幅幅色彩斑斓的民族风情画,对游客具有极强的吸引力。

(三)独具特色的边关风情

西南旅游区与老挝、缅甸和越南等国家为邻,边境沿线上有南疆旅游风光、边贸市场与边贸节庆交融的特有现象,构成了独具特色的旅游风景线。边境地区优美的自然风光、浓郁的民俗风情和活跃的边民互市等元素,构成了特色鲜明的边关风情。

第二节 四 川 省

一、旅游概况

四川省,简称"川",位于中国西南,地处长江上游,东连重庆,南邻云南、贵州两省,西接西藏,北接青、甘、陕三省,面积48.6万平方千米,小于新疆、西藏、内蒙古和青海,居全国第五位。截至2023年末,全省常住人口8368万人。四川有全国最大的彝族聚居区、第二大的藏族聚居区和唯一的羌族聚居区。

四川是著名的旅游资源大省,旅游资源极其丰富,拥有美丽的自然风景、悠久的历史文化和独特的民族风情。九寨沟、黄龙、大熊猫栖息地、峨眉山—乐山大佛、青城山—都江堰、大熊猫保护区等被联合国教科文组织列入《世界遗产名录》。四川为中国道教发源地之一,古蜀文明发祥地,全世界最早的纸币"交子"出现地,蜀锦、四川皮影戏等被列入联合国教科文组织非物质文化遗产名录。四川地质构造复杂、地质地貌景观丰富、地质遗迹类型多样,已发现地质遗迹220余处。

二、主要旅游城市和景点

(一)成都市

成都市,是四川省省会、副省级城市、国家历史文化名城,是西南地区重要的中心城市。成都是古蜀文明的重要发源地,有着世界罕见的"3000年城址不变、2500年城名不改"的历史特征。

1. 武侯祠

武侯祠位于成都市武侯区,是纪念三国时蜀汉丞相武乡侯诸葛亮的祠堂,始建于南北朝时期。武侯祠内翠柏森森、殿宇重重、布局严谨、庄严肃穆,今存刘备墓(惠陵)、蜀汉"直百五铢"和武将廊人物塑像等珍贵文物。

2. 杜甫草堂

杜甫草堂位于成都西门外浣花溪畔,是唐代大诗人杜甫在成都时的故居。杜甫,被尊为中国的"诗圣"。公元759年,为躲避安史之乱,杜甫从长安流亡到成都,第二年在浣花溪畔建成茅屋一座,自称为"草堂"。杜甫在草堂创作的诗歌有240余首留传至今,很多诗都是以草堂为题、触景生情而作,其中《茅屋为秋风所破歌》一诗更成为后人推崇的千古绝唱。

3. 都江堰水利工程

著名的古代水利工程都江堰位于都江堰市城西,古时属都安县境而名为"都安堰",宋元后称"都江堰",被誉为"独奇千古"的"镇川之宝"。都江堰约建于公元前3世纪,是中国战国时期秦国蜀郡太守李冰父子率众修建的一座大型水利工程,是世界迄今为止,年代最久、唯一留存、以无坝引水为特征的宏大水利工程。2000多年来,都江堰仍发挥巨大作用,成为"天府"富庶之源。都江堰水利工程最主要部分为都江堰渠首工程,这是都江堰灌溉系统中的关键设施。渠首主要由鱼嘴分水堤、宝瓶口引水工程和飞沙堰溢洪道三大工程组成。宝瓶口是内江进水咽喉,是内江能够"水旱从人"的关键水利设施。由于宝瓶口自然景观瑰丽,有"离堆锁峡"之称,是历史上著名的"灌阳十景"之一。2000年,青城山—都江堰被联合国教科文组织列入《世界遗产名录》。

4. 青城山

青城山位于都江堰市西南,山上林木葱茏,峰峦叠翠,状若城郭,故称"青城"。全山景物幽美,有"青城天下幽"之称。青城山是我国道教发祥地之一。东汉末年,道教创始人张道陵在此山设坛传教,逐渐发展成道教圣地。全山现尚有遗迹多处,著名的有建福宫、天师洞、三岛石、祖师殿、朝阳洞、上清宫,以及天然图画、金鞭岩、石笋峰、丈人山等,其中天师洞和祖师殿为道教全国重点宫观。

(二) 乐山市

1. 乐山大佛

乐山大佛地处乐山市岷江、青衣江、大渡河三江汇流处。大佛依凌云山栖霞峰临江峭壁凿造而成,又名"凌云大佛",始凿于唐代。大佛为弥勒佛坐像,通高71米,被誉为"山是一尊佛,佛是一座山",是唐代摩崖造像中的艺术精品之一,是世界上最大的石刻弥勒佛坐像。1996年,乐山大佛与峨眉山景区被联合国教科文组织列入《世界遗产名录》。

2. 峨眉山

峨眉山位于峨眉山市,为"中国佛教四大名山"之一,是举世闻名的普贤菩萨道场。峨眉山山势雄伟,隘谷深幽,飞瀑如帘,云海翻涌,林木葱郁,有"峨眉天下秀"之称。峨眉山金顶(见图10-1)与万佛顶相邻,这里山高云低,景色壮丽,游客可在陡峭的金顶岩边欣赏日出、云海、佛光、圣灯四大奇景。峨眉山上著名的佛寺有报国寺、伏虎寺、清音阁、洪椿坪、仙峰寺、洗象池、金顶华藏寺、万年寺等,寺内珍藏有许多精美的佛教瑰宝。2007年,峨眉山景区被评为国家5A级旅游景区。

图10-1　峨眉山金顶

(三)阿坝藏族羌族自治州

1.九寨沟

九寨沟位于阿坝藏族羌族自治州九寨沟县境内,因景区内有9个藏族村寨(树正寨、则查洼寨、黑角寨、荷叶寨、盘亚寨、亚拉寨、尖盘寨、热西寨、郭都寨)而得名。沟中地旷人稀,沟内有彩色湖泊,飞瀑流泉奔腾倾泻,串联其间。九寨沟集湖、瀑、滩、流、雪峰、森林、藏族风情于一体,以高山湖泊群为特色,景色秀丽奇绝,世所罕见。九寨沟的主要景点包括宝镜岩、盆景滩、芦苇海、五彩池、珍珠滩、镜海、犀牛海、诺日朗瀑布、五花海和长海等,蓝冰、翠海、叠瀑、彩林、雪峰、藏情被誉为"九寨六绝"。九寨沟为国家重点风景名胜区、国家级自然保护区、国家地质公园、国家5A级旅游景区,被联合国教科文组织列入《世界遗产名录》。

2.黄龙风景区

黄龙风景区位于阿坝藏族羌族自治州松潘县境内。黄龙以彩池、雪山、峡谷、森林"四绝"著称于世,主要景观集中于黄龙沟,沟内遍布碳酸盐钙化沉积,并呈梯田状排列,宛如一条金色的巨龙,蜿蜒于林海与雪山间,有奇、峻、雄、野的特点,享有"世界奇观、人间瑶池"之誉。黄龙风景区为国家5A级旅游景区,被联合国教科文组织列入《世界遗产名录》。

3.卧龙自然保护区

卧龙自然保护区位于阿坝藏族羌族自治州汶川县境内,卧龙生物圈保护区被纳入中国世界生物圈保护区。卧龙自然保护区主要保护对象是大熊猫等珍稀动物及高山林区自然生态系统,并与世界野生生物基金会合作建立中国大熊猫保护研究中心。卧龙自然保护区以"熊猫之乡""宝贵的生物基因库""天然动植物园"享誉中外。

4. 四姑娘山风景名胜区

四姑娘山风景名胜区位于阿坝藏族羌族自治州小金县境内,由四姑娘山、双桥沟、长坪沟、海子沟四部分组成,为5A级旅游景区。四姑娘山的主峰海拔6250米,仅次于被誉为"蜀山之王"的贡嘎山,人称"蜀山皇后""东方圣山"。四姑娘山一带森林茂盛,气候宜人,为丰富的动植物提供了生存环境,是四川大熊猫栖息地——卧龙·四姑娘山·夹金山脉世界自然遗产的组成部分。

(四)甘孜藏族自治州

海螺沟景区:又名海螺沟冰川森林公园,位于甘孜藏族自治州泸定县境内。海螺沟冰川是贡嘎山东坡众多冰川中的一条,其海拔较低。冰面上分布着冰面湖、冰面河、冰裂缝、冰蘑菇、冰洞、冰桥……令人叫绝的冰川弧拱晶莹透明,蓝中透绿。海螺沟地形复杂,气候类型特殊,山下长春无夏,植被茂盛,绿荫苍翠,气候宜人,年平均气温在15 ℃左右。山顶终年积雪,年平均气温在−9 ℃左右。海螺沟地处中高山、高山、极高山地区,落差6000米以上,形成了自然界独特的植被带、土壤带,汇集了我国大多数的植物种类,拥有大量珍稀动植物资源。

(五)广元市

剑门蜀道风景区:位于绵阳、广元市境内,是国家级风景名胜区。古蜀道北起陕西宁强,南到四川成都,沿线地势险要,重峦叠嶂,风光峻丽,关隘众多,构成了川陕交通的一大屏障。李白曾慨叹:"危乎高哉!蜀道之难,难于上青天!"这里的山脉东西横亘百余千米,七十二峰绵延起伏,形若利剑,直插霄汉。连山绝险,独路如门,素有"剑门天下奇"之说。进入关内的幽深峡谷中,可见前人留下的"天下雄关""第一关""剑阁七十二峰"等碑刻。新建的剑门关楼,雄踞关口,气势恢宏。附近山峦绵亘,植被葱茏,景色秀丽。景区范围广大、山、水、林、泉等自然景观丰富,沿蜀道分布着众多的名胜古迹,主要有古栈道、三国古战场遗迹、武则天的祀庙皇泽寺、唐宋石刻千佛岩、剑门关、古驿道翠云廊、七曲山大庙、李白故里等。

(六)广安市

邓小平故里旅游区:位于广安市郊协兴镇,是全国爱国主义和革命传统教育基地、全国红色旅游经典景区、全国重点文物保护单位。邓小平故里核心区是邓小平同志的诞生地,包含邓小平铜像广场、邓小平故居陈列馆、邓小平缅怀馆、邓小平故居等场所,还有翰林院子、蚕房院子、北山小学堂等近20处邓小平青少年时期的重要活动场所,形成了郁郁葱葱的天然纪念馆风貌。邓小平故里已成为人们追思邓小平足迹、缅怀邓小平丰功伟绩和开展中国特色社会主义教育、爱国主义教育和革命传统教育的重要基地。

第三节 重 庆 市

一、旅游概况

重庆市,简称"渝",位于中国西南部,在长江、嘉陵江汇合处,是我国中西部地带经济发展"东连西引"的接合部。重庆市面积约8.24万平方千米,是我国面积最大的直辖市。截至2023年末,全市常住人口3191.43万人。

重庆市四面环山,江水回绕,以"山城"扬名。重庆辖区主要分布在长江沿线,以丘陵、低山为主,地质多为喀斯特地貌构造,因而溶洞、温泉、峡谷、关隘多。重庆也有"中国雾都"之称,每年秋末至春初多雾。

重庆是中国西南地区的经济、交通、文化中心,具有历史悠久的巴渝文化、大量的陪都遗迹和独特的港口山城风貌,被列为国家历史文化名城。重庆主要的旅游景点有缙云山、金佛山、长江三峡(重庆段)、四面山、芙蓉江、大足石刻、武隆喀斯特旅游区、中共中央南方局暨八路军驻重庆办事处大楼旧址等。

二、主要旅游地和景点

（一）重庆市

1.重庆人民大礼堂

重庆人民大礼堂位于重庆市渝中区人民路,是一座仿古民族建筑群,也是重庆独具特色的标志性建筑物之一。整座建筑由大礼堂和东、南、北楼四大部分组成,其气势雄伟、金碧辉煌,是中国传统宫殿建筑风格与西方建筑的大跨度结构巧妙结合的杰作。重庆人民大礼堂采用明清两代的建筑特色,大礼堂的设计采用轴对称的传统手法,左右以柱廊和双翼相配,并以塔楼收尾,立面比例匀称、对比强烈、布局严谨、古雅明快。重庆人民大礼堂既是重庆人民演绎巴蜀文化的舞台,又是重庆人民修身养性的精神乐园,更是重庆中外文化交流的重要媒介。重庆人民大礼堂是供游人参观、休憩和举办节庆聚会的重要景点和场所。

2. 红岩革命纪念馆

红岩革命纪念馆位于重庆市渝中区嘉陵江畔,是重庆红岩联线文化发展管理中心(重庆红岩革命历史博物馆)所属的纪念馆之一。重庆红岩革命历史博物馆主要有中共中央南方局暨八路军驻重庆办事处大楼旧址、曾家岩50号周公馆、桂园、中共代表团驻地旧址、饶国模故居、南方局党训班、红岩礼堂、办事处招待所、红岩托儿所、红岩公墓、新华日报总馆旧址陈列馆等。其中,周公馆是当时中共中央南方局在重庆市城内租用的办公处。桂园是毛泽东同志在"重庆谈判"期间办公、会客的地方。

3. 解放碑

解放碑位于重庆主城渝中区民权路、民族路、邹容路交会的十字路口处,是抗战胜利和重庆解放的历史见证。解放碑通高27.5米,不仅是重庆城的形象标识,也是重庆市民的集体记忆,可谓重庆的"精神丰碑"。碑身大部分为白色,四面装有鸣钟,每到整点时,便会响起那高阔又洪亮的声音,塔是八角形柱体钢筋混凝土结构。现在,"解放碑"是解放碑中央商务区(CBD)的代名词。

4. 朝天门

朝天门位于重庆城东北长江、嘉陵江交汇处,襟带两江,壁垒三面,地势中高,两侧渐次向下倾斜。明初戴鼎扩建重庆旧城,按九宫八卦之数造城门17座,其中规模最大的一座城门即朝天门。门上原书四个大字——"古渝雄关"。因城门朝东,面朝天子帝都南京,于此迎御差,接圣旨,故名"朝天门"。1891年,重庆辟为商埠,朝天门始设海关。1927年,因修建朝天门码头,将旧城门拆除。今天的朝天门客运码头新建宏伟的朝天门广场,是俯瞰两江汇流,纵览沿江风光的绝佳去处。

5. 大足石刻

大足石刻石雕建于唐代,寓意"大丰大足""丰衣足食",位于重庆大足区。大足区是驰名中外的"石刻之乡",石刻艺术品星罗棋布。大足石刻是集儒、释、道三教造像于一体的大型石窟造像群,共有造像141处5万余尊,以宝顶山、北山、南山、石门山、石篆山等5处石窟最具特色,其规模宏大、内容丰富、保存完好、雕刻精美,代表了公元9—13世纪世界石窟艺术的最高水平,被联合国教科文组织列入《世界遗产名录》。大足石刻是我国晚期石刻艺术代表作,具有很高的历史、艺术、科学研究价值,素有"北敦煌、南大足"之说。

(二)北碚区

1. 缙云山国家级自然保护区

缙云山国家级自然保护区位于重庆市主城区,跨沙坪坝、北碚、璧山三区,是以森林植被及其生境所形成的自然生态系统为主要保护对象的自然保护区,为重庆市北大门的天然绿色屏障,是重庆的"肺叶",为主城区附近的"天然氧吧"。

2.北温泉风景区

北温泉风景区位于重庆市北碚区嘉陵江温汤(塘)峡西岸,以温泉浴泳取胜,兼有山、水、林、洞、峡、寺之美。北温泉是中国乃至世界上开发利用较早的温泉,其古刹温泉寺始建于南朝。抗战期间,国共两党要员冯玉祥、陶行知、蒋介石、周恩来夫妇等曾多次来此住宿。中华人民共和国成立后,朱德、贺龙、董必武、邓小平、刘伯承、陈毅、聂荣臻、叶剑英、李鹏等人都曾在此居住过。

(三)巫山县、奉节县、云阳县、丰都县

1.长江三峡(重庆段)

长江三峡西起重庆奉节的白帝城,东至湖北宜昌的南津关,由瞿塘峡、巫峡、西陵峡组成,两岸悬崖绝壁,江中滩峡相间。长江三峡是中国十大名胜古迹之一,它是长江风光的精华、神州山水的瑰宝,古往今来,闪烁着迷人的光彩。

瞿塘峡西起重庆奉节的白帝山,东至巫山县大溪镇,是三峡中最短但最雄伟险峻的一个峡,故有"夔门天下雄"之称。巫峡西起重庆巫山县城东面的大宁河口,东至湖北巴东县官渡口,是长江横切巫山主脉背斜而形成的,又名"大峡",以幽深、秀丽著称。整个峡区奇峰突兀,怪石嶙峋,绵延不断,是三峡中最可观的一段,宛如一条迂回曲折的画廊,充满诗情画意,可以说处处有景、景景相连。西陵峡在湖北秭归、宜昌两县境内,西起香溪河口,东至南津关,是长江三峡中最长的一个以滩多水急闻名的山峡。

2.重庆巫山小三峡—小小三峡风景区

重庆巫山小三峡位于重庆市巫山县境内,由长江三峡的中段巫峡上支流大宁河的龙门峡、巴雾峡、滴翠峡组成,也称"大宁河小三峡"。龙门峡内绝壁对峙,形若一门,素有"不是夔门,胜似夔门"之誉。巴雾峡内山高谷深,云遮雾绕,怪石嶙峋,峰回路转,一组又一组的天然雕塑,令人目不暇接。滴翠峡是小三峡中最长的峡谷,也是最幽深、最秀丽的一个峡谷。滴翠峡内无峰不峭壁,有水尽飞泉,有人赞颂其"不是三峡,胜似三峡"。

小小山峡位于大宁河滴翠峡处的支流马渡河上,是长滩峡、秦王峡、三撑峡的总称。

慎思笃行
▼

探访"中华诗城"重庆奉节:文旅扶贫"富脑袋富口袋"

第四节　广西壮族自治区

一、旅游概况

广西壮族自治区,简称"桂",省会南宁,素有"绿城"之美称。广西壮族自治区行政区域土地总面积23.76万平方千米,是全国唯一具有沿海、沿边、沿江优势的少数民族自治区。截至2023年末,广西常住人口5027万人。

广西地处中国地势第二台阶中的云贵高原东南边缘、两广丘陵西部,南临北部湾。西北高、东南低,呈西北向东南倾斜状。山岭连绵、山体庞大、岭谷相间,四周多被山地、高原环绕,中部和南部多丘陵平地,呈盆地状,有"广西盆地"之称。

广西的自然景观以岩溶地貌最为突出。峰林是发育完美的热带岩溶地貌的典型代表,它们平地拔起,气势超群,造型奇特。形态最典型、风景最秀美的是桂林、阳朔一带的石灰岩峰林,曾被明代旅行家徐霞客誉为"碧莲玉笋世界"。广西的洞穴众多且风景优美,比较著名的有桂林的芦笛岩、七星岩,柳州的都乐岩,玉林的龙泉洞等。

广西是多民族聚居区,少数民族以壮族人口最多。各少数民族之间的语言、文化、民间艺术都有很大不同,形成了多姿多彩的民族风情,如苗族的踩花山、仫佬族的走坡节、壮族的三月三歌节,吸引着全国各地的旅游者前来观光。

二、主要旅游城市和景点

（一）桂林市

1. 靖江王府

靖江王府位于桂林市市中心独秀峰下,是明太祖朱元璋侄孙朱守谦被封为靖江王时修造的王府。靖江王府主体布局有承运门、承运殿、御苑、王宫等,围绕宫殿主体建筑还广建楼堂厅院、亭阁轩室,构成一个金碧辉煌、规模宏大的建筑群。靖江王府是我国现今历史较长且保存得较为完好的明代藩王府。

2. 独秀峰

独秀峰位于桂林市区中心靖江王城内(今广西师范大学王城校区),是桂林市的标志之一。独秀峰孤峰突起,陡峭高峻,气势雄伟,素有"南天一柱"之称。山的东麓有南朝文学家颜延之的读书岩,颜延之曾写下"未若独秀者,峨峨郛邑间"的佳句,独秀峰因此得名。

3. 七星公园

七星公园位于桂林市区漓江东岸,被小东江流贯其间,景点因七星山的七座山峰,犹如天上的北斗七星坠地而得名。公园内有"北斗七星""驼峰赤霞""月牙虹影""普陀石林"等胜景,集桂林山、水、洞、石、庭院、建筑之大成,是桂林市最大、游客最盛、历史性最长的一个综合性公园,为桂林山水精华景观的缩影。

4. 象鼻山

象鼻山位于桂林市,原名"漓山",又叫"仪山""沉水山",简称"象山",山因酷似一只站在江边伸鼻豪饮漓江甘泉的巨象而得名,被人们称为"桂林山水的象征"。象鼻山的主要景点有水月洞、象眼岩、普贤塔、云峰寺及寺内的太平天国革命遗址陈列馆等。

5. 漓江风景区

漓江位于广西东部,属珠江水系的桂江上游河段,发源于"华南第一峰"猫儿山。漓江历史上曾名"桂水",或称"桂江""癸水""东江",以流域孕育的独特绝世而又秀甲天下的自然景观——桂林山水,其风景秀丽,山清水秀,洞奇石美,是驰名中外的风景名胜区。漓江流域拥有丰富的自然山水景观。早在南宋时期,"桂林山水甲天下"就已天下皆知。漓江,这条萦绕在祖国南疆的秀丽江水,自古以来以其悠久的历史文明,令无数文人墨客为之倾倒。"江山惹得游人醉,印入肝肠都是诗"便是无数游人抒发的感慨。从桂林到阳朔约83千米的水段,人称"百里漓江、百里画廊",是漓江的精华所在,两岸是典型的岩溶峰林地貌,有着"深潭、险滩、流泉、飞瀑"的壮丽景色。漓江不但河谷深,且河床比降大,形成许多滩、洲、峡、矶等。以漓江风光和溶洞为代表的山水景观有山青、水秀、洞奇、石美"四绝"之誉。

6. 阳朔

阳朔以风景秀丽著称,位于广西东北部、桂林市区南面,属桂林市管辖。阳朔有着丰富的自然景观和人文景观。自然景观主要是山、水、岩洞、古榕等,人文景观主要是亭、台、楼、阁、石刻等。阳朔的著名景点有莲花岩、碧莲洞、聚龙潭、世外桃源、刘三姐水上公园、蝴蝶泉、遇龙河、田家河、大榕树等。

(二)柳州市

1. 柳侯祠

柳侯祠位于柳州市中心柳侯公园内的西隅,是柳州人民为纪念唐代著名的政治家、思想家、文学家柳宗元而建造的庙。现在的柳侯祠建筑结构为清代三进制木砖结构,祠内陈列有许多文物及史料,反映了柳宗元的生平和政绩。

2. 鱼峰山

鱼峰山位于柳州市鱼峰路,唐代柳宗元称此山"山小而高,其形如立鱼",故又名"立鱼峰",也称"石鱼山"。相传,鱼峰山是壮族"歌仙"刘三姐生活劳动和传歌升仙的地方。至今山上尚存"三姐岩""对歌坪"等遗址,三姐岩内有"传歌、对歌、成仙"群雕,山腰立有用大理石雕刻的刘三姐塑像。山上有清凉园、玉洞、盘石洞、纯阳洞、阴风洞、螽斯岩和三姐岩等七个岩洞,彼此贯通,人称"灵通七窍"。洞内存有许多历代文人骚客对此山赞美的题刻。

3. 程阳风雨桥

程阳风雨桥又叫"永济桥""盘龙桥",位于柳州市三江县城北面。此桥横跨林溪河,为石墩木结构楼阁式建筑。墩台上建有桥亭和桥廊,亭廊相连,浑然一体,十分雄伟壮观。它建筑上的惊人之处在于整座桥梁不用一丁一卯,大小条木,凿木相吻,以榫衔接全部结构,斜穿直套,纵横交错,却一丝不差。程阳风雨桥是典型的侗族建筑,在中外建筑史上独具风韵。

(三)南宁市

伊岭岩:位于南宁市武鸣区境内,是一座喀斯特岩溶洞。据地质学家推断,伊岭岩形成于100多万年前。该洞窟位于梁满山腹中,状若海螺,洞分三层,曲折迂回,变化无穷。洞内已开辟八大景区,有100多个大小景点。洞内千姿百态的钟乳石、石笋、石柱、石花、石幔,通过现代声光配置,组成了无数瑰丽逼真、让人心驰神往的景物。

(四)崇左市

1. 左江花山岩画

左江花山岩画分布在崇左市境内的左江及其支流明江两岸的崖壁上,其中,宁明花山岩画是典型代表,入选《世界遗产名录》。据统计,花山岩画总长221米,高近40米,现遗存可辨认的图像1950多个,面积为8000多平方米,是世界上单体最大、保存最完好的一处岩画。相传,是壮族先民骆越人冒着生命危险,创作了如此巨大画幅的岩画,充分体现了人民的智慧。

2. 德天瀑布

德天瀑布位于崇左市大新县归春河上游,主体瀑布宽100米、纵深60米、落差70米,其雄伟之势令人叹为观止。德天瀑布与越南的板约瀑布连为一体,是亚洲最大的天然跨国瀑布,也是世界第四大跨国瀑布。德天瀑布宛如一颗璀璨的明珠,雄奇瑰丽、变幻多姿,瀑布四季景色不同——春天凌草泛青,夏天激流如龙,秋天梯田铺金,冬天琼珠闪闪。

（五）北海市

1. 北海银滩

北海银滩位于北海市银海区银滩中路,东西绵延约24千米。北海银滩具有滩长平、沙细白、水温净、浪柔软、无鲨鱼的特点,是我国南方理想的滨海浴场和海上运动场所,有"南方北戴河,东方夏威夷"之誉。

2. 涸洲岛

涸洲岛位于北海市北部湾海域,是中国地质年龄最年轻的火山岛,也是广西最大的海岛。涸洲岛是火山喷发堆积而成的岛屿,岛南部的高峻险奇与北部的开阔平缓形成鲜明对比,其沿海海水碧蓝见底。《中国国家地理》杂志曾评选出"中国最美的十大海岛",涸洲岛位列第二名。

第五节 贵 州 省

一、旅游概况

贵州省,简称"黔"或"贵",位于我国西南部,东毗湖南、南邻广西、西连云南、北接四川和重庆,是一个山川秀丽、气候宜人、民族众多、资源富集、发展潜力巨大的省份。贵州省总面积17.62万平方千米。2023年末,全省常住人口为3865万人。

贵州地处云贵高原,群山蜿蜒起伏,峰峦错落叠嶂,地形极为复杂,气候属于亚热带季风气候,整体是冬无严寒、夏无酷暑,是理想的避暑胜地。在贵州,世居的少数民族有苗族、布依族、侗族、土家族、彝族等。

特殊的喀斯特地质地貌、原生态的自然环境、浓郁的少数民族风情,形成了贵州以自然风光、人文景观和民俗风情交相辉映的丰富旅游资源。贵州拥有黄果树瀑布景区、龙宫风景名胜区、织金洞风景名胜区、红枫湖、舞阳河、马岭河峡谷、荔波樟江、赤水风景名胜区等国家级风景名胜区,有花溪、百里杜鹃等省级风景名胜区,还有铜仁梵净山、荔波茂兰喀斯特原始森林、遵义习水中亚热带常绿阔叶林、贵州赤水森林公园和威宁草海等国家级自然保护区,以及遵义会议会址、从江增冲鼓楼、盘州大洞等全国重点文物保护单位。

Note

二、主要旅游城市和景点

（一）贵阳市

1. 黔灵山

黔灵山位于贵阳市云岩区，由象王山、檀山、白象山、大罗岭等群山连成，素有"黔南第一山"之称，山幽林密、湖水清澈。黔灵山地质构造复杂，植物种类繁多，有麒麟洞、古佛洞、洗钵池等古迹。弘福寺是贵州著名的佛寺之一，由清代赤松和尚创建。弘福寺与山麓的麒麟洞及山上的摩崖石刻群，均为省级重点文物保护单位。

2. 花溪公园

花溪公园位于贵阳市南郊，是国内闻名的风景胜地。这里青山碧水，曲桥小洲，十里菜花，飞阁凉亭，宛如一幅美妙的风景画。园内花木扶疏，绿树浓荫，小山数座，草地、荷塘相陈，间以洲渚、河滩。龟山与麟山相依，山麓有坝上桥连接龟蛇二山。桥的一侧瀑流奔腾，飞花溅玉，另一侧河水平阔。蛇山蜿蜒起伏，以石磴百具弯弯曲曲置于河坝上，游人至此鱼贯而行，望水中倒影，飘飘欲仙。公园周围，村落点点，春季田中油菜花盛开，金灿灿一片，美不胜收。

3. 甲秀楼

甲秀楼位于贵阳市南明区的南明河上，昔有巨石兀立南明河中，其形似鳌，人称"鳌矶"。甲秀楼是中国十大名楼之一，名字蕴含"科甲挺秀，人才辈出"之意。后被毁重建，改名"来凤阁"。清代多次重建，并恢复原名。甲秀楼是三层三重檐四角攒尖顶阁楼式建筑，飞檐翘角，石柱托檐，白石为栏，层层收进。周围有浮玉桥、涵碧亭、涵碧潭、水月台和石木牌坊，上书"城南胜迹"四字，还有古建筑群"翠微园"。甲秀楼中匾联书法甚多，尤以清刘春霖仿大观楼长联所作的长联最为著名。

（二）安顺市

1. 黄果树瀑布景区

黄果树瀑布景区位于安顺市镇宁布依族苗族自治县境内的白水河上。黄果树瀑布周围岩溶广布，河宽水急，气势雄伟，白水河流经当地时河床断落成九级瀑布，黄果树为其中最大一级。这里分布着雄、奇、险、秀风格各异的大小18个瀑布，黄果树大瀑布是黄果树瀑布群中最为壮观的瀑布（见图10-2）。瀑布后面岩壁上凹成一洞，称"水帘洞"，洞口常年为瀑布所遮，可在洞内窗口窥见天然水帘之盛景。黄果树瀑布是我国最大的瀑布，也是世界著名大瀑布之一。黄果树瀑布风景区内瀑布成群，洞穴成串，峰峦叠翠，植被奇特，伏流、溶洞、石林、石壁、峡谷比比皆是，呈现出层次丰富的喀斯特山水旖旎风光。

图 10-2　黄果树瀑布

2. 龙宫风景名胜区

龙宫风景名胜区位于安顺市西秀区,是一个以水底溶洞和洞穴瀑布为主体的岩溶风景区。前洞为一处水宫,乘舟而进,可连入殿厅,各殿景象殊异,殿内或穹顶低垂,钟乳石犬牙交错;或巍峨壮丽,石林高耸;或如牛鬼蛇神,光怪陆离,令人触目惊心。中间为旱洞,后洞为第二水洞,可沿石砌小道游览石林公园,再登绝壁栈道观赏龙门瀑水从狭窄的龙门涌出,直泻而下,发出雪崩雷鸣般巨响,蔚为壮观。洞中有瀑布、绝壁、峡道、古树、石林等,景致层出不穷,水石交相辉映,有人题联赞美曰:"集古今中外于一堂,汇天上地下于一厅。"

（三）遵义市

1. 遵义会议纪念馆

遵义会议纪念馆位于遵义市红花岗区老城,是一座坐北朝南的二层楼房,为中西合璧的砖木结构建筑。遵义会议纪念馆是为纪念中国共产党历史上具有伟大历史意义的遵义会议而设立的、以遵义会议会址建筑为依托的纪念性博物馆。

2. 赤水风景名胜区

赤水风景名胜区位于赤水市,由18个独立景区组成。景观以瀑布、竹海、桫椤、丹霞地貌、原始森林等自然景观为主要特色,兼有古代人文景观和红军长征遗迹,被誉为"千瀑之市""丹霞之冠""竹子之乡""桫椤王国""长征遗址"。主要有赤水大瀑布、四洞沟、五柱峰、红石野谷、中国侏罗纪公园、燕子岩国家森林公园、竹海国家森林公园等自然景区,以及大同古镇、丙安古镇、红军长征遗址等人文景区。

3. 海龙屯遗址

海龙屯遗址位于遵义市海龙屯村,又称"龙岩屯",是明代播州杨氏土司的庄园和城堡。海龙屯由外城、内城构成,建于悬崖之巅,地形险要,是一组极具地方特点和民族特色的古代建筑群。2015年,贵州播州海龙屯遗址与湖南永顺老司城遗址、湖北唐崖土司城遗址联合申报的中国土司遗址被列入《世界遗产名录》,成为中国的第48项世界遗产。

(四) 铜仁市

梵净山自然保护区:位于黔东北江口、印江、松桃三县交界处,是武陵山脉主峰。梵净山自然保护区是中国亚热带森林生态系统保存完好的典型地区之一,有珙桐、铁杉等国家重点保护植物及贵州特有植物梵净山冷杉等。林中繁衍生息着黔金丝猴、华南虎、云豹、猕猴、林麝、苏门羚、穿山甲和大鲵等多种国家重点保护动物。目前,从盘溪进山,沿黑湾河、铜矿厂、鱼坳至金顶一线已辟为旅游区,沿途可见幽静的山谷、苍翠的原始森林、清澈的山溪清泉。梵净山自然保护区主要景点有万卷书、蘑菇石、金刀峡及红云金顶等。

(五) 毕节市

织金洞风景名胜区:位于织金县境内,原名"打鸡洞",是一个高位旱溶洞。洞内空间开阔,景观奇特。壮丽的石笋、石塔蔚然成林,间歇水塘与地下湖泊碧波粼粼,高大的石幔、石帷犹如从天而降,颜色各异。洞内的石笋、石柱、石芽、钟旗等40多种沉积物,形成了千姿百态的岩溶奇观。织金洞内有迎宾厅、塔林宫、灵霄殿和十万大山等,每个景区都有十分奇特的岩溶景观,使游人如至仙境。织金洞既是一座巧夺天工的自然艺术宝库,又是一座巨大的"溶洞博物馆",堪称世界溶洞奇观。

第六节　云　南　省

一、旅游概况

云南省,位于我国西南边陲,西部、南部与东南亚的缅甸、老挝、越南交界。因位于云岭以南,故名"云南"。古为滇国,简称"滇",省会为昆明市。云南总面积39.41万平方千米。截至2023年末,全省常住人口为4673万人。

云南地处云贵高原,属亚热带高原型季风气候,受地形影响,垂直变化显著,尤其滇西有"一山四季"之说。云南省地势呈现西北高、东南低,自北向南呈阶梯状逐级下降,从北到南的每千米水平直线距离,海拔平均降低6米。全省河川纵横,湖泊众多。全省境内径流面积在100平方千米以上的河流有上千条,分属长江(金沙江)、珠江(南盘江)、澜沧江(湄公河)等六大水系。云南是全国世居少数民族最多、跨境民族最多、特有民族最多、人口较少民族最多、自治地方及实行民族区域自治的民族最多的省份。云南25个世居少数民族中,哈尼族、白族、傣族、傈僳族、拉祜族、佤族、纳西族、景颇族、布朗族、普米族、阿昌族、怒族、基诺族、德昂族、独龙族15个少数民族,80%以上的人口分布在云南,为特有少数民族。

云南省旅游资源十分丰富,不但有秀丽的热带、亚热带风光,而且岩溶景观发育良好,民俗风情浓郁,文化古迹遍布,是观光游和民俗风情游的好去处。便利的交通、丰富的旅游资源和日趋完善的旅游接待设施,使云南省成为中国旅游业发达的省份之一,是理想的旅游目的地。区内包括滇东南游览区、滇西北游览区和滇西南游览区。滇东南游览区是指以昆明、宜良、泸西、弥勒、建水、石屏、通海等地为主的旅游景点;滇西北游览区指以昆明、大理、丽江、香格里拉等地为主的旅游景点;滇西南游览区指以思茅、西双版纳为主的旅游景点。

二、主要旅游城市和景点

(一)昆明市

1. 滇池

滇池是云南省最大的高原湖泊、全国第六大淡水湖泊,有"高原明珠"之称。滇池亦称"昆明湖""昆明池""滇南泽""滇海",在昆明市西南,有盘龙江等河流注入。滇池风光秀丽,是国家级旅游度假区,周围周有云南民族村、云南民族博物馆、西山华亭寺、太华寺、三清阁、龙门、筇竹寺、大观楼等风景区。

2. 路南石林景区

路南石林位于昆明市石林彝族自治县境内,是世界上典型的喀斯特地貌景观、中国四大自然景观之一,素有"造型地貌天然博物馆"之称。路南石林景区由大石林、小石林、乃古石林、大叠水、长湖、月湖、芝云洞、奇风洞等风景片区组成,其中,石林的象形石,数量多、景观价值高,举世罕见。石林遍布着上百个黑色大森林一般的巨石群,有的独立成景,有的纵横交错,连成一片,占地数十亩、上百亩不等。只见奇石拔地而起,参差峥嵘,千姿百态,巧夺天工,被人们誉为"天下第一奇观"。

3. 世界园艺博览园

世界园艺博览园位于昆明市东北郊金殿风景区,园内森林密布,水面宽广。目前,有多个国家和国际组织在这里建起了自己的专题展示园(台),国内许多地方也都建有能集中反映本地区园林艺术的展示场所。园内浓缩了多种独具特色的中外建筑,再现了美好自然与现代科技的有机融合,体现了世界各国园艺风格及发展水平。昆明世界

慎思笃行
▼

"滇国相印"封泥出土,证实古滇国的存在

园艺博览园是1999年昆明世界园艺博览会会址,该博览会是中国政府第一次成功主办的高等级世界博览会。

(二)大理市

1. 大理古城

大理古城简称"榆城""叶榆",东临碧波荡漾的洱海,西倚常年青翠的苍山,形成了"一水绕苍山,苍山抱古城"的城市格局。大理古城始建于明洪武十五年(1382年),是国家历史文化名城。现存的大理古城是以明朝初年在阳苴咩城的基础上恢复的,呈方形,开四门,上建城楼,下有卫城,更有南北三条溪水作为天然屏障,城墙外层是砖砌的;城内由南到北横贯五条大街,自西向东贯穿了八条街巷,整个城市呈棋盘式布局。

2. 崇圣寺三塔

崇圣寺三塔是云南古代历史文化的象征,也是中国南方古老、雄伟的建筑。该组建筑群位于大理古城西北,西对苍山,东对洱海,三塔由一大二小三座佛塔组成,呈鼎立之态,远远望去,卓然挺秀、俊逸不凡。三塔中的主塔是千寻塔,为方形密檐式空心砖塔,是中国现存塔座极高者,与西安大雁塔、小雁塔同是唐代的典型建筑,造型上也与西安小雁塔相似,为唐代的典型塔式建筑之一。塔以白灰涂面,每级四面有龛,相对两龛供佛像,另两龛为窗洞。塔内装有木骨架,塔身内壁垂直贯通上下,设有木质楼梯,循梯可达顶层,可从瞭望小孔中欣赏大理古城全貌。

3. 蝴蝶泉

蝴蝶泉位于大理市苍山第一峰云弄峰山脚,为方形泉潭。泉水清澈如镜,由泉底冒出,泉边浓荫如盖,一高大古树,横卧泉上。每年春夏之交,大批蝴蝶聚于泉边,漫天飞舞。最为奇特的是万千彩蝴蝶,首尾相衔,一串串地从大合欢树上垂挂至水面,五彩斑斓,蔚为壮观。蝴蝶泉奇景古已有之,明代徐霞客笔下已有生动的记载。

(三)丽江市

1. 丽江古城

丽江古城又名"大研古镇",与四川阆中的阆中古城、山西平遥的平遥古城、安徽黄山的徽州古城并称为保存完好的"中国四大古城"。丽江古城民居在布局、结构和造型方面按自身的具体条件和传统生活习惯,结合汉族以及白族、藏族民居的传统,并在房屋抗震、遮阳、防雨、通风、装饰等方面进行了大胆的创新发展,形成了独特的风格。丽江古城已有近千年历史,是国家历史文化名城,被联合国教科文组织列入《世界遗产名录》。丽江古城是以充分体现人与自然和谐统一,多元融合的文化为特点,以平民化、世俗化的百姓古雅民居为主体的"建筑群"类型的世界文化遗产,是一座至今还保存完好的文化古城。

2. 玉龙雪山

玉龙雪山古称"耸雪山""雪山""雪岭",位于丽江市玉龙纳西族自治县境内。玉龙雪山如一条矫健的玉龙横卧山巅,有一跃而入金沙江之势,故名"玉龙雪山"。玉龙雪山景观分为雪域冰川景观、高山草甸景观、原始森林景观、雪山水景等。玉龙雪山的主要景点有玉柱擎天、云杉坪、雪山索道、黑水河、白水河、蓝月谷及宝山石头城等。

3. 泸沽湖

泸沽湖位于云南与四川边界,属国家水利风景区、国家4A级景区、国家水利风景区,是人文景观和自然景观于一体的旅游胜地。泸沽湖湖水澄碧,能见度高,生态环境良好,湖周群山环抱,湖水清澈透明,湖面似一弯新月,恬静秀丽。由于景区地旷人稀、交通闭塞,生态环境未受较大的破坏,整个景区保持了原始的、粗犷的格调。泸沽湖的人文景观十分独特又丰富多彩,以纳西族摩梭风情为主体,兼有其他相应民族的民风民情、原始宗教文化、独具特色的文化遗迹和多种趣闻传说等。

(四)香格里拉市

1. 哈巴雪山

哈巴雪山位于香格里拉市东南部,是喜马拉雅山造山运动及其以后第四纪构造运动的强烈影响下急剧抬高的高山。山势上部较为平缓,下部则陡峭壁立,望之险峻雄伟而又美丽神秘。"哈巴"为纳西语,意思是"金子之花朵"。哈巴雪山与玉龙雪山隔虎跳峡相望,攀登季节为每年11月到次年2月及4—6月,受季风影响,1月、2月风力较大,经常达8级以上。11月、12月风力较小,4—6月是花季,是攀登的最佳季节。

2. 虎跳峡景区

虎跳峡以"险"名天下,是中国较深的峡谷,位于香格里拉市虎跳峡镇境内,是国家4A级旅游景区。虎跳峡因曾有猛虎借助江心巨石跃过金沙江的传说而得名,以雄、奇、险、峻著称。虎跳峡是排名世界第四、中国第二的大峡谷,是万里长江第一大峡谷,由上虎跳峡、中虎跳峡、下虎跳峡组成。虎跳峡高山耸峙,江水奔腾汹涌,涛声如雷,气势磅礴。在最佳观赏期,虎跳峡的江水流量增大,流速加快,江水如万马奔腾般呼啸而过,激起层层白色浪花,水雾弥漫,仿佛一幅动态的水墨画卷。

3. 西双版纳傣族自治州

西双版纳傣族自治州为云南省下辖自治州,位于云南省南端。西双版纳,古代傣语为"勐巴拉那西",意为"理想而神奇的乐土",这里以美丽的热带雨林自然景观和少数民族风情而闻名于世,是镶嵌在祖国南疆的一颗璀璨明珠,是名副其实的"动物王国"和"植物王国"。西双版纳傣族自治州的代表性景点有野象谷、曼飞龙佛塔、橄榄坝、独树成林、中国科学院西双版纳热带植物园、孔雀湖、水井塔、茶树王、泼水节观礼台、空中走廊、民族风情园等。

教学互动

请同学们讨论该区具有民族特色的旅游资源有哪些,又有哪些具有民族特色的节庆活动。

本章小结

在线答题

第十章

西南旅游区包括四川、重庆、广西、贵州、云南等。通过对西南旅游区概况、各省区旅游概况、民俗风情、主要旅游城市、旅游景点的学习,让学生能够掌握西南旅游区及各亚区的旅游资源,为旅游主题选择、旅游线路产品设计做好准备。

Note

第十一章
青藏旅游区

本章概要

青藏旅游区包括青海省、西藏自治区,位于我国西南部的青藏高原,其中西藏自治区与印度、尼泊尔、不丹、缅甸等国家接壤。本区原始自然、人文旅游环境保存完好,自然景观独特,人文内涵丰富。区内地势高峻,自然环境复杂,有"世界屋脊"之称,也被称为"世界第三极"。世界最高峰珠穆朗玛峰位于青藏高原南缘。世界级大河——长江、黄河和印度河也都发源于本区。绵延万里的高山雪峰、坦荡开阔的宽谷、一望无垠的高原、星罗棋布的湖泊,以及茫茫的万里草原、苍郁的原始森林,无不令人心驰神往。由于这里许多地区人迹罕至,加之宗教色彩浓厚,高原被蒙上了一层神秘的面纱,由此构成了一个风格异常独特的旅游区。本区是开展高原冰雪观光、登山探险、科学考察的理想之地。

学习目标

知识目标

1. 了解青藏旅游区的旅游环境。

2. 掌握青藏旅游区的旅游资源特征。

3. 熟悉青藏旅游区的主要旅游胜地。

能力目标

1. 能够分析青藏旅游区地理环境与旅游资源的关系。

2. 能够依据青藏旅游区旅游资源的特点,设计有特色的青藏旅游区旅游线路。

3. 能够撰写青藏旅游区特色旅游景区的讲解词。

素养目标

1.通过学习,激励学生探究中国各地文化,强化学生对中国传统文化的热爱。
2.通过教育和引导,培养学生的爱国主义情感,使之具备民族自豪感和自信心。

知识导图

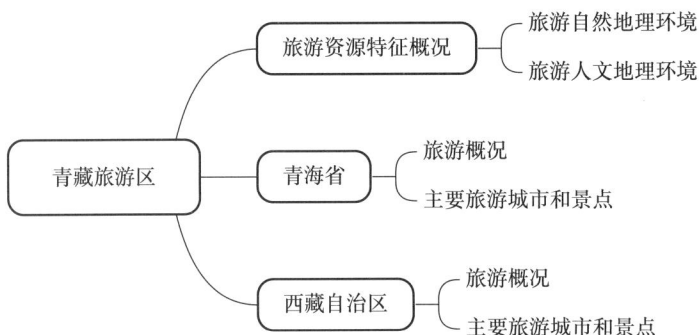

章节要点

1.青藏旅游区旅游资源的特征。
2.青藏旅游区主要的旅游城市。
3.青藏旅游区主要的旅游景区及其特色。

章首案例

千年历史古城——西宁

西宁,这座有着2000多年历史的古城,位于青海省东部的湟水盆地。汉武帝时期曾在此设立西平亭,东汉时置西平郡,北宋时改为西宁州,自此,"西宁"一名便一直沿用至今。西宁经过历代营建,留下了许多历史古迹,再加上天然美景,现已发展成一座旅游名城。当地人总结出了"西宁八景",即石峡清风、金蛾晓日、文峰耸翠、凤台留云、龙池夜月、湟流春涨、五峰飞瀑和北山烟雨。其中,金蛾晓日尤为著名,据说它跟隋炀帝西巡有关。

金蛾山位于西宁市大通新城,山势雄峻。起初,金蛾山作"金娥山",民间又称"娘娘山"。据说隋文帝时期,在这一带建国的吐谷浑一度与隋朝联姻通好。到了隋炀帝时期,两国发生冲突,隋炀帝为了巩固西陲,显示自己的拓边雄心,率军西征。在御驾亲征之时,隋炀帝还带了许多娇娥美姬随行。其中,随行众姬妾中一个名为"金娥"的妃子最受宠爱。行军途中,金娥不幸病逝,隋炀帝非常伤心,派人将金娥安葬于山上。慢慢地,由于春秋时分,五彩斑斓的飞蛾常常翩跹于山上野花丛之中,人们便将此山称为"金蛾山"。

讨论:西宁右控青海,左引甘凉,自古便是兵家必争之地。如果失去西宁,势必会影响中原的安危,因此历代王朝都十分重视西宁一带的防守。你知道在汉武帝时期,骠骑将军霍去病以西宁为据点,数次西征讨伐匈奴的故事吗?

第一节　旅游资源特征概况

一、旅游自然地理环境

(一)高原"世界屋脊"

青藏高原是世界上最高的高原,被称为"世界屋脊"。高原内部横亘着数列巨大山脉,大致呈东西向。山脉自北向南分别为阿尔金山、祁连山、昆仑山、喀喇昆仑山、唐古拉山、冈底斯山和念青唐古拉山,最南是喜马拉雅山。东部为岭高谷深、纵列分布的横断山脉。高原上高峰林立,位于喜马拉雅山的西端中尼边境上的是世界最高峰珠穆朗玛峰。高原上海拔超过8000米的山峰有十多座,6000米以上的山峰极为普遍。

(二)独特的高原气候

青藏高原虽地处亚热带、温带的纬度上,但因其海拔高,对流层的大气环流发生改变,形成了独特的高原气候。因空气薄、污染少、透明度好、天空湛蓝、太阳辐射强、光照充足,拉萨素有"日光城"之称。本区气候寒冷,年均气温大多低于5℃,7月平均温度也在8—18℃,是我国夏季温度最低的地区。本区年温差小,日温差大,"一年无四季,一天见四季"。

(三)复杂多样的自然景观

青藏高原是世界中低纬度的低温中心,许多高于雪线的山峰多发育着现代冰川,其中喀喇昆仑山、喜马拉雅山、念青唐古拉山、祁连山和横断山区的规模较大。冰川种类齐全,有平顶冰川、冰斗冰川、悬冰川、山谷冰川等;冰川地貌富有特色,如冰塔林林立、冰洞幽深、冰湖如镜、冰芽如花,还有冰墙、冰桥等。由于地势和气候的影响,高原的植被具有耐寒、耐旱、耐盐、抗风的特征。地表景观主要表现为高山草甸、草原和高寒荒漠等景观。动物有藏羊、山羊、牦牛、犏牛等。原始森林主要分布在雅鲁藏布江流域、横断山区和青海东南部,栖息着太阳鸟、斑鳖、猞猁、白唇鹿等珍稀动物。

二、旅游人文地理环境

(一)壮观的宗教建筑

佛教在雪域高原上有着悠久的历史和深远的影响。寺庙作为宗教活动的场所,数量众多,如星星般散落在城市、村庄、山谷和草原上,寄托着藏民对美好未来的憧憬。本区内有大小寺庙2000多座,其中著名的有布达拉宫、大昭寺、哲蚌寺、扎什伦布寺和塔尔寺等。各大寺庙殿堂内的香火终年不断,并陈列有精美的佛像、壁画、雕刻、唐卡、泥塑,以及工艺精湛的酥油花、浩瀚的藏文典籍和其他珍贵的文物等。此外,表达人们对命运祈求福运的玛尼堆与五彩经幡在青藏高原的山顶、山口和湖畔等地随处可见。

(二)独特的藏族风情

藏区各地的许多习俗和民族节日都与宗教有关,如雪顿节、望果节、酥油花灯节和佛诞日等。在这些盛大的节日里,人们都会举办各种庆祝活动。此外,藏戏、藏舞、唐卡和青海地区的"花儿"(一种具有独特艺术魅力的民间山歌)具有浓郁的高原特征。本区人口数量最多的少数民族是藏族,藏族是一个具有悠久历史和古老文化的民族,其在藏医、藏药、戏剧、歌舞、天文、历算和藏画等方面都具有较高的造诣。

第二节　青　海　省

一、旅游概况

青海省,简称"青",因境内青海湖而得名,位于我国西北部、青藏高原东北部,省会西宁。青海省总面积72.23万平方千米。截至2023年末,全省常住人口594万人。

青海省是青藏高原的一部分,地势高峻,西高东低,平均海拔3000米,地形以高原山地为主,主要有唐古拉山、昆仑山、祁连山、可可西里山等山脉,以及柴达木盆地和青海湖盆地。青海省的气候大部分属于大陆性高原气候,冬寒夏凉,日照长,雨量少,年降水量100—600毫米。夏季气候凉爽宜人,是最佳旅游季节。

青海省旅游资源丰富。造型地貌奇异,动植物资源丰富,高原气候独特,名胜古迹众多,汉族、藏族、回族、蒙古族、土族、撒拉族等民族历史悠久,民俗风情别具一格,极富情趣。全省已开发出旅游景点多处,形成东部旅游区、青海湖旅游区、西部旅游区等三大旅游区。青海湖是中国最大的内陆咸水湖。长江、黄河均发源于青海省境内。长江源头景色秀丽,几十米高的冰塔林耸入晴空,绵亘数十里,宛如一座座水晶峰峦,千姿百态;黄河源头风光宜人,水草丰美,湖泊、小溪星罗棋布,甚为壮观。黄河上游落差大、水流急,适于探险性漂流。江河源头是探险、考察胜地,在这里,可以领略到那直观展现而又神秘莫测的大自然之美。

二、主要旅游城市和景点

(一)西宁市

1.塔尔寺

塔尔寺位于西宁市湟中区,是为纪念藏传佛教格鲁派(俗称黄教)鼻祖宗喀巴而建,为格鲁派六大著名寺院之首。相传宗喀巴出生时,他的母亲将胞衣埋在大金瓦殿正中的地方,后来这里长出了一株菩提树,人们便在此建了一座小塔。后人又在小塔基础上建起高11米的大银塔,塔建成后,才扩为寺院,命名为塔尔寺。塔尔寺依山就势,由众多的殿室、经堂、佛堂、寺舍组成,规模宏大,建筑考究,为一处完整的藏汉相结合的古宗教建筑群。

2.东关清真大寺

东关清真大寺位于西宁市东关大街,为西北地区四大清真寺之一,始建于明洪武年间,清光绪年间被拆除,民国初期重修,后又有数次修葺扩建。东关清真大寺是西宁市最大的一座古建筑,是市内伊斯兰教主教寺,也是我国较大的一座清真寺。东关清真大寺建筑宏伟,具有古代宫殿风格和气魄,为木结构,上装藏式镏金宝瓶,金光四射,寺院宽敞、明亮,可容纳3000多人同时礼拜。

3.日月山

日月山位于青海湖东侧,藏语称"尼玛达娃",蒙古语称"纳喇萨喇",即太阳和月亮之意。因山体呈现红色,古代称为"赤岭"。日月山历来是人们赴西藏大道的咽喉。早在汉、魏、晋乃至隋、唐等朝代,日月山都是中原王朝辖区的前哨和屏障,故有"西海屏风""草原门户"之称。日月山为祁连山支脉,呈西北—东南走向,有最高峰阿勒大湾山。据说当年文成公主从长安进藏时,在此地停留休息并学习骑马。如今,当地根据文成公主那些动人的历史传说而建设了日月山景区,景区内有文成公主像、文成公主纪念馆以及日亭、月亭、日月泉等。

(二)海北藏族自治州、海南藏族自治州

1.青海湖

青海湖是我国最大的内陆湖泊,也称"西海",湖面宽阔,一碧万顷,其中鸟岛最引人注目。每年的3月下旬后,栖息的候鸟众多,包括斑头雁、天鹅、鱼鸥、秋沙鸭等,成为

鸟的世界。有时鸟声如雷,数十里外能听见。冬季来临,鸟儿南飞,所以,这里的参观时间以夏季为佳。青海湖和倒淌河、日月山构成了以鸟类观赏、湖光山色、避暑休闲为主的旅游区(见图11-1)。

图11-1　青海湖

2.金银滩

金银滩位于海北藏族自治州,这里牧草肥美、牛羊肥壮,人们以"金银遍地"来形容这片美丽而富饶的土地,故得名"金银滩"。金银滩草原拥有著名的金滩、银滩大草原,是世界名曲《在那遥远的地方》的诞生地。金银滩的黄金季节是7、8、9三个月,届时,鲜花盛开、百鸟飞翔,尤其是百灵鸟儿的歌声,动听迷人。这里是一片绿草如茵的大草原,浮云般的羊群、棕黑相间的牦牛星星点点地徜徉在青草和野花丛中,穿着藏服的藏民骑着骏马悠然地在草原上缓缓而来。远处,山峦起伏,偶有雄鹰飞过的身影,莲花般的蒙古包散落在白云深处。

(三)格尔木市

察尔汗盐湖:是我国最大的盐湖,也是世界第二大盐湖,号称"盐湖之王"。察尔汗盐湖形成于数亿年前,这里曾是一片汪洋大海,随着地壳运动,喜马拉雅山脉隆起,形成了青藏高原,又因为海水的流失大大小小的湖泊就此成形。封闭的地形使流域内的径流不断向湖泊内汇聚,盐分也随着径流流入湖泊,同时在干旱气候的作用下,湖内高浓度卤水逐渐结晶成盐,最终形成了现在的察尔汗盐湖。盐湖表面平整坚实、光洁明净,有着著名的"万丈盐桥"。盐湖风光别具一格,到处银光闪烁,玉砌冰雕;居民用盐块造房,宛如水晶宫。盐湖在正午时分,有时会出现"柴达木海市蜃楼"之奇观。

(四)海西蒙古族藏族自治州

茶卡盐湖:又称"茶卡"或"达布逊淖尔"。"茶卡"是藏语,意即盐池;"达布逊淖尔"是蒙古语,也是盐湖之意。茶卡盐湖位于海西蒙古族藏族自治州乌兰县茶卡镇附近。在茶卡盆地的南面有鄂拉山,北面有青海南山,与青海湖相隔。茶卡镇是古丝绸之路的重要站点。茶卡盐湖是柴达木盆地有名的天然结晶盐湖。盐粒晶大质纯、盐味醇香,是理想的食用盐,但不能直接食用。因其盐晶中含有矿物质,呈青黑色,故称"青盐"。

(五)玉树藏族自治州

可可西里自然保护区:位于青海省西南部的玉树藏族自治州境内。保护区西与西藏自治区相接,南同格尔木唐古拉镇毗邻,北和新疆维吾尔自治区相连,东至青藏公路,是21世纪初世界上原始生态环境保存较好的自然保护区,也是中国建成的面积最大、海拔较高,野生动物资源较丰富的自然保护区。可可西里自然保护区主要是保护藏羚羊、野牦牛、藏野驴等珍稀野生动物、植物及其栖息环境。

第三节 西藏自治区

一、旅游概况

西藏自治区,简称"藏",首府为拉萨市,位于我国西南边疆、青藏高原的西南部。面积约120万平方千米,约占全国总面积的1/8,居中国第二位。截至2023年末,全区常住人口总数为365万人。西藏是中国人口密度最小的省区,是全国藏族居民最集中的地区。

西藏自治区是青藏高原的主体部分,平均海拔4000米,西北高、东南低,自然形成四个不同的地形区域:藏北高原、藏南谷地、藏东高山峡谷、喜马拉雅山地。西藏气候复杂多样:太阳辐射强,日照时间长;气温较低,温差大;干湿分明,多夜雨;冬春干燥,多大风;空气稀薄,气压低,氧气含量较少。

西藏自治区旅游资源丰富且独特,拥有绮丽的雪山蓝湖、草原风光,又有灿烂辉煌的古文化遗迹。有拉萨、日喀则和江孜等国家历史文化名城,主要的旅游景点有雅砻河风景名胜区、布达拉宫、大昭寺、藏王墓、江孜宗山抗英遗址等。

二、主要旅游城市和景点

（一）拉萨市

1. 布达拉宫

布达拉宫位于拉萨市内的红山上，依山而起，气势磅礴，是西藏的象征（见图11-2）。整个宫殿建筑面积13万平方米，全部为石木结构建筑。在西方人眼中，布达拉宫被视为"垂直的凡尔赛宫"。整座宫殿按外表颜色，又可以分为红宫和白宫两大部分。整个布达拉宫内珍藏着大量的文物珍宝。游人漫步其间，只见璀璨满目，令人目不暇接。布达拉宫后有景色秀丽的龙王潭公园。

图11-2　布达拉宫夜景

2. 罗布林卡

罗布林卡位于拉萨市西郊，是历代达赖喇嘛的避暑夏宫，藏语为"珍珠花园"之意。罗布林卡始建于公元18世纪，以后陆续增建。园内宫殿佛堂华丽，亭台池榭曲折清幽，林木葱郁，花卉繁茂，环境优美恬静。园内还饲养有鹿、豹等多种动物，为西藏最美的园林。其建筑壁画和装饰是西藏各大寺的精华。

3. 大昭寺

大昭寺位于拉萨市中心，是西藏佛教朝拜圣地，为拉萨的一座古老建筑。相传始建于公元7世纪唐朝初期，是藏王松赞干布为纪念文成公主入藏和在西藏宣扬佛教而兴建的第一座庙宇，以建筑精美、塑像壁画生动而著称。大昭寺整个建筑金顶、斗拱为典型的汉族建筑风格；柱头檐部装饰色彩艳丽、对比强烈，为典型的藏族风格；椽头的木雕伏兽、狮身人面像,则兼收印度、尼泊尔建筑艺术。寺内有佛像多尊,最珍贵的是文成公主从长安带来的释迦牟尼镀金铜像。殿堂回廊布满藏式壁画,内容多为佛教故事、藏民生活、西藏风光等,十分精美。寺内还保存有唐代以来的大量文物,极其珍贵。

4. 哲蚌寺

哲蚌寺位于拉萨市区西郊山坡上,是全西藏最大的寺庙。全寺规模宏大,楼宇相连,上下重叠,宛如一小型山城。其大殿经堂可容纳9000位喇嘛诵经。寺周山岩上绘有色彩鲜明的岩画。展佛仪式是西藏重大的宗教活动,举行活动时,巨大的佛像被缓缓展开,在高原灿烂阳光下,气势非凡,场面令人振奋。

5. 羊八井

羊八井位于拉萨市当雄县境内,温泉、热泉、沸泉、喷气孔、热池、热爆炸穴星罗棋布。羊八井是我国目前已探明的最大高温地热湿蒸汽田,这里有很多间歇泉、热水湖、热沟等。喷泉水柱一般可升起40—50米,最高达100米。其地面温泉最高温度为92 ℃,被用于发电的钻孔口水汽温度达150 ℃,压力达14个大气压,可直接驱使汽轮发电机运转。最为壮观的要数气井放喷时的景象,只要闸门一开,滚烫的热水和蒸汽直冲百米高空,十里之外可听见喷发的吼声。

(二)日喀则市

日喀则市,位于拉萨以西的年楚河和雅鲁藏布江汇合处,至今已有500多年的历史。这里的人口以藏族为主,同时也聚居着汉族、回族、蒙古族、满族等民族。日喀则市是西藏第二大城市和宗教中心,有著名的扎什伦布寺、萨迦寺、白居寺、夏鲁寺等众多寺庙,构成了众多教派浓郁的宗教文化。它以古老的文化、雄伟的寺庙建筑、壮丽的自然景观、优越的地理位置,成为西藏极有吸引力的旅游胜地之一。

珠穆朗玛峰:简称"珠峰",是喜马拉雅山脉的主峰,为世界最高峰,位于中国与尼泊尔边界处,它的北坡在中国青藏高原境内,南坡在尼泊尔境内,而顶峰位于中国境内。藏语中"珠穆"是女神的意思,"朗玛"是第三的意思,因为在珠穆朗玛峰的附近还有4座山峰,珠峰位居第三,所以称为珠穆朗玛峰。珠穆朗玛峰是世界海拔最高的山峰,2020年12月,中国、尼泊尔两国向全世界正式宣布,珠穆朗玛峰的最新高程为8848.86米。

(三)林芝市

林芝市,是西藏自治区的一个地级市,古称"工布","林芝"是由藏文"尼池"或"娘池"音译而来,意为"娘氏家庭的宝座或太阳的宝座"。林芝位于西藏自治区东南部、雅鲁藏布江中下游,其西部和西南部分别与拉萨市、山南市相连,西连那曲市嘉黎县,东接昌都市,南部与藏南地区(印度占据)、缅甸国接壤,被称为"西藏的江南",有世界上最深的峡谷——雅鲁藏布江大峡谷和世界第三峡谷帕隆藏布大峡谷。

纳木错:为藏语音译,蒙古语为"腾格里海",都是"天湖"之意。纳木错是西藏的"三大圣湖"之一,是世界上海拔最高的大湖。纳木错湖水清澈透明,湖面呈天蓝色,水质微咸,不能饮用,是中国第三大咸水湖。纳木错是一个封闭式湖泊,湖区降水很少,日照强烈,湖水来源主要是天然降水和高山融冰化雪补给,一部分是流域内冰川的融水,一部分是流域总面积土地上降雨所形成的径流。

教学互动

请同学们讨论青藏旅游区旅游资源的独特性表现在哪些方面。

本章小结

在线答题 ▼

第十一章

青藏旅游区包括西藏自治区和青海省两个行政区。本区地形以青藏高原为主,地势高峻,形成独特的高原气候,自然环境复杂。本区地热资源丰富,宗教色彩神秘,藏族风情浓厚,有众多的高山雪峰冰川和高原湖泊景观。

Note

参 考 文 献

[1] 曹培培.中国旅游地理[M].3版.北京：清华大学出版社，2021.

[2] 胡长书，张侃.中国世界遗产[M].广州：华南理工大学出版社，2004.

[3] 李鼎新，艾艳丰.旅游资源学[M].北京：科学出版社，2004.

[4] 李永文.旅游地理学[M].北京：科学出版社，2004.

[5] 陆景冈，唐根年，俞益武，等.旅游地质学[M].北京：中国环境科学出版社，
    2003.

[6] 罗兹柏，杨国胜.中国旅游地理[M].天津：南开大学出版社，2011.

[7] 芦爱英，王雁.中国旅游地理[M].2版.北京：高等教育出版社，2022.

[8] 张艳萍，黄春丽.旅游学概论[M].北京：清华大学出版社，2023.

[9] 赵利民，唐卫东.旅游概论[M].长春：东北师范大学出版社，2008.

[10] 周凤杰，周宜君.中国旅游地理[M].北京：中国林业出版社，2008.

[11] 全国导游人员资格考试教材编写组.全国导游基础知识[M].8版.北京：旅游教
     育出版社，2023.

[12] 谢永健.中国旅游地理[M].上海：复旦大学出版社，2021.

[13] 杨载田.中国旅游地理[M].4版.北京：科学出版社，2021.

[14] 王伟.旅游资源学（课程思政版）[M].武汉：华中科技大学出版社，2023.

[15] 徐菁，韩春鲜，靳诚.旅游资源学[M].北京：中国旅游出版社，2023.

[16] 林东.中国旅游地理[M].武汉：华中科技大学出版社，2023.

[17] 吴春美.中国旅游地理[M].2版.北京：旅游教育出版社，2022.

[18] 黄潇婷，吴必虎.旅游学概论[M].4版.北京：中国人民大学出版社，2023.

[19] 李长秋.旅游学概论[M].2版.北京：旅游教育出版社，2022.

[20] 贾荣，王毓梅.旅游学概论[M].2版.成都：西南财经大学出版社，2022.

教学支持说明

为了改善教学效果，提高教材的使用效率，满足高校授课教师的教学需求，本套教材备有与纸质教材配套的教学课件和拓展资源（案例库、习题库等）。

为保证本教学课件及相关教学资料仅为教材使用者所得，我们将向使用本套教材的高校授课教师赠送教学课件或者相关教学资料，烦请授课教师通过加入旅游专家俱乐部QQ群或公众号等方式与我们联系，获取"电子资源申请表"文档并认真准确填写后发给我们，我们的联系方式如下：

地址：湖北省武汉市东湖新技术开发区华工科技园华工园六路

邮编：430223

旅游专家俱乐部QQ群号：758712998

旅游专家俱乐部QQ群二维码：

群名称：旅游专家俱乐部5群
群　号：758712998

扫码关注
柚书公众号

华中科技大学出版社
http://press.hust.edu.cn

电子资源申请表

填表时间：_____年____月____日

1. 以下内容请教师按实际情况写，★为必填项。
2. 根据个人情况如实填写，相关内容可以酌情调整提交。

★姓名		★性别	□男 □女	出生年月		★职务	
						★职称	□教授 □副教授 □讲师 □助教
★学校				★院/系			
★教研室				★专业			
★办公电话			家庭电话			★移动电话	
★E-mail（请填写清晰）						★QQ号/微信号	
★联系地址						★邮编	

★现在主授课程情况	学生人数	教材所属出版社	教材满意度
课程一			□满意 □一般 □不满意
课程二			□满意 □一般 □不满意
课程三			□满意 □一般 □不满意
其 他			□满意 □一般 □不满意

教 材 出 版 信 息	
方向一	□准备写 □写作中 □已成稿 □已出版待修订 □有讲义
方向二	□准备写 □写作中 □已成稿 □已出版待修订 □有讲义
方向三	□准备写 □写作中 □已成稿 □已出版待修订 □有讲义

　　请教师认真填写表格下列内容，提供索取课件配套教材的相关信息，我社根据每位教师填表信息的完整性、授课情况与索取课件的相关性，以及教材使用的情况赠送教材的配套课件及相关教学资源。

ISBN（书号）	书名	作者	索取课件简要说明	学生人数（如选作教材）
			□教学 □参考	
			□教学 □参考	

★您对与课件配套的纸质教材的意见和建议，希望提供哪些配套教学资源：